Réserve
R. 1352

LA MAGIE DÉVOILÉE.

Toute reproduction ou traduction de cet ouvrage est interdite.

LA MAGIE DÉVOILÉE

ou

PRINCIPES DE SCIENCE OCCULTE

PAR

M. LE BARON DU POTET

PARIS

IMPRIMERIE DE POMMERET ET MOREAU
QUAI DES AUGUSTINS, 17

1852

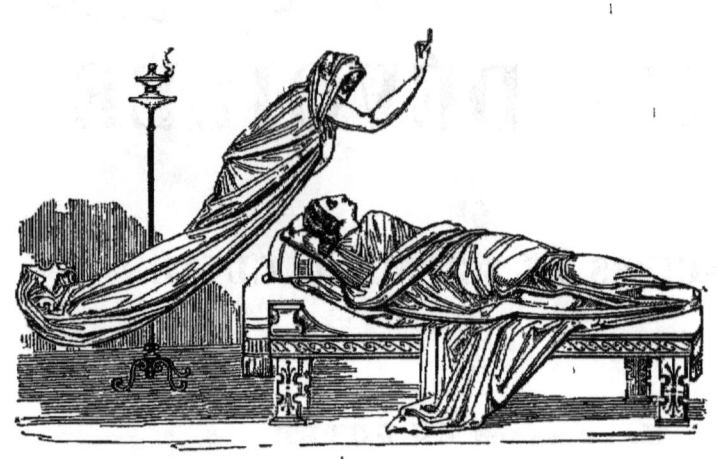

PRÉFACE.

> Il n'y a qu'une petite peau qui nous sépare
> des pures essences et des esprits.

J'ai vu les édifices religieux, et quelquefois les ministres du culte, frappés par le feu du ciel.

J'ai vu les champs et les récoltes saccagés par les orages, comme si le Très-Haut fût resté sourd aux prières des mortels.

J'ai vu le vice triomphant, la vertu méprisée, les guerres les plus injustes donner la gloire et la fortune à qui ne les méritait point.

J'ai vu le mensonge prédominer partout sur la vérité.

J'ai vu tout ce qui peut rendre athée et faire croire à une aveugle fatalité; il ne manqua rien à mon éducation pour qu'elle fût complète, et mon sentiment se serait réglé sur ce que mes sens m'avaient appris, sur ce que la raison générale me dictait, si je n'avais aperçu dans la nature ce que la science ignore, un agent supérieur à la matière, une loi secrète qui prouve l'existence d'un Dieu et d'une autre vie.

Bruit sans voix et sans parole, écho singulier et mystérieux, force puissante, invincible, universelle, d'où viens-tu? Agent des plus grandes merveilles, source du bien et du mal, principe de maladie et de santé, quelle est ton origine? Descends-tu d'un Dieu bienfaisant ou terrible, ou bien, essence créée comme tout ce qui existe, ton rôle est-il seulement de concourir à la formation des êtres? La nature te porte dans ses flancs, les éléments contiennent tous quelques-unes de tes vertus; l'homme les résume toutes en lui-même! Tu lui donnes une auréole éblouissante, tu pénètres jusqu'à son âme, illuminant sur ton chemin les sentiers par où doivent passer les messagers de la Divinité. Qui donc oserait espérer remonter jusqu'à la source d'où tu découles, et te donner un nom?

PRÉFACE.

De toi empruntant son pouvoir, l'homme peut se dire le roi de la nature; n'est-il point son rival, puisqu'il peut créer et se faire obéir? Don suprême! car en éclairant l'esprit il lui donne la prévoyance et l'idée de Dieu. Force magique, te voilà découverte, en vain l'antiquité voulut te dérober à tous les yeux! Saisie par les penseurs, tu seras le fondement d'une philosophie nouvelle qui s'appuiera sur les faits mystérieux contestés par la science actuelle, sur cet ordre nouveau de phénomènes que la raison repousse encore et que le temps doit bientôt établir.

La voilà qui revient, cette bannie, avec son même caractère de vérité; n'est-elle point immortelle? Que lui importent les opinions des hommes! Que lui font les martyrs! Dépend-il de nous qu'elle ne soit point? Pouvons-nous changer son caractère? Non; elle sera aussitôt reconnue ce qu'elle fut jadis. Elle donnera à celui-ci un pouvoir presque sans limite pour opérer le bien; à cet autre elle livrera le secret des œuvres ténébreuses. Prenant sur son chemin le venin du reptile, elle ira l'infiltrer dans le sang d'innocentes victimes. Se revêtant du germe des plus pures vertus, elle donnera la grandeur et la majesté à ses privilégiés.

Le magnétisme et les effets magiques qui en résultent prouvent, pour tous les hommes de sens, l'existence d'une science nouvelle différant en tout de celle des écoles. En effet, on pourrait caractériser leur dissemblance, en disant que les connaissances qui forment le faisceau de la science officielle représentent la nature morte; l'autre, au contraire, connue seulement d'un petit nombre, est la véritable science de la vie. Elles se séparent par des nuances si tranchées, qu'il est impossible de les confondre.

A vous, messieurs des académies, tout ce qui frappe grossièrement les sens et peut être soumis à des analyses, à des mesures de convention et passer par le creuset; à vous tout ce qui peut être calculé, réglé; à vous les cadavres, et nous pourrions dire toutes les apparences de la vie, les fausses idées nées dans vos esprits sur tout ce qui est supérieur aux forces mortes. A nous ces brillants phénomènes, résultats de l'agent que vous avez méconnu; à nous l'étude des facultés de l'âme et la possession des mystères qui étonnèrent le monde ancien.

Franchissant la limite tracée aux connaissances humaines, nous pénétrons aujourd'hui dans le domaine moral, et les fruits que nous en rapportons n'ont point parmi vous leurs pareils.

Nous pouvons donc enfin, saisissant l'homme en lui-même, faire apparaître dans tout son jour la merveilleuse faculté dont la nature l'a doué; montrer à tous sa divine essence, et révéler un nouveau monde.

Magie! magie! viens étonner et confondre tant d'esprits forts, gens pleins d'orgueil et de vanité, qui ont conservé les

PRÉFACE.

préjugés de leur enfance, et qui pensent être arrivés dans le vrai des choses, tandis qu'ils n'ont point dépassé la porte du sanctuaire où se trouve renfermée la vérité : ils semblent frappés de vertige, et sont pour nous comme ces aveugles-nés à qui on parle de la lumière du jour, des beautés de la nature qu'elle nous laisse apercevoir et de ses brillantes couleurs qui charment tant la vue ; ils ne peuvent comprendre, et restent froids à la description de ces beautés. Pour nous le savant est semblable, lorsque nous plaçons sous ses yeux couverts de taies les merveilles de la science nouvelle.

Agir sur une âme ; faire mouvoir le corps d'autrui, l'agiter comme fait l'aquilon du faible roseau ; pénétrer dans un cerveau humain et en faire jaillir les pensées cachées ; déterminer un tel mouvement dans les organes les plus profonds, que tout ce qui s'y est accumulé d'images apparaisse à la vue de l'esprit ; rendre sensible ce travail, le montrer, n'est plus qu'un jeu pour nous, et ce n'est aussi que le commencement des œuvres magiques ! Nous savons mettre en fusion le métal humain et le pétrir à notre guise ; nous savons en extraire l'or et les métaux les plus précieux. Nous employons ici ces figures, car nous manquons de mots pour peindre les choses morales.

Plaignez-nous donc de croire aux merveilles et aux principes de leur reproduction ; nous vous pardonnons même le mépris que vous avez pour nous ; car vous êtes bien malheureux, vous,

savants, que le monde honore! Hélas! il adore des idoles incapables de rien comprendre à la vie, incapables de répondre à une question sur ce qui la constitue. Jouissez, recevez les tributs que vous paie le vulgaire. Un nouveau germe a été répandu sur la terre, il doit bientôt éclairer l'ignorance. Un Dieu ne sera plus nécessaire pour vous chasser du temple; nos enfants le feront un jour.

Mais que suis-je moi-même, pour vous parler ainsi? Rien ou presque rien; mon intelligence a seulement saisi un rayon de la vérité, et cela me suffit, je n'ai nul besoin d'autre chose. Je ne demande rien et n'envie rien aux hommes. En éclairer quelques-uns est ma seule envie. Jouissant en paix en moi-même et reportant à Dieu seul mes hommages de ce qu'il lui a plu de me faire entrevoir, j'attendrai patiemment le jour où, quittant cette vie, j'en saurai davantage. De disputes, je n'en veux point; car elles tuent les forces sans profit pour la science. Réservant ma liberté, j'agirai selon qu'il me plaira ou que me dictera cette voix secrète que j'ai toujours écoutée. Sans jamais faire de mal, je me servirai de la force nouvelle pour montrer l'étendue du pouvoir humain. Me croyant insensé, les savants laisseront faire le fou, disant : « Il se saisit de l'imagination; il agit sur les faibles. » Tandis que je prendrai les plus forts pour sujets de mes épreuves. « Ce n'est rien, diront-ils encore, car tout est prestige, illusion et affaire de compérage. » Mais un jour, la vérité étant connue et répandue, le fou sera réhabilité malgré lui, car il ne demande point à être classé parmi les sages de ce temps.

Que va-t-il advenir maintenant? Un grand bien, peut-être un grand mal! car l'habileté de l'être humain consiste surtout à tourner contre lui-même les forces qu'il surprend à la nature; il fait le bien par exception, le mal par habitude; la vie paisible ne lui convient point, il recherche ce qui peut le remplir d'inquiétude et de tourment. Fasse le ciel que la vérité dévoilée dans cet écrit, en éclairant l'homme, corrige ou change ses funestes penchants!

Je ne touche qu'un point de cet art divin de la magie, mais il divulgue toute la science; d'ailleurs je ne saurais dépeindre ce que je n'ai point vu, ce que je n'ai point voulu voir et peut-être apprendre. Je donne l'outil, l'agent; je montre le chemin, j'y place le lecteur, afin qu'il n'ait plus qu'à marcher. Je sais que les bons seront timides, que les êtres sans scrupules avanceront hardiment, sans redouter aucune conséquence, sans reculer devant un châtiment.

DIEU, VIE ET SOMMEIL, PROVIDENCE ET JUSTICE, MORT ET RÉSURRECTION, PURIFICATION ET RÉMUNÉRATION.

Cet assemblage de mots représente toutes les croyances, toutes les espérances de l'humanité! Otez l'idée qu'ils font naître, il n'y a plus rien en l'homme, il descend au-dessous de la brute, et n'est plus qu'un être abject et méprisable. Mais c'est en vain que l'on a cherché à rendre par des images ce que le cœur sent, ce que la conscience dit exister; un voile épais dérobait aux mortels les lois et les opérations de la nature, la pénétration humaine ne suffisait point pour le percer.

Voici qui fera plus que le raisonnement pour la solution des divins problèmes. L'agent de toutes les merveilles, de tous les miracles, de la vie, de la mort; le principe de toutes choses, enfin, est désormais à la disposition de l'homme!

Baron DU POTET.

Paris, 15 août 1852.

LA MAGIE DÉVOILÉE.

PREMIÈRE PARTIE.

BIOGRAPHIE DE L'AUTEUR.

Ayant résolu de publier un livre sur les faits mystérieux du magnétisme et de la magie, j'ai cru devoir placer le lecteur à mon point de départ, de manière à ce qu'il me suivît dans ma course et s'initiât aux merveilles de la science nouvelle, en suivant tous mes pas; qu'il vît le progrès de mes études, leurs résultats, et comment je suis arrivé au but sans qu'aucun homme m'indiquât la route.

Je commence donc ici ma biographie; elle intéressera peut-être quelques lecteurs. Ce chapitre, écrit très-rapidement, marque seulement des dates : c'est tout ce que j'ai voulu. Cette histoire abrégée m'a paru essentielle, je le répète, sans cela je ne l'eusse point écrite; car elle n'a rien de flatteur pour moi; mais c'est un hommage rendu à la vérité.

ENFANCE.

On recherche quelquefois les premiers pas d'un homme dont les œuvres ont eu quelque retentissement; on se demande comment il est arrivé à prendre rang dans la catégorie du petit nombre d'êtres dont la vie eut le privilége d'occuper un instant l'attention : c'est souvent un mystère impénétrable et dérobé à tous les yeux.

Le sage cache sa vie, l'orgueilleux la dissimule tant qu'il peut, l'homme simple, et qui n'a aucune prétention à la renommée, dit la vérité. Comment avez-vous commencé? quels furent vos maîtres? qui donc vous ouvrit la carrière? où avez-vous puisé les premières notions de votre science? etc., sont des questions qui m'ont été cent fois posées. Je ne méritais certainement pas autant d'attention, et longtemps je fis le sourd; non point que je regardasse ces demandes comme indiscrètes, car moi-même j'interrogeai souvent les magnétistes qui me précédèrent ou suivirent. Mais une chose me préoccupait et me paraissait plus importante : produire des faits propres à justifier le magnétisme des odieux soupçons jetés sur son existence; et j'employais tous mes moments à l'expérimentation, car convaincre me semblait un devoir essentiel auquel je satisfaisais toujours pleinement.

Aujourd'hui, je vais répondre en quelques mots à ces demandes renouvelées; on veut connaître mon passé; peut-être, par l'enchaînement qui s'y trouve, reconnaîtra-t-on une de ces destinées contre lesquelles on se révolte en vain.

Je naquis le 23 germinal an IV (12 avril 1796), dans un petit village du département de l'Yonne, *La Chapelle*, commune de *Sennevoy*, où mon père possédait la seigneurie de ses ancêtres, qui, sans la Révolution, me serait revenue, comme le premier né. Par l'ancienneté de race, nous appartenions à la vieille noblesse du duché de Bourgogne. Ma famille autrefois donna son nom à deux rues de la capitale; et il y a encore aujourd'hui à Dijon la rue du *Grand-Potet*. Je dis ceci sans aucune vanité; car je ne reconnais qu'une noblesse véritable : c'est celle de l'intelligence. Mon père, sur ce point, pensait autrement que moi; mais il chercha vainement à m'inculquer ses traditions de famille.

On m'emmena aussitôt ma naissance, car la vie était alors fort tourmentée; puis, quelque temps après, on me ramena au premier gîte. Voyageant la nuit et discrètement, j'étais conduit par une brave femme qui avait bien voulu prendre soin de moi; elle cheminait lentement, sur une route peu fréquentée, tenant par la bride un baudet. J'étais emmailloté douillettement et placé dans un des paniers que portait cet âne. Mais le fond avait été mal assuré, les clavicules qui servaient à l'assujétir mal mises; bref, je tombai sur la route avec les oreillers, et la bonne femme allait toujours son chemin, sans s'apercevoir en rien de mon absence. Ce ne fut qu'à un village qu'elle reconnut que j'avais disparu; mais où étais-je? elle n'en savait absolument rien. Elle prit une lanterne, et, à force de marcher, elle me rencontra. Je dormais paisiblement, couché près d'une ornière. Me saisir, m'emporter, faire une lieue pour rejoindre l'âne, fut l'affaire de peu de temps. Je dus à cette circonstance d'avoir une seconde mère, qui ne put jamais m'aborder, dans la suite, sans verser beaucoup de larmes.

Mon enfance fut différente de celle des autres enfants. Jusqu'à l'âge de quatorze ans, je ne voulus rien apprendre; les privations de toute nature, les mauvais traitements, que je méritais bien, ne purent rien sur moi et ne me déterminèrent jamais à commencer mes études. Entrant dans une école publique, j'en sortais aussitôt; ou bien, si j'étais contraint d'y rester, j'attrapais les mouches et portais toute mon attention à l'examen des moyens qui m'étaient laissés de fuir.

J'aimais passionnément la lumière du soleil. Je crois que si l'on m'eût mis au cachot, on eût obtenu de moi tout ce que l'on eût voulu, en me promettant surtout quelques heures de loisir à employer selon mon habitude, c'est-à-dire loin de tous, et en pleine campagne.

On chercha à m'inculquer le rudiment du catéchisme; je m'y prêtais forcément; mais, en entendant le saint homme me demander gravement: « Le Père est-il Dieu? Je répondais : Oui. — Le Fils est-il Dieu? — Oui. — Le Saint-Esprit est-il Dieu? — Oui. — Ce sont donc trois dieux? » Je faisais la réponse convenue, et, n'y comprenant rien, je bâillais et prenais la clef des champs. Je n'avais d'ailleurs nul souci des peines de l'enfer ou du purgatoire, dont on me menaçait; car mon père avait dit devant moi qu'on avait bien fait d'inventer l'enfer pour épouvanter la canaille. C'était le refrain d'une chanson qu'il chantait quelquefois en revenant de la chasse. Cependant, une chose que je ne m'expliquais point, c'est que toutes les fois qu'il sortait de la maison pour se livrer à son plaisir favori, et qu'il rencontrait sur son chemin un ecclésiastique, il disait : « Bon, voici un oiseau de mauvais augure ! que le diable l'emporte : je ferai mauvaise chasse aujourd'hui ! » Ces mots m'avaient frappé.

J'allais aux offices du dimanche, à la fin seulement, parce qu'on m'en faisait un rigoureux devoir; mais de toutes ces cérémonies, je n'en apercevais qu'une seule, la distribution du pain bénit. J'en prenais alors un modeste morceau, non parce que c'était un fragment de brioche, mais parce qu'il devenait une preuve péremptoire de ma présence à l'église. Ma mère, chaque fois, était si contente, si heureuse, que je manquais rarement de lui donner cette douce satisfaction.

Toujours dans les bois ou proche des rivières, j'aimais le contact de ces fluides qui, mariés aux rayons du soleil, caressent si agréablement le corps. C'était tout mon bonheur, toute ma vie; j'entendais le bruit le plus léger, comme celui d'une feuille qui tombe, d'un insecte qui passe dans l'air ou remue discrètement la mousse. La nature avait pour moi des harmonies que je croyais ressenties par toutes les créatures. J'étais ravi, enchanté d'être comme l'écho du murmure de la création; cette sorte d'extase durait quelquefois des journées entières.

Mais il fallait bien rentrer à la maison paternelle, et j'entendais alors de grosses voix qui me fendaient les oreilles. Du plus loin que l'on m'apercevait, on m'envoyait ces mots si durs : *Paresseux, vagabond, propre à rien, idiot,* etc.; c'était le prélude d'une correction en règle, selon l'ancienne méthode. Puis, lorsque tout était fini, une voix plus douce m'appelait; hélas! c'était la voix de ma mère, et ses paroles pénétraient jusqu'au fond de mon cœur! « Jules, d'où viens-tu? Tu ne veux donc point travailler, mon enfant? tu veux donc toujours me désoler, et être une cause de chagrin pour ton père et ta mère? » Puis, prenant enfin le ton d'une feinte colère, elle me disait : « Jules, les vagabonds ont commencé comme toi, puis ils devinrent voleurs. Serais-tu destiné à faire notre désespoir? Réfléchis, rends-nous la joie; prends ton panier, tes livres, et va à l'école! » Je n'osais répondre non, car j'avais bien l'intention d'obéir; mais quelque chose de plus fort que tous les conseils, de plus puissant que toutes les remontrances *actives et violentes*, empêchait que ma nature ne changeât.

Apprendre! à quoi bon? me disais-je; je sais déjà tant de choses! je connais tous les sentiers de la forêt, les lieux où la rivière est profonde, les arbres qui recèlent des nids. J'entends tout, je vois tout! je connais la saveur de tous les fruits sauvages; je suis habile à grimper à la cime des arbres géants, comme à descendre les montagnes escarpées.

Apprendre! mais je ne vois point les poissons du ruisseau aller à l'école, les animaux des prairies n'ont point de précepteurs, les oiseaux obéissent à eux-mêmes, et sont, comme moi, joyeux lorsqu'un rayon de soleil reluit à l'horizon.

Ne vois-je pas chaque jour des gens que l'on appelle *bêtes*, et on dit partout qu'ils sont heureux, que tout leur réussit, qu'ils amassent beaucoup d'argent!

Rien alors n'aurait pu me convaincre de l'utilité des sciences; les *savants* que je voyais me paraissaient faits comme les autres hommes. Je comprenais le chant des oiseaux, et je le préférais de beaucoup au latin, que je ne comprenais point. Je sortais donc tous les jours de la maison paternelle, quelquefois avec de grosses larmes dans les yeux; elles ne me venaient point de la souffrance, je ne savais ce qui les faisait couler, et quelle était la cause de mon chagrin. L'air était mon élément favori, l'air me consolait. Les paroles de ma bonne mère me revenaient parfois, et voilaient de nouveau mes yeux; j'essuyais ces pleurs, c'était tout. Rebuté, châtié chaque fois que je rentrais, on mettait sur mon compte tout le mal arrivé à la maison, mal qui s'était fait en mon absence. Des objets étaient-ils cassés, c'était moi; l'oiseau avait-il pris sa volée, c'était moi qui avais ouvert la cage; un chien criait-il, c'était moi qui le tourmentais; quelque chose de valeur était-il égaré ou perdu sans retour, c'était moi qui l'avais dérobé. J'étais un mauvais génie, mais un génie muet, car je ne répondais point, sachant par expérience que toute justification aggraverait mon châtiment. Ayant horreur du mensonge, le sentiment du juste et de l'injuste s'enracina dans ma nature, je découvrais les coupables à leur physionomie. Hélas! la justice légale offre parfois l'image de celle de la famille qui, n'écoutant rien que ses préventions ou impressions, condamne souvent sans entendre!

Les enfants voient tout, et se conduisent comme s'ils ne voyaient rien : ils seraient d'habiles espions. On dit qu'une certaine classe d'hommes utilise leurs petits talents et en tire un très-bon parti.

C'est ainsi que je grandis; mes sens avaient acquis une finesse qui eût défié tous les savants dans les exercices où ils peuvent être d'un utile secours, et cependant c'est tout cela que l'on voulait me faire abandonner : cela ne servait à rien, disait-on. On prit le parti de m'envoyer à la ville voisine, pensant que l'éloignement agirait sur moi. Vaine tentative! Comme les pigeons voyageurs, je revenais au colombier aussitôt lâché. Dix lieues pour moi n'étaient point une fatigue à craindre, je pouvais faire cette course avant déjeûner.

Enfin, l'instant d'entrer dans le bagne des civilisés arriva : le boulet fut rivé!

Cette transformation de tout mon être, un seul mot l'opéra. J'avais bien quatorze ans. Me trouvant un jour chez un de mes parents, où il y avait alors nombreuse compagnie, un monsieur demanda qui j'étais; on le lui dit : « Oh! oh! dit-il, *c'est dommage qu'il soit bête.* » Le rouge me monta au visage, je devins tout tremblant, je m'enfuis, non pour reprendre encore ma vie aventureuse et sauvage; en un instant la nature s'était décolorée; je ne la voyais plus de même, une pointe aiguë avait pénétré jusqu'au plus profond de mon cœur : je devins mélancolique et rêveur. Le même jour, je priai mon père de disposer de moi : « Mais tu n'es propre à rien. Que veux-tu que je fasse de toi? Va-t-en! » fut sa réponse. S'il m'eût observé, il eût pu voir sur mes traits l'empreinte de la tristesse; mais il ne me regarda point.

J'appris seul à lire, à écrire, à compter; je feuilletais tous les livres qui me tombaient sous la main; mais on ne m'offrit plus de maître, le temps était passé. Je n'en accuse que moi. Mon père avait vu disparaître une grande partie de sa fortune, et je devenais un embarras.

D'un homme qui ne sait rien, que fait-on? Un soldat; je n'avais point de goût pour ce métier de tueur d'hommes. Mais, quoique ignorant, je serais entré, comme noble, dans la maison du roi, que l'on formait alors; mon père savait bien que je n'aurais point dérogé. Un gentilhomme, disait-il, prouve sa noblesse à la pointe de son épée, le reste est peu de chose. Malheureusement, je n'avais pas encore la taille, et il fallait d'ailleurs assurer une certaine pension au-dessus de nos moyens. J'entrai dans une maison de commerce; on fut assez content de moi; mais je me déplus bientôt à ce métier, et je pris congé du maître, ayant seulement trois louis doubles, que mon père m'avait laissés : c'était là tout mon avoir; mais j'étais libre et économe.

Enfant perdu ou plutôt oublié dans cette grande cité, oriente-toi, cherche à te rendre utile; toutes les carrières paraissent t'être interdites, faute d'aptitude ou d'instruction; un bon génie va guider tes pas, Dieu n'abandonne aucune de ses créatures; il t'inspirera, et tu marcheras désormais dans des sentiers nouveaux, ta destinée sera de créer pour d'autres hommes une profession nouvelle, plus belle, plus noble que toutes celles qui existent. Ton sort sera un jour digne d'envie, tu deviendras chef d'école dans un art encore peu connu. Par toi, par tes efforts, ce qui est méprisé et avili sera honoré; des hommes nouveaux te devront leur fortune et leur gloire!

Je n'avais point cette pensée, mais mon cerveau était rempli d'idées non moins flatteuses. L'illusion vient bercer de ses doux mensonges celui qui cherche à sortir de la foule commune, un secret pressentiment m'avertissait pourtant que ma vie serait utilisée, mais je ne devinais point ce qui devait fixer mon sort. Ayant à ma disposition cette immense bibliothèque du pauvre et du flâneur, qui déploie ses rayons poudreux sur les parapets des ponts et sur les quais, je feuilletais, pendant les longues heures de la journée, ces volumes mutilés ; c'était cependant une occupation sérieuse pour mon esprit. Un jour, j'ouvris un de ces ouvrages, tout maculé et rongé par les vers, ses pages avaient subi les outrages du temps ; il était bien vieux, et peut-être sa vieillesse était-elle cause de son abandon. J'y lus et relus ces remarquables passages :

« Sachés qu'il y a vne substance admirable au corps de l'homme
« appellée *Luz*, laquelle est toute sa force et vertu, voire la racine et
« le fondement d'iceluy ; et quant il meurt, elle ne s'énuolle pas ny
« esuanoüist pour cela, ains quant bien elle seroit reduite en vn tas
« dans le plus grand feu, ne se brusle ny consume point, ny ne sçau-
« roit estre non plus brisée dans vne meulle de moulin, ny concassée
« dans vn mortier, mais est permanente à tout iamais, receuant
« mesme de la volupté et delices en l'homme iuste après son décès,
« suiuant ce qui est escrit en l'Ecclesiastique, 26 : *Et ossa eorum*
« *impingabit*, etc. »
(CARNITOL, *en ses Livres des Portes de justice.*)

« Laquelle substance, qui est le fondement de sa racine, est partie
« du lieu dict Schamaim, les cieux, par un mystere cogneu à ceux qui
« sçauent ce que c'est de ceste substance céleste, et dont chaque es-
« pece reçoit la force et vigueur de son estre ; car de là l'influence
« uient au lieu qui s'appelle Sheakim, ou région Etheree. »
(ÉZÉCHIEL, 32.)

« Il y a vne chose créee de Dieu, qui est le subiect de toute mer-
« ueille, laquelle est en la terre et au ciel, animale en acte, végétale

« et minérale : trouuee par-tout, cogneuë de fort peu de gens, et de nul
« exprimee par son droict nom, ains voilee d'innumerables figures
« et enigmes, sans laquelle ny l'alchimie, ny la magie naturelle ne
« peuuent atteindre leur complette fin. »

Je venais souvent relire ces passages, renfermant un secret, comme si j'eusse pressenti qu'un jour ce secret devait m'être révélé.

ÉTUDES.

Le mot de MAGNÉTISME fut prononcé devant moi vers la fin de 1815, année de la mort de Mesmer. Je ne veux point établir de rapprochement, mais seulement fixer une date. Ce mot seul éveilla tous mes sens; il me sembla qu'il voulait dire *nature*, et tout ce que dans mon enfance j'avais le plus admiré se présenta à moi. Je rassemblai mes idées pour les coordonner et saisir ce qu'il y avait de commun entre les faits que je venais d'entendre raconter, et les impressions de mon jeune âge : celles-ci, me disais-je, m'auraient-elles donné un premier degré d'initiation qui doit aujourd'hui se compléter par une sorte de révélation mystérieuse? Et, dans mon étonnement, je faisais répéter le récit des nouveaux et surprenants phénomènes. En sortant de ce premier entretien, j'étais magnétiseur. Quelque chose me disait que j'avais ce pouvoir occulte; pour la première fois de ma vie, je venais d'être remué par un agent intérieur, par un feu circulant dans mes veines, ayant la puissance de faire battre mon cœur.

C'est alors seulement que je compris que l'homme doit posséder dès son enfance l'histoire des temps passés, les mots surtout qui peignent les sentiments et qui donnent ainsi la faculté de rendre ceux qu'on éprouve; mon ignorance m'apparut une seconde fois, je cachai mon visage, mais sans être découragé. Quoi! ce magnétisme était en moi, et je ne l'avais point encore découvert, personne jusqu'ici ne m'en avait parlé! C'était donc un profond secret! J'étais impatient de le connaître.

Les adeptes étaient peu nombreux, on citait Deleuze et Puységur; je ne les connaissais point, et le temps n'était pas venu pour moi d'oser les aborder. La fièvre me prit, non la fièvre morbide, mais celle qui accompagne l'enthousiasme; car moi, ne sachant rien du magnétisme qu'un récit de faits, sans avoir rien vu, je produisis, dès le soir même, sur deux jeunes filles aussi ignorantes que moi de ces matières, les merveilleux phénomènes du somnambulisme, et cela dans un instant. Tout ce que *la raison* de nos grands génies repoussait avec dédain et colère, je venais de le voir, de le constater avec une surprise mêlée de terreur : j'étais anéanti! Sans expérience, dépourvu des moyens nécessaires pour diriger cette crise, mes forces me quittèrent : elles étaient passées dans deux corps qu'elles animaient d'une vie toute nouvelle. Je brûlais et j'étais froid, mes membres refusaient tout service, une affreuse pensée me traversa l'esprit : si tout à l'heure je ne pouvais rétablir dans leur état naturel ces personnes, que deviendrais-je? J'ignorais tout.

Après cinq heures d'angoisses, sur une simple question : Comment donc vous réveiller? ces deux charmantes filles me tirèrent d'embarras.

C'était mon début, et cet instant décida de toute ma vie, il fut le motif et la cause de mon apostolat, je lui dus bien des souffrances, bien des affronts; mais, par compensation, les plus pures jouissances me furent offertes, et je les savourai à longs traits.

N'ayant aucune connaissance de la médecine, j'allai me placer sur les bancs de l'école, et je suivis les cliniques. Malgré mon aversion pour la dissection, je m'y livrai, je pris même mes inscriptions d'élève.

Je fréquentai un peu les leçons du Collége de France, et je feuilletai tous les livres des professeurs distingués.

Tous ces travaux n'eussent été rien pour moi, s'il ne m'eût fallu vivre et acheter des livres. J'éprouvais donc toutes les privations qu'éprouvent, hélas! bien des jeunes gens; mais, plus heureux que beaucoup d'entre eux, je les supportai avec courage et résignation; elles n'altérèrent en rien ma santé.

C'est alors que je me rappelai mes premières années passées sans travail; la nature avait eu le temps nécessaire pour fortifier mes organes; mon cerveau, resté vierge, n'était point énervé; j'avais toute la sève désirable, et l'écorce était bonne.

Il ne me vint jamais à la pensée d'aller frapper à la porte de parents riches et puissants qui habitaient Paris, plusieurs étaient à la cour, tous pouvaient me servir. Je mettais une sorte d'orgueil à faire seul mon chemin. N'étais-je pas assuré que le magnétisme existait, non par un fait, mais par une continuité de travaux et de recherches, recherches faites souvent à l'insu de ceux qui me fournissaient de curieuses observations? Par un levier invisible à tout le monde, je remuais des machines humaines, j'agissais également sur des animaux endormis; profitant de toutes les occasions qui m'étaient offertes, je multipliais ma vie afin d'arriver plus vite, et j'en rendais tous les instants utiles. N'y avait-il pas là de quoi m'ouvrir une carrière? Cette vérité prouvée ne devait-elle pas me conduire à quelque chose?

Ce qui influa sur moi d'une manière puissante, ce qui me donna le courage et la persévérance, je dois le dire, ce ne furent point les faits que j'obtins sur des gens éveillés, car je croyais que, jusqu'à un certain point, ils pouvaient se produire par l'imagination, pouvoir encore inconnu; mais ce fut de voir l'homme ou l'enfant endormi subir mon influence, et, plus encore, les animaux placés dans la même condition éprouver et présenter la série identique des mêmes phénomènes. Avec quel recueillement je contemplais la nature soumettant tous les êtres à la même loi! Témoignage irréfragable de l'existence d'une force encore inconnue, d'un principe divin renfermé dans nos organes. Tous les savants avaient donc menti dans leurs affirmations : il y avait là quelque chose que je ne devinais point encore ; car il me semblait être d'une facilité extrême d'acquérir la même conviction que moi. Tout le mépris jeté par les savants sur les magnétiseurs devait donc un jour retourner à la source d'où il avait jailli.

Mais, en considérant mon chétif individu, je ne m'abusais point sur ma puissance. Je ne pouvais même pas raisonner sur un fait, en tirer toutes les conséquences, faire valoir la vérité, la soutenir. Hélas ! ce sont des faveurs qu'il faut mériter par le travail ; elles vous sont accordées aussi par la lutte, quand on a l'esprit juste. Mais je ne savais point lutter, l'éloquence me faisait défaut, ma croyance était muette, mon néant m'écrasait. Courbé, affaissé, replié sur moi-même, ma figure se rida, quoique bien jeune encore.

Dans mon désespoir, j'en appelais à Dieu.

Dieu tout-puissant, disais-je dans mes moments d'abattement, donne-moi force et courage ; si tu es le dispensateur de toutes les vertus, fais que j'aie celles qui me sont nécessaires ; inspire-moi, afin que je fasse triompher la vérité !

J'étais pourtant heureux et fier de mon petit savoir ; il était bien à moi, je ne le devais à personne, et j'entendais une voix intérieure qui me disait : Marche en avant, la cause que tu défends est celle de la justice et de la vérité ! La nuit, je repassais dans mon esprit les travaux de la journée, et j'en effaçais toutes les illusions. Je lisais tous les écrits publiés contre Mesmer et sa doctrine, et lorsque je les voyais signés de noms connus et admirés du monde entier, sachant que ces juges étaient compétents, mes nuits se passaient sans sommeil. Semblable au condamné à mort innocent du crime dont on l'a accusé, qui cherche à briser les portes de son cachot pour éviter un remords à la justice, et ne trouvant point d'issue, se résigne, s'en remettant à la Providence du soin de rendre la paix à son âme ulcérée, je me résignai. Le magnétisme s'était comme personnifié en moi ; je me croyais un de ces flétris de par la science, portant sur le front le signe infamant du mensonge et de l'imposture.

Heureux sont les indifférents, ils ne connaissent aucun des tourments de l'âme, auxquels sont exposés les novateurs! Qu'est-ce, pour eux, qu'une vérité? Ils ne s'émeuvent point d'aussi peu de chose; mais, pour l'homme qui sent, c'est sa vie qu'il doit désormais défendre. Ne lui parlez plus des plaisirs du monde, il est insensible à toute jouissance; il n'est qu'un bonheur pour lui au monde : voir ses idées partagées. La mort lui paraît douce, lorsqu'il aperçoit le triomphe. Sa tâche est alors accomplie, il croit avoir été l'instrument de la Providence pour accomplir une tâche difficile; il meurt en dirigeant son regard vers le ciel, pensant que la vérité, pour arriver jusqu'à lui, a suivi ce chemin. N'est-ce point aussi un pressentiment de l'immortalité de son âme?

Deleuze m'accueillit. Hélas! ce n'était point une préférence; les disciples étaient bien rares, on pouvait encore les compter. Puységur daigna m'encourager, il m'ouvrit sa maison. C'était un honneur qui devait me flatter. Je rencontrai chez lui les notabilités de la science nouvelle, les hommes qui avaient survécu au temps et à la tourmente révolutionnaire; ils étaient tous d'un certain âge, croyaient, mais prenaient pacifiquement leur parti à la vue de l'indifférence générale et du doute plus qu'insolent du monde savant.

J'allai aussi chez l'abbé Faria. Je le trouvai enthousiaste comme moi, mais bien moins scrupuleux et attentif. Je reçus de lui quelques leçons, et lui payai un léger tribut. Sa maison était le rendez-vous du monde élégant, des oisifs, des lions de ce temps. Je souffrais à la vue de ce monde moqueur, dont la vie est inutile au reste des humains. Je jugeai promptement de la valeur réelle de ce monde flottant; il était savant en toutes choses, donnait son jugement sur toutes les questions. Insolent parfois, comme ses valets, la forme seule servait à l'en distinguer. Il possédait pourtant tout ce qu'on voulait me faire apprendre dans mon enfance : la nature lui était inconnue. Sceptique au dernier point, son église était l'Opéra : il riait de tout. Faria était pour lui une sorte de bouffon, il se rendait chez lui pour y rire, rien de plus.

J'épiais en sournois cette société d'élite, elle se révélait à moi avec tout son charme et ses défauts; mais, loin de me séduire, mon examen terminé, je m'en éloignai.

J'entrepris la cure de quelques malades. Un soulagement marqué fut la suite de mes premiers soins. Le magnétisme était donc un agent curatif, comme l'avaient dit et écrit nos maîtres. Et, incrédule pour tout ce que je n'avais point vu de mes yeux et touché de mes mains, j'acquis enfin un petit nombre de connaissances personnelles; ce phare allumé au milieu des écueils me servit à les éviter.

Je devenais de plus en plus maître de ma force magnétique, la parole me venait également; une sorte d'éloquence, celle qui part d'un cœur convaincu, me permettait déjà d'agir sur la raison des êtres qui se trouvaient en ma présence. Je persuadais sans art; car la vérité ne se farde pas, elle porte avec elle un témoignage de ce qu'elle affirme. Je me fis estimer par ma franchise, on me pardonna même mes emportements, car c'était toujours un doute injurieux qui soulevait en moi ces furieuses tempêtes. Une insolente incrédulité ne peut être supportée que par un saint homme, et je ne l'étais point.

Le temps était enfin venu de mon véritable apostolat. Certain que ma conscience ne me reprochait rien, convaincu à tout jamais de l'existence en moi d'une puissance réelle, je cherchais les occasions de la démontrer à tous les yeux, de la faire briller dans toute son évidente réalité. J'étais persuadé que tous les doutes devaient cesser, et qu'aucun médecin, qu'aucun savant ne refuserait, étant convaincu, d'avouer la vérité. Je brûlais donc d'impatience de me trouver en présence de quelques hommes de valeur. Hélas! lecteurs, c'est ici que mes véritables chagrins vont commencer, j'avais dormi sur des feuilles de roses! Je m'étais cru malheureux jusqu'alors; je n'avais pourtant fait qu'effleurer des lèvres la coupe d'amertume : j'allais la vider à longs traits.

Mon erreur était grande lorsque je fis la connaissance d'un monde à part, celui qui se dit *savant*, n'ayant presque plus rien de la nature, mais nageant en plein dans le fleuve de la science, à ce qu'il croit du moins.

C'était donc un troisième degré d'initiation à subir; j'allais voir paraître devant moi tous les ministres de la mort, tous ceux qui croient que le monde se gouverne par les lois inscrites dans leurs almanachs. Mais je m'arrête; ayant trouvé un aliment à mon activité, une vaste carrière s'ouvrait devant moi, j'allais enfin faire mon entrée dans le sanctuaire de la douleur; on m'accueillait à l'Hôtel-Dieu, on me priait même avec instance de ne pas perdre un instant, car on avait l'intention de s'amuser à mes dépens. On ne peut empêcher les sages de rire un peu, cela leur fait du bien; mais, ma foi, le sachant, j'en pris résolûment mon parti, et, tout d'un bond, je me rendis dans la maison de Dieu.

Voilà, lecteurs, ce que j'ai à vous apprendre sur mon commencement, peut-être la fin de mon récit vous présentera-t-elle plus d'intérêt; mais, comme je ne veux rien dissimuler, je vous livre ma vie. Tout à l'heure elle va se compliquer, la vérité également; toutes deux prendront plus de dimension, et de nouvelles formes. J'espère vous prouver que je suis un peu sorcier; les choses que j'ai faites ne sont point toutes vulgaires, plusieurs d'entre elles, sans doute, seront niées jusqu'au jour où un homme plus éclairé ou plus entreprenant les jettera avec éclat dans le monde.

Non, la vie n'est point un rêve; elle a ses réalités cruelles, qui glaceraient d'épouvante l'homme le plus hardi, s'il les apercevait dès ses premiers pas. Dieu les dérobe à la vue, il a ses desseins, sans doute; il ne m'appartient point de les pénétrer.

Aujourd'hui, je suis comme le soldat qui assista à vingt batailles, et qui raconte avec simplicité tous ses traits de courage; mais, comme lui, je suis ému à ces souvenirs, je vous montre les blessures que j'ai reçues en combattant, je vous dirai les coups que j'ai portés. Si l'ennemi n'est point encore vaincu, il le sera bientôt, du moins j'en ai l'espoir; mais crainte de surprise, cependant, je ne laisse point rouiller mes armes; je conserve ma force tout entière, mes sens sont affinés comme au premier jour. Semblable au chien du contrebandier qui flaire un douanier de très-loin, quelque habit qu'il ait pris, moi je reconnais un savant rien qu'à la première vue, malgré son déguisement : n'est-il pas aussi un douanier? Un charlatan, eût-il un diplôme, ne pourrait me tromper. Privilége de l'âge et de l'expérience, qui permet de juger, tu donnes un complément à la vie, tu rends homme !

APOSTOLAT.

Par cinq années d'études, je m'étais préparé, sans le savoir, à ce que j'allais entreprendre. Sommes-nous les arbitres de notre destinée, ou bien quelque chose de caché et de mystérieux règle-t-il nos actions, de manière à nous pousser dans une route où, bon gré mal gré, nous serons contraints de marcher? Je crois à la destinée. On verra plus tard sur quoi je fonde mon sentiment. Quoi qu'il en soit, me voilà, moi, timide jusqu'à la faiblesse, obligé de corriger ma nature, ou tout au moins de paraître résolu; me voilà, moi, enfant encore, en présence d'hommes capables d'inspirer de l'effroi au plus entreprenant des magnétiseurs. Qu'on ne l'oublie point, magnétisme alors était synonyme de jonglerie; nous n'étions qu'en 1820, et nulle expérience du genre de celle qui m'était proposée n'avait été tentée.

J'ai dit, dans mes autres écrits, quel fut mon succès, mes espérances dépassées; j'ai décrit mon triomphe. Husson, Jeoffroy, Récamier, dont le nom signifie légion, et quarante autres médecins, rendirent, pour un instant seulement, hommage à la vérité.

La Providence préparant les voies au succès de son œuvre, je me figure avoir été conduit par elle ainsi :

Dieu avait pris un enfant par la main, il le mena au séjour de la douleur, et lui dit : « Sois sans crainte, tu es l'instrument dont je « veux me servir pour confondre ces sceptiques; ils vont prendre au « milieu des infirmités humaines celle qu'ils croient incurable; tu la « guériras sous leurs yeux, par la seule imposition de tes mains, afin

« de leur apprendre qu'il existe une médecine supérieure à la leur,
« parce qu'elle découle de moi ; afin qu'ils voient que chaque être est
« un vase où j'ai déposé mon essence, et qu'elle seule contient la vie
« et la lumière. »

Et l'enfant obéit avec docilité, une secrète joie pénétra jusqu'à son âme, et sa tâche achevée le trouva sans orgueil.

Ce n'était point un mirage, une illusion, mais une chose réelle, palpable, que plus rien désormais ne pouvait détruire : *le magnétisme existait*, il était prouvé. Alors pour moi de nouveaux tourments commencèrent. Quelle est cette puissance incommensurable ? Comment agit-elle sur nous, et comment peut-elle guérir les maux ? Ma joie était troublée par le besoin de connaître.

D'où vient ce désir impérieux qui enflamme notre esprit ? Dieu a-t-il voulu que nous pénétrions dans le domaine des causes, afin que, tout étant infini, nous n'ayons nul repos ? Le repos ! mais c'est déjà la petite mort ! Est-ce que la nature se repose jamais ? Elle produit, détruit et reproduit sans cesse. Quel est le but de cette incitation de l'homme ? Sans doute qu'il cherche sans relâche à connaître le domaine où il vit, et l'énigme même de sa propre existence. Dans ce grand travail, les générations s'engloutissent. Mais voyez quels progrès déjà ! La terre est fouillée, analysée presque dans toutes ses parties ; on a pesé le globe, on sait ses dimensions comme ses ascensions dans l'espace. L'intelligence est pleine d'étonnement à la vue de ses conquêtes ; pourtant elles ne sont rien auprès de celles qu'elle fera.

On peut donc espérer découvrir la loi du magnétisme, ses rapports avec les autres agents de la nature, ses vertus cachées encore à tous les yeux, et enfin la source d'où découle cet agent merveilleux. Nous laissons de côté tout mysticisme ; quand on invoque Dieu dans les sciences, c'est souvent une preuve de faiblesse et d'impuissance, un besoin de l'âme, si l'on veut, qui, ne pouvant se rendre compte d'un fait, l'attribue au principe suprême. Chaque fait a sa cause physique ou morale ; il s'agit de la trouver, elle existe certainement.

L'on conçoit dès lors mon inquiétude ; car, ne me regardant

point comme un homme privilégié de la nature, ce que j'avais produit, un autre pouvait l'exécuter; mais quelle était la force employée, l'agent des phénomènes? Mon ignorance sur ce point était on ne peut plus grande. J'agissais sur des êtres placés dans certain rayon, j'exerçais une influence qui avait pour caractère une modification marquée dans leur individualité du moment, cela était indubitable, sinon constant. Il y avait bien là de quoi justifier Mesmer et tous ses adeptes; mais lorsque l'on me demandait: « Comment agissez-vous? » —Je répondais: « Mettez-vous là, je vais vous le montrer. » Et je faisais des passes; l'effet suivait souvent, c'était une méthode assez bonne; elle était semblable à celle de ce philosophe qui se mit à marcher devant quelqu'un qui niait le mouvement. Mais qu'est-ce que le mouvement lui-même? C'est l'action d'aller et de venir, me répondra-t-on. Il n'est qu'effet; la cause, c'est un agent subtil. Quel est-il? Je n'en sais rien....

Je me trouvais dans une situation perplexe. Mes premiers succès m'avaient donné une certaine renommée; on venait à moi pour recevoir des conseils et des éclaircissements, des malades venaient aussi me demander la guérison. Alors, m'étonnant de me trouver un aussi grand médecin sans le savoir, j'acquis la certitude que l'ignorance des hommes était profonde: la mienne, hélas! ne l'était pas moins. Je restais confondu. Comment donc arriver au savoir? Par l'étude, sans doute; mais tous travaillaient sans beaucoup de fruit. Ce n'était donc pas la route suivie qu'il fallait prendre. Quel était le nouveau chemin? Celui-là même que la science dédaignait: *observer la nature*, l'imiter ensuite. Quand j'interrogeais Deleuze, il me répondait: — « Ayez *la foi, l'espérance* et *la charité*; lisez mes livres. » — Puységur: « *Croyez et veuillez*, c'est la clef du magnétisme. » — Oh! oh! mes maîtres, je vous remercie, mais j'en sais déjà plus que vous! Vous êtes d'une grande droiture de cœur, vous avez des vertus, je chercherai à les acquérir; mais ce n'est point cela qu'on me demande; ce n'est pas la morale que je veux enseigner: ce sont tout simplement les règles de la médecine magnétique. Vos ouvrages sont excellents; ils ne peuvent cependant satisfaire mon esprit. Puységur répondait encore : — « La nature fait tout, *mens agitat molem*, expérimentez. » — Deleuze paraissait vivement contrarié de mes questions; j'étais déjà pour lui un novateur dangereux, *ayant exposé, compromis le magnétisme en faisant des expériences publiques.*

Ces temps sont loin, et ces hommes pleins de zèle et de foi sont descendus dans la tombe. Ils plantèrent leurs jalons, soutinrent le magnétisme avec persévérance et courage : on ne peut leur demander plus qu'ils ne pouvaient produire. Un sot seul peut s'imaginer qu'une science se fait tout à coup. Le magnétisme, pas plus que la chimie et la physique, n'est ce qu'il était au commencement du siècle. Il a grandi par les recherches et les efforts de tous ses partisans. Et si les mêmes hommes dont nous déplorons la perte aujourd'hui, l'avaient trouvé comme nous le voyons, ils avaient assez d'intelligence pour lui faire faire un plus grand progrès.

Un oiseau ne trouve jamais son nid tout fait; à moins qu'il ne soit voleur et ne s'empare du nid d'autrui, il faut qu'il le construise; mais souvent le savant est comme l'oiseau voleur, il prend le nid d'autrui; sans plus de façon, il s'y arrange et donne des coups de bec à qui veut le déposséder. Nos académiciens occupent un nid commun; et lorsqu'un de ces rares oiseaux meurt, la place qu'il quitte est aussitôt prise, et gare les coups de bec aux oiseaux en retard! Ce nid est sale et vieux, il est construit avec des branches mortes et des détritus de vieux chiffons; qu'importe! ils y font leur ponte et leur couvée, et, comme les oies du Capitole, ils sont tous nourris aux dépens de la république; cependant ils n'ont jamais rien sauvé, et ils sifflent toujours le même air, ce qui est très-ennuyeux.

Le nid que m'offraient Puységur et Deleuze était assez bon, j'en conviens; mais je voulais me construire un petit édifice que je pourrais considérer comme m'appartenant en propre. J'étais jeune, la vie matérielle ne m'occupait guère, j'avais peu de besoins. Je me mis donc en quête, et cherchai avec ardeur les matériaux nécessaires à la construction que je projetais. La nature était là, devant moi ; je l'avais tant admirée dans mon jeune âge ! Comme je la trouvais belle et harmonieuse ! Pourquoi donc, puisque j'étais devenu mon maître, ne l'admirerais-je plus de nouveau ?

On dit que les dévots, à force d'admirer la Vierge, finissent par en être inspirés. Quelques autres ont pareillement recours aux saints du Paradis, lorsque, dans des cas extrêmes, la raison ne leur suffit plus.

Les païens invoquaient de même leurs dieux et leurs demi-dieux ; partout, enfin, l'homme cherche la vérité en dehors de lui-même ; il se crée un monde dans l'espace ; il récuse ses yeux de chair, il prétend mieux voir avec les yeux de son esprit.

Suivons d'abord une marche différente, plongeons notre regard autour de nous, allons, s'il le faut, jusqu'au soleil ; mais c'est déjà bien loin, ne dépassons pas cet astre ; recevons sa lumière et sa chaleur, préférons-les à celles que les hommes produisent, comme nous préférerons bientôt la médecine de la nature à celle de la science ; car entre ces deux imitations il y aura la même différence.

Je coupai donc les ailes à mon imagination, je jetai de l'eau sur le feu qui, intérieurement, exaltait mon esprit, et les sens, désormais dans un état régulier, éloignaient, s'ils ne détruisaient complétement toute cause d'erreur. Comme un arbre qu'aucun homme n'a ni greffé, ni écussonné, porte des fruits de sa nature, ne devais-je point, moi, plante sans aucune culture, produire aussi des fruits semblables ?

Voilà, lecteurs, comment je me préparai à mon apostolat ; comment, avant d'être professeur, il me prit l'envie de savoir quelque chose de ce que je voulais enseigner. Cette marche me fit, dès mes premiers pas, éviter bien des écueils, me préserva de beaucoup d'erreurs acceptées comme des vérités. Ne voulant point tromper les autres, j'évitais, autant que possible, de l'être moi-même. Je savais que l'obscurité est la compagne de l'homme sur la terre, et, ce qui est non moins vrai, que la vérité ne fait jamais fortune ; que, bien au contraire, plus l'erreur est monstrueuse, plus elle plaît aux hommes : le tribut qu'ils lui paient est presque incalculable.

La vérité fait peur, le mensonge rassure. Si j'eusse spéculé sur l'ignorance, la superstition et la sottise humaines, je serais aujourd'hui un des hommes les plus riches et les plus considérés ; peut-être même serais-je de toutes les académies ; j'eusse, à coup sûr, été décoré. Et je pourrais, dans mon orgueil, prendre en pitié la race humaine ; puis, la mort me saisissant enfin, tous mes compères chanteraient mes louanges ; ils diraient tous en chœur sur mon cercueil les vertus que je possédais, mon amour de l'humanité, et s'empresseraient de combler le vide fait par ma perte.

Lecteurs, ce n'est point une plainte, une supplique à votre adresse, pour que vous me distinguiez comme un saint homme : je ne crois pas à la sainteté ; mais je crois au martyre, je crois à la souffrance. Il fut un temps où le dédain qu'on avait pour moi m'offensait : il me ravit aujourd'hui, il me laisse la liberté de tout dire, comme de tout examiner et de tout produire. Cette heureuse circonstance me permettra de vous divulguer des vérités propres à vous éclairer ; mais lorsque vous me croirez méchant, je ne serai que juste. Je laisserai la calomnie à nos antagonistes, j'irai droit au but. La vérité, chassée de leur temple, doit y rentrer un jour ; ils l'ont insultée, bafouée, traitée de prostituée ; ils se sont fait gloire de leurs outrages. Il faut bien, à moins d'être lâche comme eux, réhabiliter celle qu'ils ont flétrie. J'aime beaucoup la croyance en la justice de Dieu ; mais nous n'en sommes point les témoins ; elle influe moins qu'on ne pense sur les vivants, et surtout sur les savants, qui pensent avoir de bonnes raisons pour douter de cette justice suprême ; ils seront plus sensibles à celle qui s'exerce par les hommes : ici c'est une certitude qui manque rarement son effet.

Sachant, dès mon début, que je recevrais des Académies les mêmes outrages qu'elles adressèrent à Mesmer, comme aux hommes qui se dévouèrent à sa cause avant moi, j'ai appris à me défendre, afin de me faire respecter, et par moi la vérité. Lecteurs, vous serez témoins de ce duel en champ clos, où un seul homme défiera des milliers d'ennemis ; mais, avant de me battre, je dirai à chacun d'eux : — Ote ton masque, laisse voir ton visage ; d'où viens-tu ? Es-tu un de ces bourreaux du corps et de la pensée, jésuite, faux philosophe ou médecin ? voyons ! Est-ce toi qui, de ton palais inabordable, as déversé l'injure sur des hommes sincères, et, pour masquer ton ignorance, les traitais de charlatans ? Réponds !

Voilà ce qui fait ma joie et mes délices ; car je ne puis succomber sans qu'un autre prenne à l'instant ma place, jusqu'au jour où le dernier de nos ennemis sera vaincu. Voilà aussi pourquoi j'ai travaillé sans relâche, jusqu'au jour où tous les doutes de mon esprit devaient être effacés.

Auguste vérité ! heureux sont ceux qui combattent pour ta gloire et ton triomphe ! Le soldat qui tombe en défendant son pays reçoit une mort digne d'envie. Plus glorieuse encore sera la mémoire de celui qui, pouvant éviter les périls, les a recherchés pour défendre la cause de l'humanité. Est-ce que je n'entends pas les cris des victimes de l'ignorance ? Est-ce que je ne suis pas témoin de ces assassinats où la barbarie le dispute à la bêtise ? Affreux holocaustes, plus cruels cent fois que ceux du moyen âge, où des hommes aveuglés, mais passionnés, jetaient sur le bûcher ceux qui pouvaient les éclairer ! Aujourd'hui, c'est à froid, et sans jugement, que l'art de *guérir* s'exerce, et l'imbécile troupeau humain se contente de faire entendre des bêlements ! Ce n'est point comme un agneau que je vais me plaindre, ma voix ne serait point entendue. La vérité a ce caractère, c'est qu'elle change la nature de l'homme, elle lui donne plus que le courage, elle lui donne la certitude de vaincre, quel que soit le nombre de ses ennemis.

Cette longue digression n'est point étrangère à mon sujet, elle initie aux combats intérieurs que se livrent en moi deux forces ennemies : la vie et la mort. L'une m'enflamme et me souffle des pensées brûlantes : c'est la vie, qui, sachant qu'elle me quittera, m'invite à profiter des instants qui me sont laissés. L'autre dit : A quoi bon ?

Engraisse-toi, prends du repos; vois comme ceux qui s'abandonnent à moi sont menés doucement au terme de leurs jours; j'en abrége le cours autant que je le puis, à peine s'ils s'en doutent; je leur laisse leurs joies et leurs plaisirs; j'éloigne d'eux la lumière, afin que dans l'obscurité j'arrive sûrement à les frapper : je choisis le moment.

Ces deux forces sont dans chaque être, elles sont dispensées toutes deux. Je vais apprendre à les distinguer l'une de l'autre. N'attendez pas de moi un magnifique langage, quoique j'aie à vous parler de grandes choses; vous savez mon histoire, je n'ai point appris la langue académique, celle qui charme l'oreille sans aller jusqu'au cœur.

Je serai simple dans mes récits, mais ils seront sincères; peut-être y trouverez-vous des fautes de langage, qu'importe encore! tout ce qui est de convention et qui ne vient point de la nature, peut être délaissé. Je parlerai comme un Français du vieux temps, mais toujours de manière à me faire comprendre. N'ai-je pas d'ailleurs un témoignage puissant : ces mille instruments que j'ai formés et qui portent partout la vérité? J'ai trouvé le chemin de leur intelligence; pourquoi seriez-vous moins accessibles à ce qui les a convaincus? Sans doute vous ne verrez point de faits, mais déjà beaucoup sont tombés dans le domaine public. Pourquoi vous tromperais-je? dans quel but? — La science, je vais vous la donner, je n'en fais point mystère; je réserverai sans doute quelque chose encore, la partie seulement où mes sens auront peu parlé, celle enfin où il n'y a que des probabilités au lieu de certitude.

Je vais vous introduire dans un monde nouveau où tout est merveilleux. La science officielle ne vous a montré qu'un cadavre; lorsqu'elle vous a parlé de la vie, elle l'a étudiée elle-même sans comprendre. Vous allez voir l'homme actif, ce chef-d'œuvre de Dieu, reprendre son rang et sa dignité; vous verrez ses forces ignorées, comme son abaissement passager lorsqu'il sera soumis à une pression exercée par un agent terrible, mais invisible encore; puis ses propriétés et ses facultés cachées prendre tout à coup leur essor.

Vous constaterez deux existences dans l'être. L'une, que les savants étudient depuis le commencement du monde sans la comprendre; c'est l'état de veille, la vie de relation. L'autre, plus mystérieuse; c'est celle où les sens sont engourdis, où l'esprit est dégagé de la matière, où il agit en liberté. L'une condamne l'autre, et leurs actions sont différentes. La dernière est tout à fait ignorée des savants; ils ne soupçonnent même point qu'elle existe.

Puis, allant plus avant, je perturberai ces deux existences et produirai un amalgame qui ne sera ni la veille ni le sommeil, mais un état mixte rempli encore de phénomènes méconnus des savants.

Ne perdant point de vue le but de cet enseignement, le parti que vous pouvez tirer d'un semblable levier, d'une force si inconcevable, vous sera dévoilé. Vous ferez, en sachant vous y prendre, ce que les médecins ne peuvent faire avec toutes leurs drogues et tous leurs agents : vous guérirez des maux désespérés. — Vous vous expliquerez alors cette longue résistance du corps médical surtout, cette lutte envenimée de fiel; car si le magnétisme existe, c'est lui qui doit réformer ou détruire tout ce qui est faux ou mensonger. C'est la lumière chassant les ténèbres; c'est, enfin, une révolution certaine dans les systèmes et les doctrines qui règnent, c'est l'ère d'un nouveau progrès, une révélation divine.

N'anticipons point, cependant, sur ce qui ne doit être dit que dans son temps. Marchons pas à pas, comme nous l'avons fait jusqu'à ce jour. Cet écrit doit être médité, car il va contenir la vraie clef pour ouvrir la porte du sanctuaire de la plus élevée des sciences. Le magnétisme semble s'être incarné en moi, et pour connaître ce que j'en sais, il faut que l'on parcourre le chemin que j'ai suivi. Je ne fais d'emprunt à aucun livre, afin qu'il n'y ait aucun mélange; non que je me croie plus infaillible que tous, mais je veux prouver que j'ai su découvrir quelque chose de ce qui était caché à bien des yeux.

Je prévois que beaucoup diront : Mais je savais ceci, cela, puis encore cette chose. — C'est un travers commun à bien des hommes, rien ne les en guérira; je me permets de sourire d'avance à leurs tardifs aveux, car je leur ai dit : Vous tous, qui savez tant de secrets nouveaux, ne vous laissez pas devancer; écrivez-les, dénoncez-les. Mon livre doit finir par la magie; si vous prétendez la connaître, formulez-la, je vous en laisse le temps ; agissez, prenez les devants. Hélas! l'écho de mes paroles a été sans effet; je voulais laisser à nos initiés modernes une gloire intacte, et ne point affaiblir leur renommée. Devancez-moi, leur disais-je, écrivez, ne serait-ce qu'une page. Une page suffit pour dire clairement ce que l'on sait de cet art important, sans trahir son secret; mais une page suffit aussi pour établir son ignorance.

Mon défi n'a point été accepté, pourtant j'aurais aimé qu'il le fût, et qu'un autre me devançât; on aime à trouver un compagnon pour marcher pendant la nuit, surtout s'il sait la route. Rien encore ici n'indique le chemin.

ENSEIGNEMENT.

J'entrai dans cette voie nouvelle vers 1826, en ouvrant, dans le quartier même des écoles, passage Dauphine, un cours public et gratuit.

Pauvre et chétif professeur, enfant perdu de la science, j'enseignai d'abord l'origine de la découverte de Mesmer, les traces qu'elle avait laissées et que son génie avait retrouvées à travers des décombres; les luttes de cet homme de génie avec les corps savants, ses succès auprès du grand monde, puis ses chagrins, puis encore ses malheurs. J'étalai sous les yeux d'un public attentif les pièces de ce grand procès, où se faisaient remarquer comme accusateurs tous ceux qui portaient le nom de savant, tous ceux qui pouvaient se parer de ce vain titre; puis tout ce monde flottant, sans principes, sceptique par nature, riant de tout, beau diseur sarcastique, qui pour un bon mot se laisserait couper le cou; enfin je fis connaître les méfaits du théâtre, les épigrammes de la caricature; et, pour qu'il ne manquât rien au tableau, je montrai la vérité, au milieu de ces flots en courroux, comme une naufragée, luttant seule et voyant s'éloigner le rivage hospitalier à chacun de ses efforts; car, poursuivie jusqu'au loin par des clameurs insensées, c'était à qui, en la voyant se débattre et surnager, lui lancerait une invective. Je fis encore voir comment des médecins, voulant même effacer jusqu'au souvenir de sa présence parmi nous, chassèrent de leur assemblée ceux qui d'entre eux s'en étaient approchés; et, pour comble de vicissitudes, la tempête révolutionnaire dispersant au loin les derniers amis de Mesmer, les dépositaires de sa doctrine, comme si rien désormais ne devait la transmettre aux générations, et qu'elle devînt un mythe.

Je ne celai rien des erreurs commises, et, tout en justifiant Mesmer, je montrais que sa doctrine ne pouvait soutenir l'examen; parce que, en changeant ses procédés, sa méthode, on obtenait les mêmes faits, les mêmes résultats positifs.

Je signalai les hommes honorables, tels que Jussieu, Deslon, Bergasse, qui, contraires aux décisions des Académies, osèrent braver la censure des corps savants et de l'opinion publique.

Ma voix était faible, en présence d'un auditoire assez peu bienveillant. Je voulais ressusciter ce qui paraissait mort, bien mort; et j'étais un jeune homme n'ayant rien de ce qui peut donner quelque autorité à la parole, rien enfin de ce qui impose. Mes membres étaient tremblants, ma contenance incertaine; mais c'était déjà beaucoup d'oser faire ce que je faisais. Je continuai ce cours, sans jactance, mais résolu pourtant à laisser toute faiblesse de côté, si j'étais attaqué.

Jours d'émotion, vous ne reviendrez plus; je ne sentirai plus le sang, bouillonnant dans mes veines, me monter au visage! Assis sur la sellette, exposé aux regards de la foule, je sentais dans mon être quelque chose d'indéfinissable; mes yeux embrassaient l'assemblée et recevaient à angle aigu les rayons de feu de plus de mille prunelles; je soutenais ce choc, non comme un chêne qui défie la tempête, mais comme un roseau qu'un léger souffle abaisse et qui se relève à l'instant. Hélas! c'était la vie que je recevais; tous ces corps échauffaient mon âme par leur rayonnement, ils la trempaient sans le savoir, et lui donnaient la fermeté, le courage.

Puis je parlai des faits; n'en laissant voir qu'une partie, je voilais la vérité; car cette lumière eût été trop forte pour des esprits prévenus. Je citais des noms d'hommes respectés dans les sciences, en puisant dans leurs écrits ce qu'ils contenaient de favorable, non une croyance absolue, elle n'y était point, mais un calcul de probabilités rendant la vérité mesmérienne possible : Ampère, Cuvier, Laplace, et d'autres auteurs. A chaque instant je m'arrêtais, comme si j'eusse eu moi-même des doutes; je n'en avais point : c'était une réserve, une prudence excusables; cette conduite m'évitait une chute qui eût été funeste au magnétisme.

Je n'ignorais point que beaucoup de magnétistes avaient fait du tort à la science nouvelle, en mêlant trop de merveilleux à leurs récits et en reculant toujours devant une démonstration. Je partais du simple pour aller au composé; mais quand il fallut parler de la vue sans le secours des yeux, de la prévision, de l'instinct des remèdes, de la vue à distance, mes traits durent s'altérer sensiblement; j'osai cependant, car des preuves existaient en mes mains. La vérité avait lui un instant aux regards de Rostan et de son collègue Georget. Bertrand aussi l'avait aperçue. Je montrai que ces opinions venaient d'hommes vivants qu'on pouvait consulter; puis c'étaient des faits de catalepsie, des observations de maladies où ces phénomènes s'étaient montrés sans magnétisme, par la seule action de la nature. Petetin, Cabanis et d'autres médecins, par leurs écrits, vinrent à mon secours et me prêtèrent leur appui. J'amenai mon auditoire au point où je le voulais, je le disposai favorablement. C'était avoir fait beaucoup; arracher les épines, préparer le terrain et jeter dans le sillon la divine semence avait été ma pensée : mon œuvre commençait.

J'expliquai comment les guérisons citées avaient pu véritablement avoir lieu par la seule influence du système nerveux, sans miracle et sans la foi. Je montrai comment les juges de Mesmer s'étaient trompés en adoptant, pour expliquer les faits, des causes tout à fait étrangères à leur développement : *l'imagination*, *la chaleur animale*, *l'éréthisme de la peau*, *l'imitation*, etc. Déjà j'avais observé l'action indépendante du magnétisme exercer, en dehors de tout agent étranger et sans auxiliaire, le rapprochement de deux êtres mis dans certains rapports ; mais je n'osais point encore produire au grand jour des sujets rendus sensibles, je n'osais pas même faire quelque tentative pour en obtenir parmi tous les jeunes gens qui paraissaient avides de saisir au moins quelques traits. Ce n'était point la crainte qui me dominait ; mais la bizarrerie des procédés employés, leur étrangeté, me laissaient des doutes sur une continuation de bienveillance lorsqu'on verrait ce qu'on appelait des simagrées. J'expliquai à ce sujet ma pensée, et tout fut dit.

Un borgne s'était fait applaudir par des aveugles. Ah ! me disais-je, la fortune me sourit, me voilà professeur ! Et je rentrai chez moi joyeux, le cœur content. Bien différent, cependant, d'un marchand qui suppute ses bénéfices de la journée, je récapitulai mes dépenses : le fisc avait prélevé sur moi une certaine somme ; l'éclairage, l'impression, le papier, les cartes, la salle, les garçons, etc., m'en prenaient une autre ; en fin de compte, je me trouvais considérablement obéré. Que serait-ce donc plus tard ? Nul jusque-là ne s'était informé comment je vivais, si j'avais même les moyens de vivre, et pourtant mon sort était déjà envié : quelques magnétiseurs d'alors cherchaient à m'enlever jusqu'à l'apparence d'un modeste succès ; ils se faisaient mes contradicteurs devant le public.

Voilà, lecteurs, mon début dans la carrière *enseignante* ; il n'est pas brillant, mais je vous assure, sans présomption, qu'il était difficile à cette époque de faire ou d'oser faire davantage. C'était d'ailleurs, de ma part, un vrai tour de force, et c'est parce que nul de tant de braves en paroles ne se présentait pour accomplir ce premier pas, que je me mis en avant ; mais je gémissais de ma faiblesse : j'eusse voulu être le second, non le premier ; ce rôle m'écrasait.

Je ne savais point alors qu'un professeur pouvait devenir illustre sans beaucoup de science ; qu'il suffisait ordinairement d'un bel organe, d'une certaine faconde, d'un peu de mémoire et de beaucoup d'aplomb. Je juge mieux maintenant des renommées ; j'ai vu tant de grands hommes en robe de chambre, qu'ils ne m'imposent plus. La science, lecteurs, doit se traduire au premier mot ; il faut que celui qui prend possession d'une chaire fasse à l'instant éclater son savoir ; car il doit résumer dans sa personne toutes les connaissances acquises, et en augmenter la somme par ses propres découvertes.

Mais moi je n'entrais point en possession d'une chaire laissée vacante ; j'élevais par instinct, plutôt que par génie, une petite tribune d'où la vérité pût descendre. Sans le secours de personne, avec mes propres deniers, loin des magnétiseurs riches, j'ouvrais à tous un chemin nouveau et je l'arrosais de mes sueurs. Recevai-je par-ci par-là quelques encouragements ? Oui ; par des malheureux qui venaient chaque jour me témoigner leurs remercîments pour la portion de vie que je leur distribuais gratuitement.

O Fortune ! Fortune ! si tu étais venue me trouver dans un de mes moments d'abattement, je t'eusse sans doute ouvert les bras ; mais, à coup sûr, ma carrière eût été brisée ; j'eusse refusé de continuer plus longtemps cet apostolat ; car je me disais souvent dans mon désespoir : Le pionnier est bien heureux ! quand il a fini sa journée, il dort tranquillement, sans souci du lendemain, et moi je ne dors pas ! Toutes les professions offrent des chances avantageuses, la mienne est remplie d'ennui, et je ne vois point de repos. Voyez les fins de la Providence : riche, heureux, je serais devenu indolent, paresseux ; ma croyance, peut-être, ne m'eût point abandonné au milieu des distractions ; mais, assurément, j'aurais laissé à d'autres le soin de la faire partager au monde. La vérité, par la fortune, perdait un utile instrument ; me laissant malheureux, ma sensibilité restait entière. Créant autour de moi l'antagonisme, la vérité devait à la fin me rendre fort. Il y a donc quelque chose qui mène l'homme à des fins prévues, car maintenant je me prends à regarder comme un bien ce que je considérais alors comme un mal ; je ne changerais point ma vie pour celle du plus grand Esculape moderne ; et cependant je ne suis rien ; je représente seulement une pensée, ma main tient un drapeau avec cette devise :

> La vérité, n'importe par quelle bouche.
> Le bien, n'importe par quelles mains.

Mais, lecteurs, je vous initie trop à ma vie ; que vous importent des détails, des récits du passé? Vous voulez la *science*. Patience ! je vous y mènerai ; ne voyez-vous pas que ce sont tous ces souvenirs qui me donnent la force de *l'évoquer?* car il faut qu'elle sorte de mon cerveau, n'étant point encore dans les livres. Il faut donc que je me reporte vers mon passé, jusqu'aux racines de l'arbre déjà ancien ; que je le secoue lui-même pour en faire tomber un dernier fruit. Sa séve a besoin d'être excitée, et je ne sais point dans ce moment si elle pourra monter jusqu'au sommet pour donner à ce fruit la maturité nécessaire.

La science ! mais elle est cachée en moi, puisque je réalise sous vos yeux les prodiges de l'antiquité, et que mes doigts semblent tenir une baguette magique. L'ai-je empruntée, prise quelque part, cette science ? Non ; elle m'est venue par le travail de toute ma vie, par un labeur si grand, que je ne sais plus aujourd'hui où j'ai puisé les forces pour résister.

Il faut donc que je l'arrache de mes propres entrailles, que je la fasse sortir de mes sentiments ; car elle y est cachée, cette vérité, comme une pensée qui se fait chercher longtemps avant de venir, et qui vient souvent dans un moment inopportun. Comprenez-vous maintenant la difficulté, et comment je ne puis savoir si je pourrai la vaincre ? Si on m'eût transmis un secret, la chose serait toute simple : je le donnerais s'il m'en prenait l'envie. Je n'aurais point à me torturer l'esprit. Ah ! les hommes ignorent quand doit venir l'inspiration ! la plupart l'attendent toute leur vie inutilement ; quelques-uns, plus heureux, la saisissent au passage. Lorsque le bouillonnement de leur sang a donné naissance à cette émanation de l'âme, ils deviennent artistes célèbres ou poëtes renommés : savants parmi les plus éclairés, ils dominent leur siècle. Je sens qu'il existe en moi un grand alchimiste qui me jette par-ci par-là quelques parcelles de vérité; mais il est avare de ses trésors, il m'ôte la possibilité de me les approprier; car lorsque, produisant, selon les inspirations qu'il me donne, je veux poursuivre mon œuvre commencée, il me remplit de terreur.

Les hommes peu réfléchis ne comprendront rien à mon langage; est-ce qu'ils écoutent jamais ce qui se passe en eux-mêmes? Sensibles au vain bruit du dehors, leur oreille intérieure est obstruée. Est-ce qu'ils s'étonnent jamais de vivre? est-ce qu'ils savent rien de la vie? Ce qui les remue, les pousse ou les retient, leur est tout à fait étranger. Lorsqu'ils frappent leur cheval, celui-ci sait d'où vient le fouet, il connaît son maître. L'homme sent mille aiguillons intérieurs : est-ce la chair, est-ce l'esprit, est-ce un hôte incommode qui veut être obéi? Il n'en sait absolument rien.

Quelquefois même une inspiration subite donne à l'homme la double vue; il pressent, ou plutôt voit ce que l'œil ne peut apercevoir. Est-ce sa raison qui parle et l'avertit? Non; c'est un éclair parti on ne sait d'où, qui traverse la chair et laisse voir pendant un instant les choses présentes ou futures. Comme quand, dans la nuit, nous voyons notre chambre éclairée par la foudre, nos yeux aperçoivent ce que l'obscurité empêchait de saisir.

Le grain jeté en terre ne sait pas qu'il germera; il obéit à une force inconnue, qui, l'instant venu, tire de sa léthargie l'exemplaire d'un des ouvrages de Dieu. Comme ce grain, mes pensées endormies attendent un souffle pour se produire au jour; car, en passant par la chair, elles se revêtiront de ce qui peut les rendre sensibles à l'intelligence.

Ne vous étonnez plus de mes perplexités, de mes tourments. Ce n'est pas assez de sentir, la volonté est impuissante dans un semblable travail. Voilà pourquoi je m'excite; car, comme la pythonisse sur le trépied, je ne puis être instruit des secrets des immortels qu'en étant animé par une sorte de transport. Comme le feu souterrain soulève parfois la terre et fait couler la lave, les pensées en tumulte sortent du corps humain.

Voyez, lecteurs : les pages que je vous ai données jusqu'à ce jour ne sont que les scories, la partie la plus grossière du métal en fusion. Les romanciers vous donnent moins encore dans leurs écrits : ils vous ravissent en idée, vous bercent par des rêves comme ils sont bercés eux-mêmes ; ce n'est pas même l'ombre altérée des choses réelles. Triste repas du corps que celui qui se fait en idée ; mauvais aliment pour l'âme, que les choses frivoles et sans réalité. J'espère que le résultat que je me promets sera différent, je crains même que cet écrit ne vous enseigne des choses trop réelles ; je n'aime point les fictions, et ne m'en sers que pour aider à me faire comprendre. Ce que je vais oser paraîtra téméraire, un autre que moi, peut-être, eût reculé d'effroi en pensant à de pareilles divulgations. Je me suis interrogé souvent à ce sujet, et me suis dit : Si, dans l'antiquité, les hommes qui possédaient des secrets nous les eussent révélés, nous serions aujourd'hui le premier peuple du monde. Tout ce que Dieu inspire, tout ce que le génie découvre n'est pas pour rester enfoui ; c'est pour la race entière. Sans doute l'homme abuse d'abord, comme il est tenté d'abuser toujours de tout ce que le Créateur fit pour son bonheur, et qui entre en sa possession ; mais sa justice est là, elle punit le coupable. —Donnons donc un libre cours à nos pensées ; nous offenserons peut-être certains hommes, mais jamais la Divinité.

OUVRAGES.

Je devais tenter toutes les entreprises difficiles en magnétisme, et parmi elles celle d'écrire était pour moi un sujet d'effroi. Cependant je m'y résolus.

Ma brochure sur les *Expériences de l'Hôtel-Dieu* eut quatre éditions ; pourtant son seul mérite consistait dans les faits rapportés ; ce n'était point une œuvre de style ni de raisonnement.

Le magnétisme n'avait plus d'organe périodique en France, je conçus le projet d'en créer un nouveau.

Je cherchai donc, vu mon insuffisance, des collaborateurs ; beaucoup me promirent aide et concours ; c'était à qui m'encouragerait. Désormais certain de quelque sympathie, j'annonçai la publication du *Propagateur du Magnétisme*. Ce journal devait continuer les *Annales*, la *Bibliothèque* et les *Archives*, morts après quelques années d'existence, en laissant des matériaux précieux. Ainsi je fus lancé dans la presse, et devins éditeur d'une œuvre collective. C'était en 1827.

J'appris bientôt à mes dépens qu'il ne faut point se fier aux promesses, à moins pourtant qu'on n'ait de l'or, beaucoup d'or, afin de stimuler le zèle et de le récompenser. De cette manière vous pouvez marcher ; mais lorsqu'il s'agit de dévouement, il faut attendre qu'il s'exalte dans quelque cerveau intelligent. Tous les magnétologistes me manquèrent à la fois lorsqu'il fallut faire paraître ; ils me promettaient toujours cependant quelques articles ; mais, soit paresse, soit impuissance ou mauvais vouloir, aucun ne tint parole. Je me vis donc seul pour tenir les engagements de tous, et pour comble de malheur j'ignorais l'art d'écrire. J'étais sur le point de donner mon âme au diable afin qu'il me tirât d'embarras. Enfin je fis un article, puis un autre, de vraies ébauches ; mais le journal continua de paraître. L'œuvre dura une année ; épuisé, endetté, je cessai ma publication après avoir tenu mes engagements. Deux volumes justifiaient de mon labeur.

Dès ce temps il eût été facile de créer un organe durable ; les magnétiseurs commençaient à se multiplier. Une œuvre semblable, hélas ! exige des sacrifices, elle ne peut se produire sans cela ; les partisans les plus riches se montraient les plus avares. Je crois que c'est ainsi en toutes choses, aussi vaut-il mieux intéresser à ses idées la classe la plus humble ; celle-ci, au moins, vous la trouvez toujours au moment de vos appels et quelquefois de votre détresse.

Il y avait bien de quoi rebuter les plus décidés, et cependant je songeais toujours à écrire un livre qui fût de moi. Je récapitulai donc toutes les idées que j'avais déjà émises sur le magnétisme, et je préparai mon *Cours en sept leçons*. Ma ténacité venait non de mon orgueil, je m'appréciais trop bien; mais je me disais : Les gens capables ne font rien, leur croyance est stérile; des ouvrages nouveaux sont aujourd'hui nécessaires pour résumer et faire connaître les travaux et les découvertes des magnétiseurs. Si aucun homme ne se présente, on excusera ma faiblesse, on pardonnera à mon inexpérience, il restera des faits, et ceux-ci, du moins, auront toujours une grande valeur.

Mon ouvrage était composé, mais comment trouver un éditeur? Un libraire n'imprime point l'écrit du premier venu; il faut un nom, une réputation faite. Dans ce cas, on consent à vous faire un chemin vers l'*immortalité*. A vous la gloire, à l'éditeur le produit plus positif de vos œuvres : chacun est satisfait. Je m'ingéniai, et, à force de chercher, je trouvai ce moyen. J'ouvris des cours *payants* dont j'espérais consacrer le produit à la publication de mon livre. Mes cours avaient lieu dans une sorte d'athénée, passage du Saumon. Cet établissement, que je croyais honorable, était tenu par un *Robert Macaire* et un *Bertrand*. Ils m'enlevèrent un beau matin quinze cents francs, amassés avec fatigue et peine. Mais j'étais si bon garçon, que j'en ris le premier. Je me croyais bien payé par les soixante ou quatre-vingts élèves que j'avais formés. Je les eusse faits pour rien, tant mon amour de propager le magnétisme était extrême.

Je recommençai donc; mais cette fois je pris mieux mes mesures, et, en 1833, je publiai mon *Cours*, par cahiers contenant chacun une leçon. Cet ouvrage eut assez de succès pour que j'en fisse faire une seconde édition, en 1840, à Besançon. J'y ajoutai seulement le volumineux rapport de M. Husson à l'Académie de médecine, exprimant l'opinion de la commission nommée en 1825 et dont les travaux ne se terminèrent qu'en 1831, par des conclusions extrêmement favorables.

Désormais lancé dans cette double carrière, j'étudiai avec plus de soin les faits dont je devais un jour rendre compte. Aucun homme ne fut jamais mieux placé pour observer, puisque j'étais en même temps l'instrument qui produit et le cerveau qui conçoit, recueille et juge. Mais la multiplicité même des faits était pour moi un embarras. J'avais trop de richesses en mains, et le cerveau, comme l'estomac, n'est capable que d'un travail borné; ma tête était d'ailleurs trop petite.

J'allai porter en Angleterre la vérité nouvelle; elle n'y était point connue; deux personnes seulement s'en étaient occupées un instant. Je supportai dans ce pays, de la part de l'incrédulité, tout ce qu'il est possible d'amère raillerie, de mépris, d'insulte et de dégoût; mais, comme le clou sur lequel on frappe à coups redoublés, j'entrais chaque jour plus avant dans le lieu d'où on voulait me faire sortir. Je publiai à Londres, en 1838, un volume intitulé : *An Introduction to the study of Animal magnetism*.

Le magnétisme s'étend dans ce pays, il y fait d'immenses progrès. Peut-être un jour, si l'on n'est point ingrat, reconnaîtra-t-on que c'est bien moi qui en ai répandu les germes, en les arrosant pendant vingt-deux mois de mes sueurs.

Rentré en France, je n'y pris pas un instant de repos. Je commençai de nouvelles pérégrinations. J'avais visité Reims, Bordeaux, Montpellier, Béziers; j'enseignais le magnétisme aux hommes studieux de Metz, Nancy, Dijon, Besançon, Gray, Vesoul, etc., etc.; chaque ville parcourue me fournissait un chapitre d'un ouvrage nouveau. Tous ces matériaux pour l'histoire du magnétisme furent recueillis, et je les publiai à Paris, en 1840, en un volume intitulé : *Le Magnétisme opposé à la Médecine*.

J'avais aperçu trop de faits merveilleux pour qu'une nouvelle philosophie ne germât pas dans mon esprit. J'en écrivis les feuillets tantôt dans un lieu, tantôt dans un autre; puis je les méditai à loisir. Craignant l'effet que devait produire l'étrangeté de mes idées, et peut-être aussi la sublimité des principes nouveaux, qu'on ne pourrait accueillir que comme le fruit d'un enthousiasme exagéré, je laissai venir le temps où je pourrais sans crainte publier cet ouvrage. Je le livrai à la publicité en 1845 ; il est intitulé : *Essai sur l'Enseignement philosophique du Magnétisme.*

C'était construire un édifice en commençant par le faîte ; je le sentis, et, pour échapper à cette juste critique, je donnai une base physique à mon ouvrage, en publiant simultanément mon *Manuel de l'Étudiant magnétiseur*, contenant tous les préceptes d'une magnétisation intelligente, toutes les règles pratiques d'application du magnétisme à la thérapeutique. Trois éditions rapprochées prouvent que ce petit livre répondait à un besoin urgent.

Mes soins se portèrent en même temps sur le *Journal du Magnétisme ;* mais, cette fois, en collaboration de plusieurs hommes très-versés dans les connaissances magnétiques. Ce recueil, précieux pour la science, est arrivé, au moment où j'écris, à son onzième volume. Il a surpassé en durée tous ses aînés ; et, si je ne m'abuse, en mérite aussi.

Voilà par quels travaux je suis parvenu à prendre rang parmi les magnétistes. La partie la plus essentielle peut-être, l'expérimentale, est connue de milliers de personnes ; les faits, en général, n'ont point été rapportés, si ce n'est quelques-uns de magie que j'ai décrits dans le Journal.

Je ne mentionne point ici mes luttes avec les corps savants, mes procès avec l'Université, à Montpellier ; ces pièces éparses peuvent justifier de mon labeur, mais je ne les regarde point comme importantes.

Maintenant je presse l'éponge pour extraire ce qui reste en moi des choses acquises et conservées par ma mémoire.

Je n'ai point la passion qui pousse certains hommes à écrire, à traduire leurs pensées ; ce n'est que par devoir que je prends une plume ; je sais qu'elle serait mieux placée en d'autres mains ; mais un homme laborieux, voyant un champ sans culture, s'en empare et prend la pioche ; il cherche à le rendre fécond. N'ayant pour lui que son courage, on ne peut lui demander d'être habile dans un art qu'il n'a point appris. Ne vaut-il pas mieux encore voir cette terre à demi couverte de grains qu'inculte? O science du magnétisme! sublime découverte! grande comme Dieu, tu es destinée à remplir d'admiration l'univers; mais les hommes de ce temps ne songent qu'à la politique, ils ne voient rien au delà. Ils ressemblent à ces éphémères qui prennent une lampe pour le soleil, et vont se brûler par milliers à ce petit foyer, jusqu'à ce que l'astre du jour, tout rayonnant de clarté, les tire de cette erreur.

Hommes malheureux, vous vivez un instant sans vivre; arrêtez-vous, prenez garde, le fallot qui vous guide vous conduit aux abîmes, et, comme les éphémères, vous périrez presque tous en arrivant au but que vous vous promettiez d'atteindre.

DÉCOUVERTES.

Je n'emprunte rien au passé; si parfois je me rencontre avec ceux qui écrivirent jadis sur les mêmes matières, ce ne sera point un plagiat; car je puiserai dans mon propre fonds. Lorsque je vois tant de livres vides aujourd'hui, malgré les promesses qu'ils contiennent dès leurs premiers feuillets, je ris de cette indigence, de tous ces faux interprètes, de tous ces savants en herbe, qui, n'ayant point d'idées, s'emparent effrontément de celles d'autrui. Je connais des enfants qui croient être initiés, et qui disent : Venez, je vais vous révéler les mystères de la nature; les voici dans ce petit format.

D'autres, s'imaginant posséder la pierre philosophale, enseignent à tout venant le moyen de faire de l'or; au besoin même ils évoquent les morts, font apparaître les esprits. Pour eux, ce sont de petites choses, un travail vulgaire, une sorte de hors d'œuvre placé à la porte d'un sanctuaire où ils pénètrent seuls. Espèces d'imbéciles dont le monde fourmille, et qui pourtant se croient des titres à l'immortalité. Agissant sur des cerveaux faibles, ils en reçoivent des hommages, comme cet âne de la fable qui portait des reliques.

J'ai cru longtemps au grand savoir de ces cerveaux fêlés, et dans mon innocence j'admirais leur pouvoir. — Montrez-moi, leur disais-je pourtant, un de ces faits anciens, une de ces merveilles qui donnent à l'âme la foi ; je n'ai point de doute, vous affirmez trop bien ; mais j'ai besoin de voir. — Et ceux qui prétendaient fendre des montagnes d'un seul coup de leur caducée, auraient eu beaucoup de peine à casser une noix. — Transportez-moi soudain à une grande distance, et je proclamerai votre immense savoir. — Mais toutes mes prières ne pouvaient les convaincre de ma soif de connaître ; tous se montraient courroucés de mon insistance.

Allez ! allez ! beaux faiseurs de miracles, vous êtes des rêveurs ; vous n'êtes point sur la route où vous croyez marcher. L'homme qui sait dit peu ; mais il fait voir beaucoup. J'irai demander la lumière à qui la possède ; je solliciterai la nature sans trop l'importuner ; je me rendrai digne de la connaître en l'observant toujours. N'est-elle point la grande magicienne ? Mais ce qu'elle fait et opère est un résultat des forces qu'elle emploie ; c'est à saisir ces instruments que consiste la science : la voir d'abord, l'admirer toujours et tâcher de l'imiter.

Rien sans la nature, tout avec elle ! ! !

Fouillant alors dans chaque fait de magnétisme, j'en extrayais l'essence, et j'arrivai à produire authentiquement l'*insensibilité*. En rendant public ce divin résultat de mon observation, je gravais sur une table d'airain un des premiers remèdes aux maux désespérés. Ce serait assez pour la gloire d'un homme.

Comme un invisible messager, j'envoyais au travers des murailles un rayon de ma pensée, qui, franchissant l'espace, saisissant l'être, ayant tous ses sens et sa volonté, le contraignait partout de s'endormir à l'instant. Et pour témoin de ce phénomène, je prenais l'incrédulité la plus avouée.

Puis, me jouant de la volonté d'un être qui me voyait pourtant agir, je l'attirais et le repoussais au gré de ma fantaisie et de mon caprice.

Voilà les premiers fruits de ma pénétration. Tous ces faits étant tombés dans le domaine vulgaire, j'eus des imitateurs. Je n'avais imité personne. Prenais-je, pour justifier mes œuvres, des hommes aveuglés par la foi? Non; je m'adressais souvent au premier venu, sans m'informer en rien de sa croyance.

Je dis ici ces choses, parce qu'on les oublie, et que trop de gens peut-être sont portés à se les attribuer. Ils se garderaient bien de dire la vérité et de rendre hommage à qui leur donna les moyens de briller un instant.

Le premier encore franchissant le seuil d'une Académie, j'osai, dans ce séjour de l'incrédulité, marcher droit à l'ennemi. On sait le résultat: brisant le doute d'un de ces esprits forts, je torturai sa chair, sans la toucher pourtant, et je forçai ainsi tous ces hommes, jusque-là rebelles, à s'incliner devant la vérité.

Ces premiers états de service me donnaient déjà le droit de regarder en face un médecin, un académicien, et de dire à tous deux: Je sais plus que vous, car je fais ce que vous ne pouvez exécuter.

Si les académiciens eussent rempli leur devoir, ils auraient averti le ministre, en lui disant: Il se passe en ce moment des faits d'une haute portée, qui peuvent influer sur les sciences. Le gouvernement ne peut y rester étranger. Nous vous prions, monsieur le ministre, de donner vos ordres pour un sérieux examen; nous appelons dès aujourd'hui votre attention sur l'homme singulier qui, jusqu'au milieu de nous, n'a pas craint de paraître et de justifier en partie l'existence d'un agent nouveau. Ordonnez, monsieur le ministre, nous sommes à vos ordres.

Mais, non, ces gens, peu dignes du poste qu'ils occupent, cachaient au contraire les faits, les déniaient en public, et renfermaient dans les cartons de l'Académie les Mémoires où ils avaient constaté la vérité.

Bien mieux, ces infâmes laissaient planer sur leurs propres collègues les soupçons les plus injurieux. Quant à moi, j'étais oublié ou immolé à leur dieu, qui est le mensonge; et, comme je ne cherchais ni le scandale, ni la publicité, j'attendais patiemment de meilleurs jours, en étudiant toujours davantage; car ce que je savais me laissait voir clairement que je n'étais encore qu'un apprenti.

Suivant pourtant d'un œil attentif les travaux précieux des membres illustres de l'Académie, j'apercevais leurs noms chaque jour au bas de certificats vantant les merveilleuses vertus du racahout des Arabes, d'onguents pour la brûlure, d'emplâtres pour toutes les douleurs, de papiers chimiques, etc., etc. O grand génie de l'industrie humaine ! tu planes sur le monde et chasses devant toi les clartés de l'âme. Tu remplis la bourse de tes adorateurs, mais tu éteins chez eux tout sentiment du cœur.

Frappe, et il te sera ouvert; demande, et il te sera accordé. Suivant ces divins préceptes, je marchais dans la vie, cherchant, au milieu de l'obscurité dont elle est environnée, le rayon de lumière que l'on dit exister; semblable à l'oiseau qui grandit, et qui, apercevant l'espace, le mesure d'abord des yeux, puis, ses ailes poussées, s'y élance enfin. Le gland qui tombe à côté de lui, la feuille que le vent emporte, la branche morte précipitée sur le sol, il a vu tout cela ; mais il sent qu'en lui-même un principe différent, une force vivante le soutiendra dans l'air; la nature lui a dit, dans un langage mystérieux, que telles étaient ses fins et ses destinées : il obéit à la nature. Nous, nous écoutons et cherchons à comprendre cette voix intérieure ; mais rejetant bientôt et ses avertissements et ses conseils, nous ne savons ni voir, ni comprendre. Le plus savant se montre le plus aveugle, car il dit à l'enfant : Adore les dieux que notre imagination a créés, ceux que notre raison repousse. Châtrant ainsi le génie au moment où il va s'épanouir au jour, il abâtardit les races, et puis il meurt lui-même, comme meurent les bêtes, avec leur stupide indifférence. Un bon génie m'a préservé dans mon jeune âge, aucun homme ne m'a inoculé son poison, et voilà pourquoi aujourd'hui je pense autrement que tous et vois la nature comme

Dieu l'a formée. Je n'ai point à ressusciter au jour, ni à me débarrasser du linceul de plomb que portent avec eux tous les hommes.

Comme une plante rebelle à toute culture, mon fruit sera ce que la nature a voulu.

Voilà pourquoi j'entendais des discours savants sans les comprendre; comment les médecins, se succédant au lit du malade, avec chacun une médecine différente, étaient pour moi autant d'énigmes; comment, en voyant les représentants de tant de dieux d'origines diverses, je restais ébahi; car ce qui paraissait ici vérité, se traduisait ailleurs par mensonge et imposture; je me disais : Ce sont les précepteurs des hommes qui font tous leurs malheurs. Ce n'est pas assez que le lait reçu par l'enfant soit sophistiqué par l'altération morale et physique de la nourrice qui le donne, il faut encore que dès ses premiers pas il devienne la victime de nos erreurs, qu'il suive les sentiers perfides où nous fîmes tant de chutes. Faux, hypocrites, méchants, nous lui apprendrons à être tout cela, et pour qu'il ne puisse un jour relever la tête, nous le menacerons du courroux des dieux.

Je ne m'étonnai donc plus si tant d'hommes ne pouvaient comprendre la vérité nouvelle : elle était pour eux comme une langue inconnue. J'avais beau la traduire par des signes, en indiquer le sens par des images, les yeux voyaient sans voir, les oreilles entendaient sans entendre, et l'interprète de la nature rencontrait à chaque pas l'erreur, la sottise qui lui barraient le chemin.

Ce n'est pas que d'abord quelques-uns ne comprissent; mais, le voile de leur ignorance tombant, ils n'en devenaient que plus acharnés contre la vérité.

En effet, l'erreur les faisant vivre, la vérité pouvait les ruiner en sapant par la base leur édifice de science mensongère. Ils la reniaient, comme des enfants devenus riches et ingrats renient leur tendre mère lorsqu'elle se présente à eux dépourvue de clinquant.

Il ne me fallut pas beaucoup de temps pour découvrir toutes ces misères. Mon cœur battait toujours violemment, car à chaque instant je recevais une insulte nouvelle. Un autre serait devenu fou, ou bien il eût embrassé le parti de ces faux sages, pour arriver comme eux à se faire une position dans la fange et l'ordure. La nature m'offrit une consolation. Ce que je perdais en faux biens fut remplacé par un trésor plus réel, par une source de jouissances pures que rien ne devait tarir.

Bravant tous les préjugés, j'allais en avant, menant de front l'étude et la propagande. C'est ainsi que je découvris la cause des insuccès, même lorsqu'on avait la foi magnétique; je réussis où d'autres, ayant la même puissance, avaient pourtant échoué. Je puis traduire ce changement par une figure. Placé devant un savant ou incrédule, je me disais : Tu n'es point Jupiter; tu ne m'imposes point, je n'ai pas peur; c'est à toi de trembler!

J'ouvris de nouveaux cours pour un petit nombre de jeunes hommes. Mon langage devint moins obscur et donnait à ma pensée ce qui pouvait la rendre compréhensible : une certaine netteté d'expression; l'idée, quoique enveloppée de figures, ne laissait souvent rien à désirer, tous mes élèves la saisissaient.

Frappant les sens par des démonstrations rigoureuses ayant pour base des faits, je forçais l'intelligence la plus rebelle à en saisir les conséquences. C'était donc déjà un commencement de science pratique, un art avec quelques règles certaines.

Le magnétisme alors gisait exclusivement dans le sommeil. Je fis voir que ce phénomène n'en était qu'un effet bien surprenant sans doute, mais qu'il avait bien moins d'importance qu'on ne lui en attribuait. Le magnétisme, sa nature, redevenaient donc l'objet principal, et je replaçais l'étude sur son véritable terrain. Quels que fussent tous ses phénomènes, je voulais qu'on ne perdît jamais de vue leur point de départ.

Petit à petit un immense horizon s'offrit à ma pensée comme à mon regard; mon admiration grandit, car je surpris quelques lois invariables de la circulation de l'agent nouveau. Je m'expliquai comment celui que je magnétisais pouvait très-bien ne rien sentir, tandis que la personne placée près de lui éprouvait de cette manière tous les effets dont je cherchais le développement. Toutes choses que l'on ne m'avait point apprises, et qui d'ailleurs ne se trouvaient qu'en germe dans quelques écrits.

L'agent magnétique décelait ses propriétés successivement. Je m'aperçus que, pour produire le sommeil, il n'était pas besoin de le désirer, de le vouloir, mais que l'agent portait en lui cette propriété, comme l'opium la possède. J'apprenais que cette force s'accumulait dans les organes du magnétisé, comme l'électricité dans une bouteille de Leyde, et qu'arrivant à y être en excès, le vase humain laissait fuir ou se débarrassait violemment du principe qui opprimait la vie en gênant par sa présence le jeu des organes.

Je constatai la loi de la circulation du fluide à travers les tissus qui forment notre enveloppe; je reconnus que, quel que fût le point de son introduction, il parcourait bientôt tout le trajet nerveux et venait naturellement sortir par les extrémités inférieures pour se perdre dans les corps ambiants, après avoir passé par le cerveau.

J'appris que l'incrédulité du sujet magnétisé n'empêchait rien, qu'elle était simplement un trait de stupidité; car, nier une chose seulement parce qu'on ne la conçoit pas, c'est absolument comme si on niait sa propre existence.

Et mon succès sur les incrédules dépassa mes espérances.

Je découvris bientôt la cause réelle de beaucoup d'affections nerveuses, qui ne sont dues qu'à de véritables rétentions du fluide nerveux, et il me fut dès lors possible de produire artificiellement et momentanément ces accidents.

Une erreur de Mesmer, alors accréditée par Deleuze et généralement partagée, était que les métaux, la soie, etc., diminuaient s'ils ne neutralisaient même l'action magnétique. Je détruisis cette croyance en magnétisant des personnes couvertes de soie et portant des bagues ou autres corps prétendus isolants.

Voilà ce que l'étude m'avait permis d'apercevoir. J'étais heureux de ces petites victoires, car je me disais : Si je découvre ceci, un autre découvrira davantage, et la science se fera : les magnétiseurs cesseront d'être de pures machines. Ce qu'avait dit Puységur : *Nous ne serons jamais que des tourneurs de manivelle*, cessera d'être vrai. A chaque pas nouveau, je simplifiais les procédés, je leur ôtais tout ce qu'ils avaient de ridicule ou d'inutile, je ne touchais plus les magnétisés que pour les soutenir lorsqu'ils fléchissaient.

Le magnétisme devenait donc entre mes mains un instrument pouvant acquérir une précision presque rigoureuse, en permettant de graduer le développement des faits, de les circonscrire et de les détruire. Alors, plein d'étonnement de posséder ce rudiment de science, mais sans pourtant m'en enorgueillir, je constatais ma supériorité sur une infinité de magnétiseurs, de ceux surtout suivant les principes et les procédés de Deleuze et de Puységur. Je voyais les dispositions natives de leurs sujets et tout ce que l'on devait produire. Les magnétistes avaient besoin de traîner ou de conduire avec eux des instruments dressés, sans lesquels ils n'étaient rien; moi, il ne me fallait plus qu'un auditoire; les faits naissaient sous mes mains et souvent sur le premier venu. Enfin, il eût été impossible à aucun de ces opérateurs de lutter avec moi.

La vie de l'homme est échelonnée, elle se marque par des périodes de croissance morale et physique, elle a son apogée, puis son déclin. Les fruits probablement portent l'empreinte de ces phases.

Les livres mystiques que j'avais feuilletés en vain, je les trouvais alors pleins de faits, ayant tous un sens mystérieux mais saisissable. La *Bible* même contint pour moi le magnétisme; à chaque page, en effet, on trouve des voyants, des prophètes, des miracles, et on devine aisément la source des visions et des prodiges, comme les causes des guérisons miraculeuses inscrites dans les archives religieuses des temps passés.

La Grèce avec ses pythonisses et ses crisiaques, ses trépieds et ses sibylles, dévoile ses mystères : le magnétisme en formait la base, il était l'élément de la production de tous ces faits où le vulgaire voyait la présence des dieux.

Ces évocations des héros qui parfois se rendaient visibles; l'existence de ces temples où on allait dormir pour trouver la santé; tous ces *ex voto* suspendus à leurs murailles, où les malades reconnaissants avaient inscrit les recettes données par le dieu vu en songe, et mille autres indices certains, peuvent servir à convaincre les plus incrédules.

L'Égypte n'était-elle point remplie également de toutes ces choses? Aujourd'hui encore, quoique dégénérée, elle laisse voir des restes évidents des croyances anciennes; le magnétisme y est pratiqué par des hommes qui, hélas! ne savent plus l'origine et les éléments de cette science délaissée, que tous divinisaient autrefois.

L'Inde offre également des traces irréfragables d'une ancienne science qui, se liant au sacerdoce, donnait aux prêtres et leur renommée et leur puissance; cette science, nous allons bientôt la reconstituer. *Elle fut, elle sera,* car elle est d'essence immortelle et ne pouvait périr.

Mais ne laissons pas apparaître à notre esprit le moyen âge; oublions sa sombre histoire, écrite partout avec du sang humain. Les prêtres alors se montraient comme de mauvais génies; partout où ils passaient, les bûchers s'allumaient, le deuil était dans les familles, l'intelligence poursuivie fuyait épouvantée.

C'était le magnétisme, cet agent de la nature, qui se révélait dans tous les faits attribués au diable.

C'était lui qui était le principe et la cause de la sorcellerie; car les peuples, dans leur ignorance de la nature et des forces qu'elle emploie, voyaient partout le démon. On ne les détrompait point, au contraire, on entretenait ces croyances abominables par de sanglants holocaustes; on punissait des innocents. Leurs crimes, hélas! nous les révélerons dans cet écrit, nous les exposerons à tous les yeux.

Viens, Nature, réchauffer mon esprit; donne-moi force et courage; ce n'est pas assez de sentir, il faut encore savoir peindre, et ma voix n'a ni charmes, ni éclat; mais, à défaut de ce précieux don, elle devrait gronder comme le tonnerre à l'approche de l'orage; car tous les éléments d'une tempête sont entrés dans mon âme. L'injustice des faux savants et leurs amers mépris, leurs insultes de chaque jour, leurs bassesses communes, leur froide ironie; ces levains empestés ont pénétré jusqu'à mes os, ont agité mon sang. Quoi! voilà soixante-dix ans qu'on leur dit d'avancer, qu'on leur présente la science nouvelle, et toujours, à leurs yeux, nous sommes des charlatans et des jongleurs! Ah! oui, les gens qu'on appelait ainsi et que l'on voyait autrefois sur les places de Rome, de Memphis et d'Alexandrie, en savaient plus que nos Instituts sur tout ce qui tient à la nature et au pouvoir de l'homme. Voilà soixante-dix ans que les magnétistes réparent, autant qu'il est en eux, les maux causés par la médecine dite savante, et l'Académie de médecine a conservé la même ignorance des faits et son même mépris de la vérité! Ignorance et vanité, voilà la devise de son drapeau!

Inspire-moi, Nature, laisse-moi saisir ta loi, afin que ma vengeance soit la tienne; et que, digne interprète de tes secrets desseins, j'annonce au monde les changements que tu prépares en silence: la fin du règne de ces faux sages et l'expiation de leur ignominieux matérialisme!

Pénétrons donc plus avant; allons, s'il se peut, jusqu'au séjour des âmes, mais sans nous écarter de notre guide, l'expérience; saisissons des rapports ignorés entre l'intelligence et la matière, entre Dieu et ses ouvrages; que la mort même ne soit plus un mystère, comme la magie pour nous a cessé d'en être un.

Je vais entrer dans le domaine des idées, aborder un monde nouveau: il faut que ma pensée le pénètre. L'audace est parfois punie, souvent aussi elle est récompensée. Marchant à travers les ténèbres, éclairé par un faible rayon, puissé-je ne point m'égarer, car la règle de toute ma vie fut celle-ci: Éviter les erreurs, dire religieusement la vérité.

DEUXIÈME PARTIE.

RÉNOVATION DE LA MAGIE.

AVERTISSEMENT.

Qui que tu sois, prends garde en lisant cet écrit ! Ne le médite point si ton caractère est incertain ; rejette-le bien vite si quelque pensée de mal te portait à rechercher la science. Considère que jamais impunément le mal ne se pratique, et que, par cela même que tu lui auras ouvert la porte, il entrera chez toi pour te punir et venger l'outrage que tu auras fait à la nature. Souviens-toi qu'en raison de ce que tu agis sur les êtres au moyen d'une force cachée, il doit en résulter une sorte d'engagement et de consentement de ton esprit, qui sera lié à la chose faite et dont il ne pourra se dégager facilement.

Tu as donc besoin d'obtenir l'assentiment complet de la personne que tu désires soumettre à tes expériences, à tes épreuves, afin que jamais un reproche ne puisse t'être adressé ; ce serait un crime d'agir en dehors ou contre la volonté de l'être quel qu'il soit. Non-seulement la justice aurait dès à présent le droit de te punir, mais chaque homme également pourrait exercer sur toi sa vengeance, si tu avais transgressé la loi des rapports en créant des penchants durables, contre les intérêts ou la santé de celui qui ne doit rester qu'un instant soumis à ton pouvoir.

Reste simple, si tu veux être fort : ne veuille que le bien surtout ;

la science viendra ensuite, elle viendra, vierge et pure de tout alliage ; tu pourras aborder sans crainte les plus hautes questions, produire les plus grands phénomènes, sans que ta marche soit en rien embarrassée. Dans le cas contraire, tu iras d'écueil en écueil : tu réussiras sans doute à produire des faits immenses, mais qui, loin de te trouver préparé à les conduire vers une fin donnée, rencontreront un homme rempli de crainte et d'effroi.

Ce n'est point un vain fantôme que j'étale aux yeux du lecteur pour l'effrayer et lui faire croire à des chimères : la réalité est ici. Trop certain de ce que je vais dire, j'adresse un avis, je donne un conseil, je fais une prière ; s'il est des esprits téméraires qui, méprisant toute prudence, veuillent aller en mer, malgré le vent et la tempête, sans écouter la voix du nautonnier qui leur dit : *Plus sage serait de rester sur la plage*, tant pis, alors, pour les imprudents qui persisteraient ; qu'ils n'attribuent pas leur malheur à qui ne l'aura point causé. Je fais ici mon devoir, on n'a rien à me demander de plus. Je préviens ; je fais davantage, je donne des règles : qu'on les suive sans s'en écarter. On ne m'a rien donné à moi, j'ai trouvé seul, et je serais en droit d'exiger un serment ; mais je sais que les promesses faites ont trouvé des fidélités si douteuses et si souvent faussées, que je suis plus assuré d'être écouté et suivi en m'adressant au cœur de l'honnête homme.

PRÉLIMINAIRES.

Nous nous éloignons désormais de la route tracée par Mesmer et Puységur. Nous laissons de côté Deleuze et toute son école. Nous abandonnons tout système médical fondé sur les propriétés de l'agent magnétique. Le somnambulisme n'est plus pour nous qu'un accident, un fait seulement. Nous ne contestons aucun de ces phénomènes acquis : nous les rangeons tous dans un ordre simple et purement physique. Cet ordre de phénomènes ne souffre plus de doutes; mais il reste encore, pour en compléter l'ensemble, immensément à découvrir : ce sera l'ouvrage du temps et de l'observation. Le bien, en cela, dominera toujours le mal; car, quoique à la portée des esprits les plus vulgaires, ces commencements de prodiges resteront dans leurs limites naturelles.

Il faut perfectionner l'art qui commence et établir les bases d'une sage application : tel doit être le but des magnétistes, et nous y travaillons nous-même sans relâche. Mais c'est un devoir non moins impérieux de sonder la nature, de chercher si, en dehors des propriétés bien connues de l'agent magnétique, il n'y en aurait point d'autres plus mystérieuses, plus importantes à connaître sous le rapport de la science morale, plus capables par conséquent de nous révéler les divines facultés de l'âme humaine. Pour cela, il faut s'isoler du monde magnétique, de celui qui a des yeux qui ne voient point, et qui tourne toujours dans le même cercle sans rien produire de nouveau.

Prenons garde cependant de rencontrer le mal quoique cherchant le bien. Ce que Dieu a fait est bon, nécessaire, utile : l'homme change ces dons; curieux autant que passionné, nulle condition ne peut le satisfaire, et sa soif de connaître augmente à mesure qu'il découvre. Il a besoin, pour apprendre, de tout altérer, de tout changer; il faut qu'il viole la nature pour en saisir les lois, mais c'est à ses risques et périls. Lorsque les habitants de l'onde s'élèvent à sa surface, leur vie est en danger d'être absorbée, il ne faut qu'un instant pour les voir périr. L'oiseau qui s'élève dans les airs retombe bientôt suffoqué, s'il est monté trop haut : tout est fait pour une situation moyenne, la sagesse commande de n'en pas sortir. La fortune, les honneurs même accablent bientôt les hommes. Malheur à l'ambitieux! s'il parvient au pouvoir sans que son génie l'y appelle, il en est bientôt précipité. La science seule n'a point de bornes, elle ne doit ses conquêtes qu'à son audace, qu'à ses témérités, qu'à ses sublimes folies.

Les nations périssent lorsqu'elles arrivent à un trop haut degré de civilisation et de richesses ; la science même, parvenue à une limite extrême, fait sentir à l'homme sa faiblesse, il défaille bientôt et devient fou s'il ne s'arrête, et ceci dans les circonstances ordinaires de la vie. Que sera-ce donc, lorsque la loi qui enchaîne la matière à l'esprit sera brisée et que les entraves de la chair ne seront plus un obstacle aux perceptions ; lorsque l'homme faible voudra, comme l'homme fort, pénétrer dans ce sanctuaire où la nature a caché les mystères de l'existence ? L'histoire ne nous conserve-t-elle point le triste exemple de ce qui advint aux générations passées, au sujet de la sorcellerie et de la magie ? Les faits n'étaient que trop réels et donnaient lieu à d'affreux abus, à des pratiques monstrueuses. Il est vrai encore que l'ignorance y avait la plus grande part. Les sorciers, Magiciens de ruelles et Circés de carrefours, ne s'élevaient point jusqu'à comprendre l'ordre moral ; satisfaire des passions brutales, torturer quelques êtres, obéir à des sentiments de vengeance, était l'unique but où visaient les volontés et les pensées. Et que vais-je faire par cet écrit ? Donner des règles pour agir plus sûrement, faire revivre un passé qu'il faudrait oublier peut-être ! Mais comment ai-je trouvé cet art ? Où l'ai-je pris ? Dans mes idées ? Non ; c'est la nature elle-même qui me l'a fait connaître. Comment ? En produisant sous mes yeux, sans que je les cherchasse d'abord, des faits indubitables de sorcellerie et de magie. Et si, dès les premières magnétisations, je ne l'ai point reconnu, c'est que j'avais un bandeau sur les yeux comme l'ont encore tous les magnétiseurs.

En effet, qu'est-ce que le sommeil somnambulique ? Un résultat de la puissance magique. — Qu'est-ce que la magnétisation à distance, par la pensée, sans rapport, si ce n'est encore l'action occulte exercée par les bergers, sorciers ou sorcières ? — Car, sachez-le, les effets se produisent sur les animaux comme sur l'homme. Qui détermine ces attractions, ces penchants subits, ces fureurs, ces antipathies, ces crises et convulsions que l'on peut rendre durables et dangereux, si ce n'est le principe même employé, l'agent très-certainement connu des hommes du passé? Tous les principaux caractères de la magie, de cette science divine ou diabolique, se trouvent donc écrits dans les phénomènes produits actuellement; ne point les y voir ou les nier, c'est manquer de jugement. Ce que vous appelez fluide nerveux, magnétisme, somnambulisme, extase, les anciens l'appelaient *puissance occulte ou de l'âme; sujétion, envoûtement*, etc., etc. Votre insensibilité, vos paralysies artificielles, votre catalepsie et bien d'autres accidents du système nerveux ou de la vie, se retrouvent à chaque pas dans l'histoire du vieux temps. Si ces faits, aujourd'hui, ne prennent point encore d'autres formes, c'est que vous ignorez comment il faut procéder; vous imitez seulement *Mesmer, Puységur, Deleuze*, et d'autres maîtres qui ignoraient ou n'ont pas voulu vous enseigner d'autres pratiques. Soyez-en certains, l'agent est le même pour tous les phénomènes, qu'ils soient grands ou vulgaires, utiles ou nuisibles; comme c'est le même soleil qui fait périr ou féconde, qui réchauffe ou brûle, tarit les sources et produit les orages. Seulement sa puissance est aveugle, toujours la même; la nôtre revêt les propriétés de nos âmes, elle obéit à notre volonté, elle est l'instrument de notre entendement qui la met au service des passions et des vices ou sait lui donner un caractère divin et miraculeux.

C'est ce que ne présentent point les forces mortes. L'électricité, dans toutes ses variétés, est toujours de l'électricité; l'aimant de même; le calorique peut se reconnaître aussi. Mais la pensée qui se fixe où on l'a déposée; mais ces jets de flamme invisibles qui, plus subtils que des arômes, vont où l'intention les dirige, à travers l'espace, sans que rien ne les arrête, emportant avec eux nos désirs et le rudiment de tout notre être! Qui pourrait donc assimiler cet élément magique aux autres agents découverts dans la nature par le génie de l'homme? Qu'y a-t-il de commun entre eux? Les mots seuls, ici, servent à les rapprocher, parce qu'ils sont les mêmes, la pauvreté de notre langage le veut ainsi; mais bientôt on distinguera leurs ordres différents, et on rendra au magnétisme animal le rang qui lui est dû, en le plaçant le premier sur la liste où se trouvent inscrites déjà les merveilles de second ordre.

Voilà par quelles réflexions je voulais vous amener à comprendre la grandeur de la découverte de Mesmer, de ce trésor nouveau, intarissable source où se puise la vie de tous les êtres et qui rend la nature toujours jeune, toujours riche et féconde. Apprenez à distinguer cette force créatrice de tout ce que vos sens peuvent saisir, car elle leur échappe d'abord : elle est pensée avant de se traduire en acte. C'est ainsi que vous approcherez un jour de la vérité et comprendrez les paroles des anciens sages.

La fable a couvert d'un voile épais toutes les opérations de la magie. La poésie ancienne, dans un langage harmonieux, mais rempli d'énigmes, a peint à grands traits tous les travaux des sages et l'intermédiaire des dieux pour assurer le succès de leurs œuvres merveilleuses. Nous, enfants, nous ne savons plus rien de ces antiques vérités qui dévoilaient aux hommes les mystères de la création. Il nous faut chercher avec patience et persévérance tous les matériaux épars de ce vaste édifice que le temps a détruit, afin qu'il puisse être reconstruit par nos successeurs. Les hommes de science viendront combler le vide qui existe parmi nous, ils nous sont nécessaires. Ne sont-ils point les architectes naturels, indispensables ? Que pouvons-nous sans eux ? Rien qu'étonner le monde ! le stupéfier un instant, en lui montrant des phénomènes nouveaux bien au-dessus de ce que la raison peut comprendre, l'effrayer peut-être, par une série de désordres inconnus jusqu'à ce jour ; puis l'oubli viendra, voire même le dégoût des générations ; car il faut que les *faits de nature* soient liés entre eux, qu'il en sorte une science, plus même, une religion, une croyance, au bout de laquelle soient Dieu et la vie future. Ah ! je suis écrasé par mon néant ; je sens, c'est tout ! Je ne saurai jamais peindre !

Ce qui va suivre vous rappellera mes premiers travaux, vous initiera aux phénomènes qui m'ont fait concevoir l'existence de la magie et m'ont donné la possibilité d'en reproduire les œuvres. Suivez-moi donc pas à pas, si vous voulez apprendre; soyez attentifs si vous voulez saisir le principe même des opérations; car les règles ne sont point encore parfaites.

OPÉRATIONS.

Voici les faits de magie, ou, si l'on veut, les ébauches qui me mirent sur le chemin de l'art ancien. Il est nécessaire de se pénétrer de ces phénomènes et des pensées qui m'amenèrent à les produire, afin que les idées de possibilité de choses pareilles entrent et se développent chez celui qui veut opérer.

Je transcris donc ici les expériences déjà publiées dans le *Journal du Magnétisme* (1), avec leurs commentaires, de manière à suivre l'ordre chronologique de la découverte. La partie secrète, celle qui n'a point encore vu le jour, viendra après, elle en sera le complément; mais elle ne peut être bien comprise qu'en se pénétrant des premiers principes qui m'ont guidé. Je ne change rien à ce qui fut écrit au moment même où je produisis. J'ignorais alors toute la grandeur de la découverte, la richesse extrême du pays conquis; j'étais comme l'enfant qui tient en ses mains des pierres précieuses et qui n'admire que leurs belles couleurs; il me fallut produire souvent, et sous une infinité de formes, ces faits merveilleux pour en connaître la vraie cause; la sachant enfin, j'ai pu pénétrer plus avant, et, comme pour l'étude du magnétisme, je pus aller du simple au complexe, sans que le doute vînt arrêter ma marche.

Je pourrais multiplier les faits; mais outre la difficulté de les rendre, leur récit, aujourd'hui, n'ajouterait aucune valeur à ceux que je vais citer et qui eurent pour témoins plusieurs centaines de per-

(1) Voir les années 1846, 1847 et 1848.

sonnes. Je remonte donc à mon point de départ et reproduis textuellement les premiers faits de magie.

LIGNES MAGIQUES.

Dans nos cinq dernières conférences du dimanche, M. le baron du Potet a essayé de produire quelques effets de magie magnétique, dont la réussite prouve que le magnétisme est la clef des sciences occultes de tous les temps et de tous les pays. Les expériences faites sur six personnes, en présence d'un auditoire nombreux et choisi, ont présenté des résultats tels que la plume la mieux exercée aurait peine à les décrire. Comment, en effet, traduire les sensations variées, dépeindre le jeu multiple des muscles de la face, le regard, l'attitude corporelle des personnes soumises à un pouvoir occulte qui les pénètre, les domine, qui a fait élection de domicile dans le centre cérébral lui-même, où il livre un combat à l'âme de cette organisation, qu'il subjugue? Essayons pourtant de faire comprendre quelques traits de ces étranges phénomènes.

Première expérience.

Soit deux lignes de craie tracées sur le sol (figure ci-dessous) avec une intention magnétique, à l'extrémité desquelles se trouve, séparé par un espace C, une spirale D, figurant conventionnellement un précipice.

Le patient, jeune et robuste, est placé, tout éveillé, au point A, un pied sur chaque ligne. M. du Potet, qui a reconnu précédemment sa sensibilité, ne le magnétise point et le laisse complétement libre d'obéir ou de résister aux diverses impressions qu'il éprouvera. Il résiste. Bientôt un tremblement convulsif des membres inférieurs se manifeste et se communique à toute l'économie; les yeux deviennent brillants, vitreux, fixes; quelque chose de saccadé se fait remarquer dans ses mouvements, une impatience manifeste se montre, et il commence aussitôt à marcher sur les lignes sans pouvoir les quitter, en dévier, les fuir, les éviter. Quelque chose d'inexprimable se peint alors sur ses traits. Un pouvoir dominateur ou fascinateur l'attire jusqu'au bout de cette route fatale, où le magnétiseur *a voulu* qu'un profond précipice existât. Ce n'est cependant qu'une idée, un désir magnétiquement formulés; mais cette idée s'est tellement communiquée au magnétisé, qu'en approchant de l'abîme imaginaire il se couche et rampe du point B à l'ouverture béante du précipice fictif. Là un profond désespoir se peint sur sa figure; il a la respiration haletante, râleuse, bruyante. Comme saisi de vertige, il cherche à s'accrocher, se retenir en enfonçant ses ongles dans les rainures du parquet. Un tremblement insimulable agite tout son corps. Dans ce moment, la plus grande partie de l'assemblée, émue par la vue de cette scène singulière, y participe tellement que tous les regards se tournent avec attention vers le magnétisé, que les corps se lèvent, que les bouches s'entr'ouvrent : encore un instant, et il va sortir de cette foule des cris déchirants. Mais M. du Potet, mettant fin à cette scène imitative de magie, fait enlever le patient, toujours livré à ses craintes, à ses angoisses; ce n'est que dans une pièce voisine qu'il reprend ses sens et oublie les dangers auxquels il se croyait exposé un instant auparavant. Une sueur froide l'inonde, et l'oubli par lui de ce qui s'est passé frappe d'un étonnement nouveau les témoins de cette curieuse tentative.

Deuxième expérience.

Ce sont encore deux lignes crayeuses tracées avec volonté déterminée qui forment tout l'appareil de cette démonstration. Un triangle E se trouve à l'une des extrémités linéaires (figure ci-dessous), pour un usage que nous connaîtrons tout à l'heure.

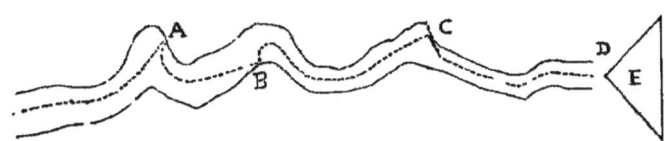

Le sujet de cette expérience, jeune et robuste aussi, est également éveillé. Placé les pieds dans l'espace compris entre les deux lignes, qui sont assez éloignées pour marcher sans les toucher, et abandonné à la seule action du fluide déposé sur les lignes, cet homme est bientôt attiré dans ce plan, dont il ne peut franchir les limites, qui lui paraissent comme des murailles contre lesquelles il se heurte tantôt à droite, tantôt à gauche. De l'extrémité, en suivant la ligne ponctuée, il arrive au point A, où il fait de vains efforts pour continuer sa route en ligne droite ; la pointe de ses pieds heurte la ligne magique sans la pouvoir franchir. Un brusque mouvement le fait obliquer et suivre jusqu'au point B la direction figurée par la ligne ponctuée, et de là au point C, à chacun desquels il s'arrête, les pieds comme cloués et le corps oscillant, jusqu'à ce qu'un brusque demi-tour le replace dans son sinueux chemin. Parvenu au bout D, il trouve l'issue fermée par l'écartement des côtés du triangle E ; il fait les plus grands efforts pour franchir cet obstacle, et manifeste une sorte de désespoir et de crainte que des mouvements musculaires involontaires attestent à tous les regards : il est comme fixé au sol.

Quatre autres personnes, placées dans les mêmes conditions, obéissent de la même manière, avec des différences d'intensité seulement.

Jusqu'ici ces faits, quoique curieux, ont cependant beaucoup de ressemblance avec les effets de l'attraction magnétique, bien qu'ils en diffèrent essentiellement quant à la manière de les produire, puisque dans le cas présent le magnétiseur reste passif, et que dans l'attraction il magnétise énergiquement. Mais voici où commence la magie. Il s'agit de faire sortir de ce labyrinthe les gens qui s'y sont engagés. L'adhérence de leurs pieds au sol rend cette opération difficile; ils n'opposent pourtant pas de résistance, et ce n'est pas l'inertie que l'on a à vaincre; c'est quelque chose de plus : une sorte de soudure qu'un seul homme ne peut rompre; il faut que plusieurs s'emploient à cet office. Et lorsqu'on est parvenu à éloigner les magnétisés du plan magnétique, leurs pieds sont attirés vers les lignes et s'y fixent de nouveau, de telle sorte que, pour enlever les patients, il faut les emporter en évitant le voisinage du plan vers lequel ils tendent sans cesse à se rapprocher.

Tous ces magnétisés, transportés dans une chambre voisine, reprennent leurs sens, mais n'ont pas une connaissance exacte des sensations qu'ils ont éprouvées. Il leur reste un peu de fatigue dans les pieds et dans les mollets, avec sentiment de chaleur et de traction, comme si tous les muscles des jambes avaient été tiraillés.

Mais, nous le répétons, il est impossible de rendre sensible tout ce qu'il y a d'anormal dans ces faits : la pensée s'abîme en voulant approfondir ces mystères.

Troisième expérience.

Les faits de magie imitative que nous allons raconter laissent bien loin derrière eux tout ce qu'on a fait jusqu'ici en magnétisme; ils ouvrent un vaste champ aux investigations des expérimentateurs et agrandissent la pensée. Heureux ceux qui ont été témoins du drame que nous allons décrire, car ils ont pu comprendre et sentir ce que vainement notre plume essaiera de tracer.

M. le baron du Potet, tenant de la craie d'une main et du charbon de l'autre, trace sur le parquet deux lignes droites, parallèles, l'une blanche et l'autre noire, distantes d'un mètre et longues de trois environ. Personne ne connaît son projet, lui seul l'ayant conçu ; on est attentif, car il va s'agir, comme dans les conférences précédentes, de magie magnétique.

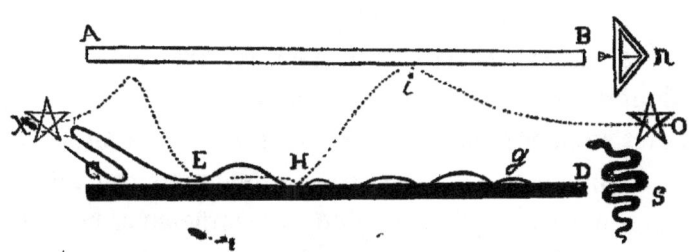

A l'extrémité B de la ligne blanche se trouve dessiné de la même manière un niveau N ; l'extrémité D de la ligne noire se termine par un serpent S ; deux étoiles de craie X, O, sont tracées, sans intention magnétique, à une égale distance des deux lignes.

Maintenant M. du Potet nous fait connaître sa pensée ; voici ce qu'il se propose : reconnaître si véritablement deux principes opposés nous gouvernent, comme l'ont cru les anciens philosophes : l'un qui, principe du bien, nous pousse et conduit dans cette voie ; l'autre qui, principe du mal, nous incite sans cesse à des actes coupables. Le triomphe de l'un ou de l'autre fait le vice ou la vertu de chaque être, le rend heureux ou malheureux.

« Voyons, dit M. du Potet, si l'être humain placé entre ces symboles décèlera sa tendance ; voyons quelle sera la direction prise par les êtres engagés dans cette route. L'espace est libre ; l'influence magnétique n'existe que sur les lignes. En les traçant j'ai eu deux pensées : la noire est pour moi le chemin du vice ; j'y ai imprimé, par intention, tout ce qui peut le caractériser ; la blanche est contraire, j'y ai imprimé aussi, par ma volonté, mes pensées, tout ce que les hommes regardent comme étant la vertu. Essayons donc leur influence sur des personnes sensibles au magnétisme, mais non magnétisées actuellement. Je vais rester entièrement passif durant l'opération, et le résultat, quel qu'il soit, devra être attribué à l'unique influence exercée par les lignes et symboles. »

Un jeune homme de vingt-quatre ans, robuste et décidé, chez qui le sommeil magnétique n'a jamais été produit, est placé sur l'étoile crayeuse X. Sa volonté est libre, et personne ne remarque d'altération ni dans sa raison, ni dans son maintien habituel; il rit et exprime ses doutes sur l'issue de cette tentative.

M. du Potet se place au point O, où il reste inactif, attendant l'événement, comme chacun des assistants, pour qui cette expérience est aussi nouvelle qu'inattendue, personne ne croyant alors à l'influence que peut exercer un signe de craie ou de charbon tracé avec intention magnétique. Tout le monde est invité au silence; mais cette recommandation devient inutile, car, au moment où on ne pouvait encore s'y attendre, un mouvement assez violent agite, secoue le patient. On est, dès lors, dans l'attente anxieuse de ce qui va se passer; le plus grand silence règne. Les traits du sujet prennent un caractère d'inquiétude; il fixe alternativement ses yeux sur les lignes, et ne regarde déjà plus l'assemblée. C'est alors que de nouvelles secousses remuent tout son corps et l'ébranlent fortement. Il avance enfin d'un pas vers la ligne noire, puis retourne volontairement à sa place; mais à peine y est-il arrivé qu'il repart dans la même direction. On remarque déjà manifestement que la ligne noire l'attire; il s'en approche en oscillant, et la touche enfin du bout du pied au point E; puis il la quitte de nouveau pour rentrer dans le plan, mais quelque chose semble le retenir; il regarde la ligne blanche, et son corps se penche latéralement vers elle, les pieds restant immobiles près de la ligne qu'ils touchent presque. Un brusque demi-tour le replace sur la ligne qui l'attire, et il y marche rapidement jusqu'au point G. Là, tournant un peu sur lui-même, son corps, fléchissant de côté, forme presque un demi-cercle, la tête inclinée sur la ligne blanche. C'est dans cette position, ainsi courbé, qu'il avance *latéralement* vers l'extrémité D de la ligne noire, regardant avec anxiété ce qui la termine. Ses yeux semblent lancer des lueurs tant ils sont brillants; tout est saccadé dans ses mouvements; le jeu des muscles de la face exprime les combats de l'âme; on peut y voir l'ivresse du plaisir comme le désespoir que cause une grande faute. Agité par le tumulte de ses pensées, tout est en mouvement dans son organisation; sa poitrine se gonfle, sa bouche chasse des bouffées d'air, puis toute hésitation disparaît; il se tourne vers le serpent symbolique, se penche sur ce signe fatidique en écartant les mains comme pour le saisir. On l'arrache alors de cette cruelle situation; il est sans connaissance et inondé de sueur; ses yeux sont immobiles. Transporté dans une pièce voisine, il y reprend peu à peu l'usage de ses sens. Interrogé sur ses sensations, il ne se rappelle que ses premiers mouvements, et dit que les trois premiers pas qu'il a faits étaient accompagnés d'un sentiment de plaisir indicible, puis qu'aussitôt après un sombre désespoir s'est emparé de lui, qu'il entendait une voix intérieure qui lui criait : « Où vas-tu? Retourne sur tes pas.... » Mais qu'à dater de ce moment il ignore ce qu'il a fait, ce qu'il est devenu, où son corps a été entraîné. Il assure qu'il ne croyait point d'abord à une influence de cette sorte, et qu'il était bien résolu, si elle se faisait sentir, à la repousser de toute sa volonté.

Il est impossible de dépeindre la diversité des sensations éprouvées par les assistants. Chaque mouvement du patient produisait sur tous l'effet d'un choc électrique, une sorte de contagion vibratile : toutes les poitrines étaient haletantes, et lorsqu'il fléchit pour saisir le symbole du mal, des bras se sont levés, des bouches se sont ouvertes, comme si, blessés dans leur conscience, les témoins de cette scène étrange eussent voulu protester contre ce résultat.

Cette première émotion calmée, M. du Potet engage une autre personne à se placer sur l'étoile X. C'est encore un homme fort et parfaitement éveillé; il pense que sa volonté est plus puissante et dominera toute sorte d'influence. C'est donc résolûment, sans hésitation, qu'il consent à subir l'épreuve. Chacun est dès lors attentif et s'apprête à saisir les moindres particularités de l'expérience. Deux minutes sont à peine écoulées, que déjà des mouvements convulsifs se manifestent dans les jambes; le regard est fixé entre les deux lignes; on peut remarquer une grande hésitation; son corps se penche tantôt à droite, tantôt à gauche; enfin un premier pas a lieu vers la ligne blanche. Toute l'assemblée croit qu'il va s'y diriger de plus en plus, mais il n'en est rien : il est jeté brusquement sur la ligne noire au point E, et puis la cotoie jusqu'au point H, où il la touche de nouveau. C'est alors que le désespoir s'empare de lui, que de grosses larmes coulent de ses yeux. On croit qu'un mauvais génie le pousse. Erreur! Par un effort désespéré, il s'éloigne et se dirige au point I de la ligne opposée qu'il touche du bout du pied; mais il la quitte vite, et, dans une sorte de transport impossible à rendre, arrive au point O sur M. du Potet, qu'il étreint de ses bras et inonde de ses larmes.

Voilà deux épreuves qui semblent décisives; chacun est saisi et pense dans ce moment que véritablement deux génies, deux forces gouvernent la machine humaine, se la soumettent; plus de doute même pour quelques-uns, dont une sombre tristesse s'empare. Quelque chose de fatal nous pousserait-il invinciblement vers un abîme lorsque la puissance contraire ne peut contrebalancer sa rivale, et chacun de nous pourrait-il, par ces épreuves, connaître son destin? Essayons encore, dit M. du Potet; et, prenant un nouveau sujet qui paraît sûr de lui, il le place sur l'étoile X comme les précédents.

Cette épreuve encore va donner des résultats. Les membres de cet homme résolu sont agités convulsivement; l'attitude de ses traits commence à s'altérer; encore un instant, et il va marcher... Tout à coup une porte est violemment poussée, des individus froissés, des siéges renversés; un jeune médecin, que personne n'avait remarqué dans un coin de la salle, s'élance vers les lignes avec la rapidité d'un trait; renversant tout ce qui lui faisait obstacle, il arrive d'un bond dans l'espace compris entre les deux lignes. Il a les traits bouleversés, les cheveux hérissés, les yeux hagards, les bras étendus, les doigts écartés; il s'agite violemment et semble vouloir prendre la place de celui qui se prêtait à l'expérience.

Tout le monde se lève étonné; une sorte de panique a saisi l'assemblée; mais M. du Potet s'approche promptement, passe la main sur le front du patient, qui se penche sur lui, ferme les yeux et redevient calme. Entraîné dans une autre pièce, le héros de ce drame imprévu est interrogé; lent à répondre, il exprime enfin que, malgré lui, il a commis cet acte; qu'entraîné par un pouvoir invincible, il avait été comme jeté sur les lignes.

Comme on le voit, les émotions les plus grandes n'ont cessé de pénétrer l'auditoire, qui, dominé, semblait être sous le charme de cette magie. Plusieurs personnes avouent même avoir senti pendant ces épreuves quelque chose d'anormal qui les portait à regarder les symboles et à s'en approcher aussi. Voilà donc, à n'en point douter, les sources de la magie; voilà par quel pouvoir toute l'antiquité a été subjuguée, dominée, et d'où découlèrent tant de croyances qui eurent dans tous les siècles une si grande influence.

M. du Potet, résumant la séance, engage l'assemblée à ne tirer aucune conséquence rigoureuse des faits qui viennent de se passer. Il croit qu'en cette circonstance la matière, obéissant plus que l'esprit, a été subjuguée par les seules propriétés de la vie; que l'âme, trouvant des organes paralysés, ne pouvait manifester toute sa puissance. Il engage tous ceux qui s'occupent de magnétisme à ne répéter ces expériences qu'avec une grande réserve; car, pour bien conduire ces opérations encore mystérieuses, il faut posséder une certitude d'action et un calme profond de l'entendement; le plus grand trouble pourrait résulter de l'ignorance ou de l'inobservation des conditions reconnues nécessaires à la manifestation régulière des effets. Il rappelle à ce propos la profonde vérité pratique contenue dans ces simples paroles d'une somnambule : *Ne vous étonnez de rien*. Nous savons en effet que si le magnétiseur partageait l'émotion que fait toujours naître la surprise ou se laissait influencer par la vue des perturbations qu'il a causées, tout bientôt ne serait que désordre qu'il ne pourrait plus détruire.

« C'est, dit-il, par une suite de démonstrations analogues, en

poursuivant cette série d'expériences, que nous espérons allumer le flambeau qui doit éclairer la marche du magnétisme. Trop longtemps les magnétiseurs sont restés dans le cercle expérimental tracé par nos devanciers; il faut maintenant le franchir hardiment, résolûment, en marchant toujours du connu à l'inconnu, sans oublier un instant les règles pratiques, sans perdre de vue les propriétés de l'agent magnétique. Laissons de côté ceux qui voudraient empêcher la marche de la science en exprimant leurs craintes. Innovons, innovons sans cesse, mais que toujours la sagesse et l'expérience nous servent de pilote. »

Quatrième expérience.

Les épreuves précédentes de magie magnétique ne pouvaient être continuées sur les mêmes sujets; leur caractère ne le permet point. Il était bon de les tenter; elles ont réussi, cela suffit. Il faut maintenant poursuivre sous un autre aspect l'étude de ces faits singuliers, mais en évitant de trop exalter le système nerveux des personnes qui se prêtent aux expériences. Nous allons suivre M. du Potet dans ses nouveaux essais et rendre aussi fidèlement que possible les phénomènes observés.

L'opérateur trace sur le parquet, avec de la craie, trois cercles d'un diamètre d'un pied à peu près, figures A B C ci-dessous.

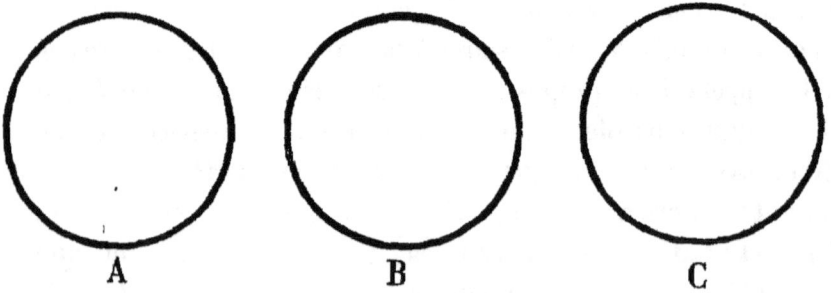

Son intention, dit-il, n'est pas de produire une action sur le moral des personnes qu'il va soumettre aux expériences, mais de rechercher quels vont être les effets physiques résultant du principe magnétique déposé sur le parcours des trois lignes circulaires. Il croit que ce fluide va être senti, et déterminera par conséquent une série d'accidents nerveux ou d'effets physiologiques dignes d'être examinés. M. du Potet prend d'abord un homme de vingt-quatre ou vingt-cinq ans, trapu et fort; il le place au centre du cercle A; il l'engage à maîtriser les effets qu'il pourrait éprouver tendant à le déplacer. Cette recommandation le fait sourire, et cependant, tout en causant, les muscles de son front se plissent, un rire singulier se fait remarquer, quelque chose de chevrotant a lieu dans sa voix, et tout en parlant avec les personnes qui l'entourent, il pivote; on voit qu'il résiste; mais bientôt, dominé de plus en plus, il tourne comme une toupie d'Allemagne. Ce mouvement s'arrête brusquement; on engage le magnétisé à rester encore dans le cercle, et bientôt il pirouette comme la dernière fois, forcé qu'il est d'obéir à un pouvoir que tout à l'heure il méprisait, car il ne pouvait le comprendre.

L'agitation de tout son être dure une dizaine de minutes, et pendant ce temps le magnétiseur place un autre jeune homme au centre du cercle B. Il s'éloigne, et l'on examine avec attention quelles vont être les sensations éprouvées. Bientôt les yeux de ce second sujet se ferment; sa tête commence à décrire un mouvement circulaire dont le rayon successivement s'agrandit. Les pieds restent invariablement fixés au centre du cercle. Le mouvement devient plus rapide, tout son corps y participe; on voit qu'il va perdre son centre de gravité. M. du Potet engage une personne à prévenir sa chute. On examine cette continuité rapide de cercles infinis, et il tombe, malgré les précautions prises. On l'emporte loin du lieu de l'expérience; il ne sait rien, ne se rappelle que son arrivée sur le cercle; il n'a pas senti sa chute plus que les mouvements de tout son corps.

Jusqu'ici ce ne sont que des jeunes gens sur qui on a expérimenté; on peut croire que leur système nerveux est plus influençable. Voyons, dit M. du Potet, si sur une personne âgée les effets seront les mêmes;

et il prie M. le comte de Beaumont, dont l'âge n'est pas contestable, puisqu'il a vu Mesmer chez Marie-Antoinette, de vouloir bien se placer sur le cercle C, et de nous faire connaître ses sensations. Au bout d'un instant les membres inférieurs sont agités ; on remarque un écartement des jambes et leur rapprochement subit ; il est enfin saisi par tout le corps, et, prêt à s'affaisser sur lui-même, il s'écrie : « Aïe ! aïe ! » C'est alors seulement qu'on l'enlève du cercle. Loin de se plaindre de cette expérience, il en semble ravi ; une douce chaleur partout le pénètre ; un de ses bras, peu flexible par suite d'affection rhumatismale, devient tout à coup aussi libre que s'il n'eut jamais souffert.

Pendant toutes ces expériences, M. du Potet est resté entièrement passif. Ceux qui ne reconnaissent point les propriétés dont peut être revêtu l'agent magnétique pourraient croire que l'imagination des sujets a été ici la cause productrice ou motrice des phénomènes ; il n'en est rien. Voici une nouvelle démonstration bien propre à éclairer à cet égard.

Cinquième expérience.

L'opérateur trace avec de la craie un nouveau cercle, représenté par la figure X ci-dessous.

Ensuite il fait partir une ligne du point A au point B, puis une autre, parallèle, du point C au point D.

Ces deux lignes, ainsi que le cercle auquel elles aboutissent, sont magnétiques. M. du Potet agit comme dans l'expérience précédente ; sa volonté, son désir a été d'imprimer fortement sur ces trajets une puissance d'action capable d'influencer les personnes qui s'engageraient entre ces lignes. Voici les plus curieux résultats que l'on puisse imaginer, car ils vont jeter quelque lumière sur des points remplis d'obscurité. Le hasard seul en est cause, non les combinaisons de l'esprit du magnétiseur.

Trois personnes successivement se placent au point étoilé. Leurs jambes, s'écartant de côté, ne tardent pas à toucher les lignes ; mais, chose singulière et digne d'attention, l'une d'elles, A B, attire fortement les sujets vers le cercle, tandis que C D, agissant en sens contraire, les reporte vers le point de départ, et c'est par un tiraillement continuel, les jambes écartées, qu'ils avancent vers le cercle. Tout le corps est tordu et incliné vers la ligne A B sans que les pieds aient quitté les deux tracés ; ils arrivent enfin jusqu'au milieu du cercle, où une sorte de suffocation se fait remarquer sur tous les sujets. Voici l'explication que donne M. du Potet des irrégularités qu'ont présentées ces expériences.

« On a pu remarquer, dit-il, que pour tracer les lignes, je ne suis pas parti du même point : l'une a été tirée du point A vers le point B ; j'ai fait partir, au contraire, l'autre du point C et l'ai dirigée au cercle. De cette simple différence dans les deux points de départ du tracé résultent toutes les contrariétés éprouvées par les personnes qui se sont prêtées aux expériences, une ligne étant attractive et l'autre répulsive par le seul fait de leur arrangement. Le magnétisme ici a obéi à une loi qu'il faut connaître, et confirme cette vérité que j'ai souvent soutenue : l'agent employé a des propriétés inhérentes ; livré à lui-même, c'est-à-dire lorsqu'il n'est point revêtu des qualités que l'âme ou l'esprit peut y imprimer, il agit conformément à sa nature physique, et présente quelque analogie avec l'aimant. Tout consiste donc, pour établir l'art de magnétiser, à reconnaître d'abord les propriétés fixes, inaltérables, de l'agent magnétique, puis toutes celles dont il peut se revêtir par l'empreinte de notre volonté. On le voit clairement ici : ce que nous croyons, dans notre peu de connaissance, être inexplicable et dû à des causes inconnues, résulte seulement du défaut d'observation des règles connues, mais dont on ne se souvient plus en expérimentant.

« Cette expérience dernière est d'une grande importance, en ce qu'elle nous fait apercevoir clairement la cause des irrégularités remarquées, et nous place sur la voie de phénomènes que nous pourrons expliquer désormais. »

Voici un autre résultat non moins intéressant :

Sixième expérience.

M. du Potet a engagé deux des personnes soumises aux expériences précédentes à se placer sur une seule ligne, l'une d'elles restant immobile un peu en dehors du tracé, l'autre touchant l'extrémité opposée, comme l'indique le plan suivant :

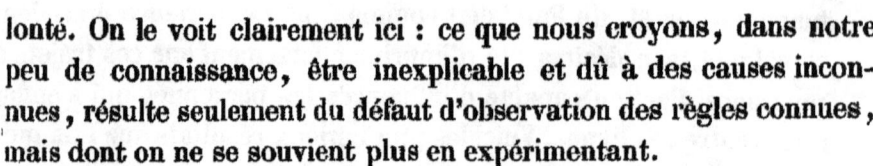

La personne placée au point A est attirée et parcourt une partie de la ligne, remuée, secouée par l'agent magnétique, tandis que celle du point B n'éprouve encore rien d'apparent. Mais à mesure que l'attraction s'exerce et rapproche le sujet de l'extrémité B, celui qui s'y trouve éprouve un ébranlement nerveux de plus en plus marqué ; et au moment où les deux êtres vont se toucher, les commotions sont si fortes qu'on est obligé de les enlever, impuissants qu'ils sont à s'éloigner d'eux-mêmes. On pouvait donc reconnaître l'action de l'un sur l'autre, d'autant plus vive, que l'atmosphère plus active de celui qui était attiré venait pénétrer le système nerveux de celui qui se trouvait dans sa sphère d'activité.

M. du Potet nous annonce que ces expériences sont pour lui une révélation ; qu'il vient de découvrir un des mystères les plus cachés du magnétisme, qu'il en donnera une preuve évidente dans la prochaine conférence.

MIROIR MAGIQUE.

Lorsqu'un fait est dans toutes les croyances, lorsqu'il s'est présenté dans tous les lieux et qu'il se reproduit sous mille formes diverses ; lorsque les historiens de tous les peuples ont parlé de son existence, qu'importent les dénégations des savants ? Elles ne servent qu'à le rendre plus évident, car les explications qu'ils donnent pour le combattre en établissent au contraire la réalité.

Ainsi la magie — et sous ce nom nous comprenons des faits d'une occulte puissance, mal connus, mal définis, dont la source est en nous-mêmes — existe en Chine, dans l'Inde, en Orient. Ne la vit-on pas en Italie lutter de puissance avec le pouvoir spirituel ? Dans tout le Nord, chez les plus *petits* peuples, les Lapons, on en constate encore l'existence aussi bien qu'ailleurs. C'est donc un fait digne d'étude ; nous avons entrepris de le mettre en lumière et de reproduire, autant que nos faibles moyens nous le permettent, les phénomènes qui prouvent la réalité du pouvoir de l'âme humaine en dehors de l'organisation où elle s'est logée.

Sans nous inquiéter en rien des opinions diverses relatives à notre travail, nous dirons ici clairement, sans ambiguïté : *Nous croyons à la magie*. Et, pour établir notre croyance en la justifiant, nous relaterons une série d'expériences curieuses, résultant de l'emploi raisonné que nous avons fait de la force psychique qui existe en nous, sans qu'aucune addition d'autres forces ou agents soit venue nous aider. Il faut ici que tout produit soit le résultat d'une seule cause.

Depuis longtemps nous soupçonnions que le magnétisme humain possédait des propriétés non encore connues des magnétiseurs ; que ces propriétés étaient justement celles employées par les hommes qui, dans tous les temps et dans tous les lieux, opérèrent des prodiges. Nos soupçons, nous les eûmes dès le jour où, employant les procédés magnétiques, nous vîmes deux personnes incrédules être obligées de *s'endormir* entre nos mains. Ils redoublèrent lorsque nous reconnûmes que ce pouvoir, s'exerçant au travers des murailles, pouvait *saisir* l'homme qui ignorait notre pensée et le dominer comme en notre présence. Nos doutes se changèrent en certitude quand nous fûmes mis à même de nous assurer de la communication de nos pensées, sans parole ni signe quelconque; lorsqu'enfin il nous arriva de donner aux corps des qualités différentes de celles qui leur sont propres. Plus nous avancions dans l'étude du magnétisme vulgaire, plus nous découvrions de faits incompréhensibles, mais certains, qui, rappelant à notre mémoire les phénomènes merveilleux du passé, nous faisaient comprendre qu'ils avaient une commune origine avec ceux que nous produisions de nos mains.

Nos recherches n'étaient cependant point dirigées par la pensée de trouver ces affinités de faits et d'analogies; nous avancions sans nous en douter dans cette route nouvelle, où le magnétisme va lui-même être entraîné, au grand profit de la science et de l'humanité, comme nous le démontrerons. En effet, l'ignorance fut toujours un mal; c'est par elle que les malheurs de l'homme se perpétuent; elle est la source de toutes nos calamités et de cette enfance des êtres qui vivent et meurent sans se connaître, dominés par des terreurs et des craintes, soumis qu'ils sont à d'habiles imposteurs qui se gardent bien de les éclairer.

Eh bien! tout ce mal peut diminuer et l'humanité changer de face si la science le veut, si elle daigne s'occuper de nos recherches, prendre en main la défense de la découverte de Mesmer, en poursuivre l'étude et éclairer le monde avec la lumière pure qui en jaillira. Nous sommes loin de l'espérer pour le présent; l'avenir est à Dieu, il en ordonnera sans doute, et inspirera les hommes d'élite appelés à accomplir ses desseins. Nous manquerions de courage si nous ne publiions ce que nous croyons vrai, par crainte des opinions contraires; car notre conscience nous dit que toute découverte est un bien utile à l'humanité, que toute vérité vient de Dieu, et que ne pas dire celle qu'on sait est un crime que les hommes ne peuvent punir, mais que Dieu punira sans doute ! Ne savons-nous pas d'ailleurs qu'on attachera peu d'importance à nos paroles et à nos récits ? Nos expériences passeront sans exciter beaucoup l'attention ; ce n'est que plus tard, lorsque nous ne serons plus, qu'elles seront considérées comme ayant quelque valeur. Mais peu m'importe ! je dois dire ce que je crois possible de réaliser avec la puissance découverte; c'est d'ailleurs la seule route ouverte à l'investigation. Il faut que les magnétiseurs fouillent dans le passé pour y trouver des vérités, car ce n'est pas avec les savants modernes qu'ils pourront apprendre quelque chose touchant le magnétisme. Que ceux qui veulent nous suivre méditent ces paroles :

« Les anciens admettaient dans l'homme l'intelligence naturelle, la spirituelle ou métaphysique, l'éthérée et la divine. Ils modifiaient ces degrés d'intelligence par le mélange de l'un dans l'autre ; comme le terrestre magique ou la puissance physique servent de causes à des effets merveilleux, le terrestre-divin ou le miraculeux basé sur des causes matérielles, dont les principales étaient le vin, le laurier, le narcisse, etc. Ils ne regardaient rien au delà de la puissance humaine, qu'ils ne renfermaient dans aucune borne, et qu'ils portaient jusque dans le sein de la divinité suprême en l'identifiant avec elle ; ils prétendaient même que l'âme de l'homme, enfermée dans son corps charnel, pouvait encore communiquer avec les intelligences dégagées de la matière, et tirer par elles les lumières les plus instructives. Enfin, ils ne refusaient d'admettre aucun genre de divination qui pouvait contribuer à élever l'esprit humain au-dessus du degré matériel, qu'ils regardaient comme le plus malheureux état de l'humanité. »

Ce préambule demanderait un volume, tant les choses à dire sont nombreuses. L'intelligence du lecteur suppléera à notre discrétion forcée, car nous n'avons que quelques pages pour émettre nos pensées, ce Journal étant consacré à d'autres faits de magnétisme dont nous ne voulons point interrompre les récits pleins d'utilité.

Premier fait.

Pour cette opération, nous prenons un morceau de braise et traçons un disque, comme ci-dessous, en ayant soin que toutes les

parties en soient noircies. Nos intentions sont bien formulées, aucune hésitation n'est dans nos pensées : nous voulons que les *esprits* animaux soient fixés dans ce petit espace et y demeurent enfermés ; qu'ils y en appellent d'autres, ambiants et semblables, afin que des communications s'établissent entre eux et qu'il en résulte une sorte d'alliance.

Le sujet, approché de ce point, le regarde. Une pénétration intuitive, due au rapport qui s'établira entre les esprits qui sont en lui et ceux fixés sur le miroir magique, doit lui permettre de voir les événements et tout ce qui l'intéresse comme s'il était dans l'extase ou dans le somnambulisme le plus avancé, bien qu'il soit libre de ses facultés comme de son être, et que rien chez lui ne soit enchaîné. Ce n'est peut-être pas là toute notre pensée, mais nous n'avons point de termes pour l'exprimer autrement.

L'opérateur doit se tenir à distance, sans qu'aucune influence de sa part vienne désormais ajouter ou se joindre à ce qui a été fait.

Cette expérience, neuve pour nous comme pour toute l'assemblée, commande le silence et l'attention.

Tous les yeux sont ouverts; c'est en plein jour, sur un parquet qui n'a reçu aucune préparation, qui n'est revêtu d'aucun enduit, que le disque est tracé, et le charbon qui a servi est déposé sur la cheminée, où tout le monde est libre de l'examiner. Aucun parfum n'est répandu, aucune parole prononcée ; il n'y a rien enfin que cette poussière de charbon et l'occulte puissance déposée en elle au moment même, opération qui a demandé quatre minutes seulement. Durant ce court espace de temps, des rayons de notre intelligence, poussés par d'autres rayons, ont formé un foyer invisible, mais réel ; nous sentons qu'il existe au trouble inconnu que nous éprouvons, à l'ébranlement de tout notre être, plus encore à une sorte d'affaiblissement résultant d'une diminution de la somme de nos forces. Voici ce que l'on observe :

Plein de confiance en lui, sûr de l'impuissance de cette magie, un homme de vingt-cinq à vingt-six ans s'approche du signe fatidique, le considère d'abord avec un regard assuré, en examine les circonvolutions, — car il est inégalement tracé — lève la tête, regarde un instant l'assemblée, puis reporte ses regards en bas, à ses pieds.

C'est alors qu'on aperçoit un commencement d'effet : sa tête s'abaisse davantage, il devient inquiet de sa personne, tourne autour de la plaque noire sans la perdre un instant de vue ; il se penche davantage encore, se relève, recule de quelques pas, avance de nouveau, fronce les sourcils, devient sombre et respire avec violence. Alors on a sous les yeux la scène la plus étrange, la plus curieuse. Cet homme voit, à n'en pas douter, des images qui viennent se peindre dans le miroir; son trouble, son émotion, plus encore ses mouvements inimitables, ses sanglots, ses larmes, sa colère, son désespoir et sa fureur, tout enfin atteste l'effroi, l'agitation de son âme.

Ce n'est point un rêve, un cauchemar, les apparitions sont réelles : devant lui se déroule une série d'événements représentés par des figures, des signes qu'il saisit, dont il se repaît; tour à tour gai ou rempli de tristesse, à mesure que les tableaux de l'avenir passent sous ses yeux. Bientôt même c'est le délire de l'emportement; il veut saisir le miroir, sur lequel il plonge un regard terrible ; puis s'élance et le frappe du pied, la poussière s'en élève, et l'opérateur s'approche pour mettre fin à ce drame rempli d'émotions et de terreurs. Pour un instant on craint que le voyant n'exerce sur l'opérateur un acte de violence, car il le saisit brusquement par la tête et l'étreint avec force; quelques paroles affectueuses jointes aux procédés magnétiques l'apaisent et le calment, les courants vitaux débordés rentrent dans leur lit.

Le crisiaque est entraîné dans une pièce voisine avant qu'il ait repris entièrement ses sens, on lui ôte le souvenir de ce qu'il a vu et on achève de le calmer. Il ne lui reste bientôt qu'une douleur dans la partie supérieure du crâne, qui disparaît d'elle-même au bout d'une demi-heure. Malgré tout il conserve une vague pensée, une préoccupation de l'esprit; il cherche à se rappeler, il *sent* qu'il s'est passé en lui quelque chose d'étrange; mais quoi qu'il fasse, sa mémoire ne peut lui fournir un trait, une figure de tout ce qu'il a vu; tout est confus en lui, et les interrogations nombreuses qu'il subit n'amènent aucune révélation.

Rêvons-nous? sommes-nous nous-même sous le charme d'une illusion? avons-nous bien vu ce que nous venons de décrire? Oui, oui, nous l'avons saisi, plein de calme et de raison; tout est réel, et nous restons bien au-dessous de la vérité, ne pouvant entièrement la peindre dans ce récit, car les mots nous manquent, quoique notre mémoire soit fidèle.

Cette expérience a porté dans tous les esprits la conviction qu'une découverte venait de se révéler, et que le magnétisme allait certainement s'ouvrir une nouvelle route. Les faits déjà si curieux offerts par le somnambulisme sont dépassés; car ici l'homme est éveillé, et par sa seule intelligence il peut dévoiler les secrets de l'avenir.

Deuxième fait.

La plaque noire étant en partie effacée, on y repasse à plusieurs reprises le charbon, jusqu'à ce qu'elle soit bien rétablie. Indécis sur le choix d'un nouveau sujet, l'opérateur cherche des yeux dans l'assemblée la personne qu'il croit apte à sentir l'influence occulte du miroir et à en manifester les effets. Pendant ce moment d'hésitation se présente de lui-même un jeune homme de vingt ans environ, qui depuis quelque temps suivait attentivement les mouvements de la main de l'opérateur et fixait ses yeux sur le tracé. Bientôt il se lève de son siége et cause un étonnement général; il approche lentement, muet, pâle; il tourne plusieurs fois autour du miroir magique, le considère attentivement, s'éloigne, se rapproche, se penche. Que voit-il dans cette plaque noire? Nul ne le sait encore, mais il voit. Il est pris d'un rire sardonique inimitable; sa figure prend bientôt une expression sérieuse; il se trouble, tremble de tous ses membres, puis redevient calme. Différent du premier expérimenté, nulle fureur ne se peint en lui; un sentiment de curiosité semble le dominer, et son regard est constamment plongé dans le miroir. Comment pourrions-nous traduire ici les gestes, les mouvements de ce jeune homme, l'expression peinte sur son beau visage; l'attitude de toute l'assemblée flottant entre la crainte et l'espérance, et semblant partager les émotions profondes du voyant? Il reste ainsi dix à douze minutes, murmurant, articulant quelques mots; et c'est au moment où il va parler que l'opérateur intervient. Mais méconnu d'abord comme étranger, il éprouve quelque difficulté à éloigner le patient du miroir.

Comme au sujet du premier fait, on lui ôte le souvenir, sans *eau du Léthé*.

Les prêtres d'Isis n'étaient donc point des imposteurs; ils connaissaient, sans nul doute, l'existence du principe magnétique et s'en servaient pour opérer leurs prodiges. Dans certains cas ils obtenaient de ceux qui allaient subir les terribles épreuves de l'initiation des révélations propres à les guider dans la route de la vie; mais pour imprimer plus de respect, on attribuait aux dieux ce qui venait de l'homme lui-même. Peut-être aussi voulaient-ils exercer un salutaire empire sur le vulgaire et le tenir dans une sorte de crainte.

Nous donnons ces réflexions sans y attacher une grande importance ; c'est assez pour nous de posséder désormais le secret si longtemps caché d'entrer en communication avec un monde supérieur. D'autres hommes fouilleront le passé, et lorsqu'ils referont l'histoire de ces temps reculés, ils n'attribueront plus au mensonge ou à l'imposture ce qui est dû à une loi éternelle de la nature. Le magnétisme, comme ces forces, occultes encore, qui fécondent les germes et créent tout ce que nous voyons, rentrera dans le domaine des sciences.

Quelle profonde révolution nous entrevoyons pour l'avenir, et quelle pitié nous inspire le présent! Voyez les sciences, que savent-elles des choses morales et des facultés de l'âme? Elles se font gloire de leur ignorance en ces matières, et méprisent la vérité nouvelle! Le haschich, l'opium, l'éther! c'est avec ces moyens que le savant expérimente et prétend connaître ce que Dieu a caché en nous.... Magnétiseurs, vous avez en vous la cause, le principe de toutes les merveilles; le moindre de vos faits est supérieur en grandeur à tout produit académique. Allez donc en avant, passez sur ces vieux corps invalides, sur tous ces immortels à qui on a donné un fauteuil pour qu'ils soient plus commodément posés et qu'ils digèrent à l'aise. Laissez en paix toutes ces débilités humaines, semblables à ces bois pourris qui donnent des clartés phosphorescentes; on a beau souffler dessus, les frotter, ils ne donnent point de chaleur et ne projettent toujours qu'une lueur terne qu'ils doivent à leur corruption.

Nous nous laissons emporter et nous devenons injuste : les savants sont nécessaires; mais pourquoi donc leur temple ne s'ouvre-t-il point à la vérité nouvelle? pourquoi n'est-elle point honorée?.... Taisons-nous sur les motifs de cette conduite coupable, et suivons notre chemin, emportant notre perle jusqu'à ce que nous ayons trouvé un lapidaire qui en sache le prix ; nous la lui donnerons sans demander un grain de mil, trop heureux de la voir accueillie et enchâssée avec les autres joyaux que le génie de l'homme a trouvés et fait briller par mille facettes.

Les secrets surpris pendant ces opérations magiques doivent être encore gardés ; nous serions indigne de posséder la science si nous les divulguions à qui que ce soit; car ce n'est plus un fait d'homme à homme : des expériences faites devant une centaine de personnes commandent la réserve ; c'est pourquoi nous nous sommes arrêté. Il nous eût été facile de faire articuler hautement ce que la bouche des voyants murmurait tout bas, ce que nous seul avons entendu. — Illusion, dira-t-on, rien n'était réel !!! — Paroles d'insensés et de faux savants. Voici notre réponse à de grossières suppositions : le dernier crisiaque assistait pour la première fois à nos séances démonstratives ; son nom même nous était inconnu comme sa personne ; il ignorait entièrement ce qui avait eu lieu précédemment. Eh bien ! nous le vîmes après nos expériences, et lorsqu'il était redevenu très-calme, suivre le trajet d'une ancienne ligne tracée pour d'autres opérations faites il y avait déjà trois semaines, et sur laquelle la brosse avait passé plusieurs fois. C'est avec un sentiment indicible, partagé par tous, que nous le vîmes suivre cette ligne invisible, bien présente à notre mémoire, sans s'en écarter. Interrogé, il nous dit qu'il se sentait entraîné dans cette direction, mais qu'il en ignorait la cause : il était alors sur l'extrémité du plan où la force magi-magnétique avait été déposée ; nul effet ne s'était fait sentir en dehors.

Il faut donc chercher désormais d'autres explications aux phénomènes observés : ils ont, pour nous, leur cause dans ce fluide inconnu qui se revêt de nos pensées et les garde quelque temps emprisonnées en lui. Mais pour aider l'esprit de recherche des *hommes forts*, nous rendrons compte successivement de toutes nos expériences. Qu'on ne croie point cependant que nous abandonnions l'étude des phénomènes simples du magnétisme ; bien au contraire, nous avons été conduit par eux à nos nouvelles explorations ; nous espérons apprendre ainsi ce qui nous manquait pour perfectionner l'art de magnétiser. Nous avons l'espoir fondé d'y arriver.

ATTRACTION MAGIQUE.

Dans les expériences auxquelles se livre M. le baron du Potet, dans nos conférences dominicales, quelques-unes, faites pour prouver l'attraction magnétique, ont produit le singulier résultat que nous allons chercher à décrire.

Premier fait.

Le magnétisé et le magnétiseur se tenant debout, face à face, à quelques pieds de distance, il arrive que si celui-ci tourne lentement sur lui-même, celui-là, au lieu d'être attiré dans la sphère d'activité de l'opérateur et de le suivre, éprouve, au contraire, un mouvement de rotation tout à fait semblable, mais *en sens inverse*, comme cela a lieu à l'égard de deux cylindres et de tout engrenage.

On remarque que magnétiseur et magnétisé tournent avec une vitesse égale d'abord ; mais bientôt ce dernier perd son mouvement rotatoire et tend à s'éloigner en décrivant une courbe.

Ces curieuses expériences, répétées sur des hommes qui n'étaient point prévenus, étrangers par conséquent à toute espèce d'influence, ont réussi pleinement et servent de base au mémoire qu'on va lire.

M. Andriveau, témoin du fait qui précède, l'a rattaché aux lois astronomiques, ainsi qu'on va le voir par le mémoire suivant adressé à M. du Potet :

« Monsieur,

« Persuadé que rien de ce qui se rapporte au magnétisme ne vous est indifférent, je vous demande la permission de vous soumettre quelques idées que m'ont suggérées de récentes expériences d'attraction. Ces réflexions seraient susceptibles d'un long développement ; je me bornerai à vous les exposer dans toute leur simplicité. Je serai court et je tâcherai d'être clair.

« Au nombre des expériences faites par M. Derrien, j'ai remarqué particulièrement les mouvements de rotation et d'attraction imprimés à la personne magnétisée ; j'ai observé que le mouvement de rotation avait lieu dans un sens contraire à celui du magnétiseur, et j'ai cru y trouver la raison de certains phénomènes astronomiques : je veux parler du mouvement diurne de la terre et de sa révolution annuelle autour du soleil. Le fait de ce double mouvement est parfaitement démontré depuis l'admirable théorie de Newton ; Kepler en a tracé les éléments dans les célèbres lois qui portent son nom. Quant à la cause du mouvement, il faut, pour l'expliquer, recourir à une impulsion primitive donnée à tous les corps célestes. Examinons si le magnétisme ne pourrait pas fournir ici quelque lumière.

« Si l'on considère le soleil comme saturé et entouré d'un fluide dont l'influence se ferait sentir sur toutes les planètes dont il est le centre et le régulateur ; s'il est reconnu qu'il est doué d'un mouvement de rotation sur son axe, on concevra sans peine qu'il puisse imprimer aux fluides qui entourent chaque planète un même mouvement de rotation, mais dans un sens inverse. Or les notions les plus élémentaires d'astronomie nous apprennent que le soleil tourne sur son axe en vingt-cinq jours environ, que ce mouvement, relativement aux planètes, a lieu d'orient en occident ; on sait aussi que toutes les planètes sont douées de ce même mouvement, et que toutes, chose remarquable, se meuvent d'occident en orient.

« Je dis donc que la rotation du soleil, agissant sur les planètes par la communication des fluides, est la cause probable de leur mouvement diurne, de même que la roue principale d'une machine met en jeu d'autres roues secondaires.

« Quant au mouvement de translation ou de révolution annuelle, l'explication qu'on en donne, c'est que notre globe obéit à la fois à deux forces qui se font équilibre, savoir : la force centripète, qui tend à attirer vers le soleil la terre et toutes les planètes, et la force centrifuge, qui tend à les en éloigner; mais cette force centrifuge, quelle est-elle? Faut-il absolument que ce soit une impulsion que les planètes auraient reçue primitivement, impulsion en vertu de laquelle elles continueraient à se mouvoir dans la même direction et avec la même vitesse, tant qu'une cause étrangère ne viendra pas changer cette direction, diminuer ou anéantir cette vitesse?

« Ne peut-on pas encore ici admettre que ce mouvement est le résultat d'une attraction dont l'effet se fera sentir tant que la cause qui la produit existera?

« En effet, si la terre n'était sollicitée que par le soleil qui l'attire avec une force supérieure, elle serait précipitée immédiatement vers lui, et son mouvement cesserait aussitôt; mais elle doit être attirée aussi dans une certaine proportion par tous les corps de la sphère céleste, qui, quoique placés à des distances infiniment plus grandes que le soleil, empêchent cependant la terre de s'élancer vers cet astre.

« Il résulte de la double attraction produite par des forces contraires, que la terre ne peut ni se rapprocher du centre ni s'en éloigner. Mais comme le soleil qui l'attire à lui est beaucoup plus rapproché, et que la force d'attraction augmente en raison inverse du carré des distances; en outre comme le soleil, en tournant sur lui-même avec une vitesse quatre fois plus grande que la terre, imprime ce même mouvement aux planètes qui l'entourent; de ce mouvement de rotation résulte un déplacement dans l'espace qui produit le mouvement orbiculaire des planètes.

« Pour rendre plus sensible cette démonstration, supposons une masse d'aimant fixée au centre d'un bassin rempli d'eau, et une petite boule de fer flottant à quelque distance; il est certain que le fer sera attiré avec d'autant plus de force que la masse d'aimant sera plus puissante. Mais si le bord du bassin est entouré d'un cercle de fer aimanté, le mobile flottant étant attiré à la fois vers le centre et vers la circonférence, ne pourra se porter ni vers l'un ni vers l'autre, et restera à une distance quelconque des deux corps attirants.

Si maintenant on suppose dans le plus rapproché, soit le point de centre, un mouvement de rotation assez puissant pour se communiquer au mobile, ce mouvement ne devra-t-il pas, comme la roue d'un bateau à vapeur, produire le déplacement du mobile ? On conçoit alors que ce mobile ne pourra se mouvoir que dans la ligne qui représente la résultante des forces qui agissent sur lui et décrira une courbe autour du point central.

« Ainsi donc, puisqu'un effet semblable se manifeste dans certains phénomènes célestes, concluons qu'il est dû à des causes analogues, et que *l'attraction est le principe du mouvement;* qu'il existe un fluide qui remplit tout l'univers, par qui se transmet la force motrice à des distances infinies, et sur des masses incalculables; que ce fluide est le point d'appui et la force inconnue qui maintient l'harmonie et l'équilibre dans la création.

« Ce moteur universel se montre à nous dans les phénomènes magnétiques, mais avec de sensibles modifications. Ce n'est plus une force aveugle de corps inanimés agissant mécaniquement en vertu de leur masse et de leur pesanteur; c'est une force vive, intelligente, émanée de la volonté et de la nature humaine, et qui est aussi éloignée de la première que l'esprit l'est de la matière. De là vient sans doute que la série des phénomènes produits par le magnétisme ne présente pas toujours la même exactitude mathématique, et qu'il s'y rencontre même des anomalies apparentes, parce que la nature, toujours la même dans son ensemble, est variée à l'infini dans ses détails.

« En vous exposant ces idées, qui, je le crains, n'ont pas toute la précision désirable, je n'ai eu en vue que d'indiquer un rapprochement qui a pu échapper à d'autres esprits, et d'ouvrir un nouveau champ à la discussion. S'il en résultait le germe d'une théorie nouvelle, je m'en applaudirais comme d'une découverte due au magnétisme, et à vous, Monsieur, qui accueillez la vérité n'importe par quelle bouche, et à l'homme de génie qui l'a peut-être pressentie quand il composa sa fameuse thèse *de influxu Planetarum.* »

Deuxième fait.

Une autre expérience, tentée pour confirmer la précédente, réussit pleinement. La voici :

Deux magnétiseurs étant placés, l'un en A et l'autre en B (figure ci-contre), attirant en même temps, avec une intensité la plus égale possible, un sujet placé en C, celui-ci, sollicité par deux forces perpendiculaires, chancelle, oscille, puis s'échappe par la diagonale D, résultante des forces. Si le magnétiseur A agit davantage que le magnétiseur B, ou réciproquement, le magnétisé n'arrive au point A ou B qu'en décrivant une courbe plus ou moins prononcée.

SYMPATHIES ET ANTIPATHIES MAGIQUES.

« Il est des nœuds secrets, il est des sympathies,
« Qui, par le doux accord des âmes asservies,
« Se plaisent l'un à l'autre et se laissent charmer
« Par un je ne sais quoi qu'on ne peut exprimer. »

Les attractions et les répulsions qui se manifestent entre les êtres, à quoi sont-elles dues ? Pourquoi ces aversions subites ou ces attraits qui nous enchaînent ? Où en est le principe, la loi ? Le jugement, la raison, ne peuvent répondre à ces questions ; les faits sont constants, l'explication n'est point encore trouvée.

Voyons si par le magnétisme nous pourrons jeter quelque lumière sur ces mystères et découvrir les causes secrètes qui agissent sur nous bien avant que la pensée et la réflexion aient pu s'exercer.

Si nous en croyons les historiens, et nous avons toute raison de les croire, des exemples sans nombre de sympathie comme d'antipathie, remarqués dans tous les temps, frappèrent vivement les imaginations comme ils agirent sur nous-mêmes. Qui donc oserait en nier la puissance et la réalité? Il n'est pas une seule personne qui n'ait senti cette influence occulte.

Il y a des visages qui s'attirent les uns les autres; il y en a qui se repoussent, dit Lavater.

Le premier moment qu'une personne s'offre à vous vous prévient-il en sa faveur; cette première impression n'a-t-elle rien qui vous blesse, qui vous cause aucune gêne, aucune contrainte; vous sentez-vous en sa présence plus libre, plus animé, et sans qu'elle vous flatte, même sans qu'elle vous parle, plus content de vous-même; cette personne, soyez-en sûr, ne perdra jamais dans votre esprit, elle y gagnera constamment, pourvu qu'un tiers ne vienne pas se placer entre vous.

Les philosophes sympathistes disent qu'il émane sans cesse des corpuscules de tous les corps, et que ces corpuscules, en frappant nos organes, font dans le cerveau des impressions plus ou moins sympathiques ou plus ou moins antipathiques. On voit deux femmes pour la première fois, et l'une, quoique moins jolie que l'autre, vous plaît davantage.

Nous pourrions citer beaucoup d'exemples de ces sortes de sentiments irrésistibles dans leurs effets, terribles dans leurs résultats; mais ce serait établir qu'il fait jour en plein midi. C'est donc un fait acquis. Voyons si nous ne pourrons pas, artificiellement, déterminer quelque chose de semblable aux phénomènes en question.

Il résulte des principes que nous avons établis, que des courants de fluide entrent et sortent de chaque individu, et que, par des affinités encore secrètes, *ces fluides*, lorsqu'ils ne sont point dirigés par la pensée, par l'intention, par le vouloir, vont pourtant, comme s'ils étaient doués d'intelligence, se fixer dans des organisations de leur choix et y faire naître une série d'accidents bons ou mauvais. C'est ce qui ressort des faits cités plus haut. Maintenant que nous savons cela possible par le magnétisme, essayons encore d'en saisir la loi ; car pour nous, tout est réglé dans la nature : nous n'admettons point le hasard, inventé par l'ignorance pour venir au secours de la sottise.

Première expérience.

Voici ce qu'on observe en faisant l'expérience suivante.

Si je trace deux lignes parallèles A B, A' B' partant du même point, comme ci-dessous :

les personnes qui les suivent n'éprouvent point de changements dans leur marche; elles peuvent se coudoyer, se heurter, on ne voit point d'effets moraux avoir lieu. Si, au contraire, on trace une autre ligne partant du point C pour arriver à D, et que deux êtres marchent en même temps l'un sur la ligne A B et l'autre sur C D, de manière à se rencontrer, tout ce qui se passe a un caractère étrange d'antagonisme et d'antipathie. Arrivés au bout B D de leurs lignes respectives, ils se considèrent, s'animent, la figure se colore ou pâlit, et le délire de l'emportement commence ; au dédain succède la menace, et, comme des athlètes, les deux champions se préparent au combat. Il faut alors intervenir et bien choisir son temps, car il devient difficile de séparer les deux sujets qui, tout à l'heure encore, se voyaient avec indifférence. Je dis plus : c'est qu'avec une sympathie naturelle, préexistante, l'effet serait le même, ainsi que nous l'avons vu plusieurs fois résulter de nos expériences.

Deuxième expérience.

Un effet non moins bizarre résulte de la disposition de ces lignes. Si vous placez à l'extrémité de l'une d'elles, soit B, mais sans qu'il bouge, un individu quelconque ; celui qui la parcourt depuis A s'éprend de sympathie pour l'être qui est sur son chemin ; sa pantomime est expressive et témoigne toute la tendresse possible. Mais bientôt, s'apercevant que celui qui la cause n'y répond point, n'a point la même chaleur, il le retourne brusquement en signe de dédain et s'appuie nonchalamment sur ses épaules.

Nulle description ne pourrait donner l'idée de ces phénomènes ; il faut les déterminer soi-même ou assister à leur développement pour les concevoir. Les mouvements de l'âme ne peuvent se traduire par la plume, et nous y renonçons. Mais nous allons poursuivre l'étude de faits aussi curieux. Nous avons été, nous osons le dire, impressionné comme toute l'assemblée, car nous n'avons rien vu de pareil dans nos nombreuses expériences. Il est vrai qu'ici tout est combiné et résulte forcément d'une puissance agissant par courant contraire.

Nous sommes donc toujours sur le chemin des plus grandes découvertes ; nos lecteurs nous sauront gré de les tenir au courant de nos explorations ; car leurs résultats, appartenant à la science du magnétisme, doivent l'étendre et en augmenter les bienfaits.

FLÈCHE MAGIQUE.

Dans ses précédentes expériences, M. du Potet ayant cru découvrir une nouvelle loi magnétique, attendait avec impatience le moment de s'en assurer par des faits sur lesquels aucun doute ne restât. Dans la dernière conférence, s'adressant à l'assemblée, il s'exprima ainsi :

« Si la direction du tracé des lignes influe sur le résultat de l'expérience ; si la manière de les faire n'est pas indifférente, nous avons découvert une chose magnifique, et un progrès marqué doit en résulter pour le magnétisme. Nous allons donc, devant vous tous, tracer de nouvelles lignes de craie, et pour qu'il ne puisse y avoir d'incertitude, toutes partiront d'un point donné, sans irrégularité, afin que l'épreuve soit complète et la démonstration péremptoire.

« Formons une figure dans laquelle toutes les lignes de l'extrémité A, convergeant au point B, se prolongent jusqu'en C, où convergent

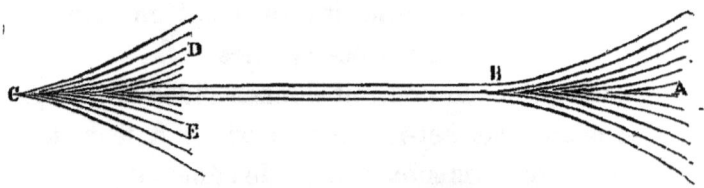

également les lignes D et E. Si je ne me trompe, il doit y avoir deux actions bien distinctes, l'une qui porte les patients de A vers C, l'autre qui les empêche d'aller de C en A. Plaçons donc, pour avoir de suite un exemple, un sujet résolu dans les conditions supposées, et voyons les phénomènes qui vont se manifester. »

Première expérience.

En conséquence, M. C.... est prié de se placer au point B et d'analyser avec tout son sang-froid les sensations qu'il éprouvera. Bientôt une sorte de défaillance, de faiblesse se manifeste ; il assure sentir par les pieds un écoulement de ses forces. « Ma tête se vide », dit-il ; puis, ne pouvant plus se maintenir verticalement, il s'affaisse et l'on est obligé de le soutenir. Il accuse de plus en plus l'épuisement de tout son être ; et l'on remarque un état syncopal caractérisé par la pâleur du visage, la débilité, l'atonie générale et une respiration si courte qu'elle est presque insensible. On l'enlève immédiatement pour le placer au bout C de la flèche ; on voit aussitôt les caractères d'une vitalité puissante apparaître et chasser la faiblesse, comme quand un animal, un instant plongé dans le vide, rentre dans l'atmosphère. M. C..... sent distinctement des courants fluidiques s'établir de la flèche à lui. Il éprouve là des sensations tout à fait opposées à celles ci-dessus décrites; il jouit de cet état, s'y complaît, manifeste sa joie et voudrait rester plus longtemps sur ce point.

Deuxième expérience.

M. du Potet, pour s'assurer que l'imagination n'entre pour rien dans la production de ce fait, prend un jeune homme nouvellement arrivé, qui n'a rien entendu ni vu de l'expérience précédente, qui ignore le but qu'on se propose. Mis au point C, à la place que vient de quitter le précédent sujet, on voit avec une grande surprise qu'il respire avec activité, qu'il éprouve une sorte d'excitation fébrile ; ses yeux brillent ; il semble vivre davantage. Prié d'avancer, il fait un pas sur le tracé et ne peut poursuivre sa route ; il multiplie en vain ses mouvements, ses muscles se gonflent, le dépit, la colère s'emparent de lui, et ses efforts sont inimitables comme indicibles. On le laisse cependant dans cette situation, l'excitant à poursuivre ; mais quelque chose d'infranchissable le repousse, comme à la marée montante le flot repousse, rejette à la côte l'imprudent qui s'avance. Furieux, il s'élance la tête baissée ; vains efforts ! Il ne va pas à la moitié de la flèche. Un homme que l'on eût placé sur une glace polie, ceint de liens fixés à un poteau, ayant aux pieds des patins et voulant avancer, donnerait l'image des mouvements bien infructueux effectués par l'expérimenté qui, suant à grosses gouttes, après avoir fléchi cent fois sans tomber, demande, prie qu'on le retire de cette position. Il accuse des sensations en tout analogues à celles de son prédécesseur. Son corps était parcouru par un fluide pénétrant qui portait sur tout son trajet une excitation vitale, remarquée d'ailleurs par tout le monde dès les premiers instants ; il se sentait vivre doublement, sans pouvoir comprendre par quel mystère, par quelle puissance ce fait s'était produit. Mais quelques minutes après l'opération, il éprouvait dans les bras et les jambes le sentiment de fatigue d'un homme qui a beaucoup lutté.

Troisième expérience.

Une troisième expérience tentée fut moins concluante. On n'avait que le diminutif des précédentes, soit que cette personne fût moins impressionnable, soit plutôt parce que l'action des lignes était affaiblie. Cette supposition est très-probable, et l'on eût dû à chaque essai renouveler les lignes en partie effacées; car il doit y avoir soustraction du principe agissant par les corps mis en contact; c'est au moins ce qui arrive pour des agents analogues.

« Les conséquences à tirer de ces faits, ajoute M. du Potet, sont nombreuses. Ils indiquent pourquoi, dans la magnétisation directe et par contact, on obtient du sommeil ou de l'excitation, selon les procédés suivis. Ils justifient les principes que j'ai posés dans le *Manuel de l'Étudiant magnétiseur*, et reportent au système de Mesmer, qui admettait des pôles dans le corps humain; car les effets produits par son baquet et ses verges de fer étaient tantôt positifs, tantôt négatifs. Ce grand homme n'avait pas eu le temps de découvrir les vraies lois du magnétisme; les crises convulsives dans lesquelles il mettait les malades résultaient d'une magnétisation mal dirigée. Il sera possible désormais de produire à volonté le calme ou l'agitation : nous en donnerons les preuves les plus multipliées. Mais ce n'est là qu'un fait de la découverte nouvelle; voici qui est plus important.

« Lorsque nous avons parlé de magie, nous en admettions l'existence, convaincu que sa source était dans le magnétisme, comme toutes les merveilles de la nature ont leur cause dans des agents ou des forces qui s'y trouvent; il n'est donc pas besoin de recourir à des interventions diaboliques ou divines pour expliquer les phénomènes.

Un jour viendra où l'ignorance revêtue du manteau de la science sera à tout jamais bannie, où il sera reconnu que tout miracle est physique, qu'il a sa cause soit en nous-même, soit extérieurement en des agents d'un ordre élevé sans doute, mais dont l'action n'a jamais cessé d'exister. Trop longtemps les savants ont laissé dans l'oubli ou abandonné au vulgaire une étude si curieuse et si utile. Curieuse, parce qu'elle seule peut donner aux sciences ce qui leur manque : la connaissance des premiers principes; utile, car c'est par elle que les préjugés, que les erreurs, que des crimes même peuvent disparaître de la terre.

« Nous sommes heureux d'ouvrir le chemin, malgré les clameurs des gens qui se repaissent de chimères, et quel que puisse être le jugement des plus éclairés, qui semblent faire un crime d'oser toucher à l'arche sainte, c'est-à-dire de porter la main sur ce que les siècles barbares nous ont transmis comme des vérités, bien que cela repose sur un défaut d'observation ou soit le fruit d'impostures intéressées. Pourquoi faut-il que ce soit un homme faible qui donne l'exemple? Tant de gens capables, libres penseurs, auraient dû nous devancer et dire au monde ce que dans leur for intérieur ils reconnaissaient d'opposé aux superstitions régnantes. Il est vrai que l'on court risque d'être placé au rang des fous, des méchants, des impies, tandis que Dieu ne cesse d'inspirer la tolérance et de crier aux hommes : La lumière luit dans les ténèbres ; mais ils ne l'ont point comprise.

« C'est en vain que le travail que nous entreprenons a été tenté par le raisonnement. Assurément les ouvrages des philosophes, des penseurs sont nombreux sur ce sujet; mais le raisonnement fait peu dans ces matières, souvent même il augmente les difficultés ; car, n'ayant pour appui que des abstractions, ils n'avaient point la puissance de commander à la croyance et d'empêcher les sophistes de détruire le peu de bien qui résultait de leurs œuvres.

« Nous n'avons point la prétention d'imposer nos idées, mais d'amener ceux qui voudront s'éclairer à répéter les expériences qui ont jeté quelque lumière dans notre esprit. Ce n'est que petit à petit que le travail commencé aura quelque importance, et un jour d'autres hommes apparaîtront, qui, saisissant tous les faits, reconstruiront l'édifice des connaissances antiques. »

Cessons ces descriptions, faisons halte un instant.

RÉFLEXIONS TRANSITOIRES.

C'est chaque dimanche, au milieu d'un grand concours de personnes, que nous faisons nos expériences si curieuses de magie. Ce sont toujours nos visiteurs, nos élèves et nos abonnés qui nous servent de sujets. C'est sur des gens connus que nous développons les phénomènes qui étonnent la raison et confondent le jugement.

Plus de doute, plus d'incertitude, la magie est retrouvée : cent faits divers sont là pour attester et prouver ce que nous avançons.

Que sont les récits anciens de cet art singulier où les diables, dit-on, avaient leur bonne part? Un amas de faits sans lien aucun avec les agents connus, quelque chose d'anormal apparaissant au travers du prisme des préjugés et de l'ignorance; la croyance aux esprits, des pactes avec eux, des onguents, des paroles, des signes, et tout un code de formules propres à troubler l'intelligence la plus forte; puis, pour cortége, l'affreuse torture, le bûcher, et des cendres humaines jetées au vent; un fanatisme aveugle, des savants imbéciles, un pouvoir sans limites et des prêtres féroces, qui, au nom d'un Dieu de paix, inondaient la terre de sang humain; des doctrines impies, des lois barbares : voilà ce que nous offre l'histoire.

Le génie comprimé, la nature enchaînée, la civilisation retardée, l'humanité n'existant que de nom, car la barbarie régnait en maîtresse, ayant pour ministres des inquisiteurs, des juges sans scrupules comme sans pitié, un cortége de bourreaux enfin : tel est le tableau du passé.

Quels étaient donc les crimes à punir, les lois à venger? Hélas! c'est la nature que l'on poursuivait sans relâche; ce sont les divines propriétés de l'âme humaine dont on voulait empêcher les manifestations.

O siècles affreux, disparaissez de notre mémoire! Vous ternissez l'histoire, et n'offrirez aux générations à venir que des souvenirs de honte et d'opprobre!

La lumière arrive chaque jour davantage, elle chasse les ténèbres, nous allons pouvoir examiner sans trembler ce qui agitait le monarque sur son trône et tenait les peuples dans la crainte.

Mais comment dérouler à la vue ces tableaux? comment peindre ces scènes où les esprits servent d'intermédiaires? Nous saisissons, il est vrai, les phénomènes, mais l'agent principal de leur existence échappe à tous nos sens. Quel est-il? d'où vient-il? Voilà ce qui cause notre embarras et crée les difficultés que nous rencontrons à chaque instant. La nature, interrogée, répond; mais son langage nous est inconnu. Venez à notre secours, philosophes profonds, savants en toutes choses; aidez-nous dans notre mission : vous écrirez tandis que nous produirons. Mais à quoi servent nos prières? S'il existe des hommes qui savent, ils cachent leurs lumières. Disons plutôt : Notre époque n'a plus de génies profonds, nos académies sont pleines de médiocrités vaniteuses. La science véritable a fui de notre patrie, aucun de ses faux amants ne pourrait aujourd'hui ni nous guider ni même nous comprendre. La tolérance ne vient point d'eux, leur tribunal nous a condamnés cent fois, car ils voulaient détruire ce qui blesse leur vue, ce qui montre leur faiblesse et leur impuissance.

Seul, et sans guide, je vais cheminer dans une route où je puis m'égarer à chaque instant, où mon intelligence peut me faire défaut; mais du moins j'aurai marché en avant, et cet ouvrage, que les savants repousseraient du pied, contiendra ce qui, dans un avenir prochain, servira à accuser ces hommes sans vertu comme sans cœur; car le plus impérieux de leurs devoirs serait d'examiner et d'avertir le monde.

Il sera dit que ce magnétisme humain, cette force où la nature a mis tous ses trésors, où Dieu a déposé son empreinte, dut, pour être reconnu, circuler dans le monde pendant les siècles, comme l'esprit divin répandu sur les eaux du déluge, repoussé parce qu'il était lumière, non point par les hommes simples, *l'âme du simple à tous les regards s'ouvre*, mais par les beaux-esprits de toutes les académies, par les hommes appelés à diriger les nations, et qui ne surent jamais que contrarier la nature, l'affaiblir dans sa puissance et nous la montrer, elle si généreuse, que comme une marâtre se plaisant à tourmenter ses enfants.

Il sera dit que ce qui nous touche de toutes parts, ce qui à l'intérieur nous agite et nous maîtrise, fut longtemps comme s'il n'existait point; que ce principe, la cause et la source de toutes nos sensations, des mouvements de notre être, celui enfin par qui nous sommes, dut être nié jusqu'à nos jours par tous ces hommes aveugles qui ajoutent le blasphème au mensonge, en se disant les interprètes de la nature, eux qui savent moins bien la suivre que le plus faible animal.

Mais jamais ils ne plongèrent donc en eux-mêmes! ils n'eurent donc jamais d'oreilles, puisqu'ils n'entendirent point cette voix secrète, écho mystérieux des choses divines que Dieu a placées dans chaque être! Est-ce qu'ils se meuvent sans reconnaître le mouvement? Leur haine, s'ils n'aimaient point, aurait dû les éclairer; pourquoi restent-ils comme sans vie? Ce feu, que tout à l'heure nous allons montrer à tous les regards, n'a donc point franchi leur enveloppe, et pour devenir savant, faut-il tarir dès l'enfance cette source divine qui, en créant l'être, le revêt de divins attributs!

Je ne m'étonne plus si de tels hommes condamnèrent Socrate à boire la ciguë; s'ils crucifièrent Jésus et laissèrent Jeanne d'Arc monter sur un bûcher, quand je les vois maintenant encore rester étrangers aux merveilles qui se répandent, rire de la vérité nouvelle et nous lancer l'injure et le mépris.

Je me dis : S'ils avaient en main le pouvoir; si l'Institut et les académies réglaient nos destinées, nos yeux ravis ne pourraient pas longtemps contempler les œuvres secrètes de Dieu, et nous ne pourrions lever le voile qui cache les opérations de la nature.

Pardonnez-moi cet exorde, lecteurs, vous ne pouvez vous pénétrer, en ce moment, des sentiments qui m'animent; mais si bientôt vous êtes en possession des plus hautes vérités philosophiques, si je parviens à vous démontrer l'existence irrécusable d'une force douée des plus grandes vertus, loin de me blâmer de mes anathèmes, vous direz : Arrière tous ces fils du mensonge, tous ces douaniers de la pensée, qui n'eurent de rigueur que pour les vérités et les novateurs, qui tourmentèrent sans relâche et sans remords ceux qui d'entre les mortels étaient inspirés de Dieu !

Longtemps les hommes industrieux gardèrent pour eux les secrets qu'ils parvenaient à découvrir, souvent même ils emportèrent au delà du tombeau ce qui eût pu contribuer au bonheur de l'humanité. Je m'explique leur conduite sans l'approuver en rien : celui qui possède seul une chose croit ne la devoir à personne, il en jouit, et son orgueil lui fait éprouver les plaisirs d'un avare en présence de son trésor. Ne sait-il pas, d'ailleurs, qu'aucun ne lui tiendra compte du sacrifice qu'il ferait? Les hommes sont tellement oublieux et ingrats, qu'ils ne se rappellent presque jamais les noms de leurs plus grands bienfaiteurs. Pourquoi donc se montrer généreux? C'est que celui qui découvre doit à Dieu l'inspiration qu'il eut. Il n'est qu'un messager choisi entre beaucoup pour porter une bonne nouvelle; si, devenant infidèle, il garde ce qui lui fut confié, il est coupable d'abord envers les hommes, puis envers Dieu lui-même. Un châtiment l'attend, il ne peut l'éviter. Voilà mon sentiment. Je dirai la vérité, parce que je dois la dire, bien que je sache d'avance qu'elle sera polluée, salie par d'indignes magnétiseurs, et qu'elle en enrichira plusieurs. Il ne me restera pas même cette sorte de gloire qui fait remonter au novateur le bien produit par la chose découverte. Tous bientôt diront : Je savais cela, j'opérais ces merveilles; absolument comme lorsque, publiquement, je rendis l'ouïe à plusieurs sourds-muets, chaque magnétiseur ambulant se vantait d'en avoir fait entendre et parler pour le moins une demi-douzaine. Mais qu'importe! j'espère plus tard les devancer encore.

L'homme, je l'ai déjà dit, a double vie; les savants connaissent bien l'une, celle de la veille, et tous les hommes sur ce sujet sont aussi avancés qu'eux. Les rouages de la machine humaine ont été étudiés avec soin; il reste cependant encore beaucoup à découvrir. Les principaux organes laissent peu de chose à désirer : les anatomistes sont à peu près d'accord; le cerveau seul — c'est l'homme presque tout entier — reste à connaître, la physiologie apprend peu de chose sur lui.

Mais l'être humain a une vie cachée, mystérieuse encore : c'est celle qui commence avec le sommeil, soit qu'il ait lieu naturellement ou par des agents physiques ou chimiques. Ici toute science s'évanouit; le savant est comme le dernier des hommes, il croit que tout se borne à des rêves, qu'il n'y a que des rêves. C'est dire que le soleil, qui pendant toute une journée a éclairé la terre, a cessé d'exister parce qu'il est descendu sous l'horizon, qu'il est couché, pour me servir d'une expression vulgaire. L'intelligence, en tout semblable à la lumière, féconde de ses rayons un autre hémisphère : alternatives d'ombre et de clarté, vie de relation, vie intérieure. Celui qui sait interrompre ce double mouvement, le perturber et le diriger, est déjà magicien, puisqu'il opère un phénomène au-dessus de toute science académique, et je crois en être arrivé là.

Placez près de moi un grand philosophe, comme M. Cousin; un savant physiologiste, comme M. Magendie; d'illustres médecins, comme MM. Bouillaud, Dubois, Gerdy, Velpeau, etc. Je me charge de couvrir tous ces gens-là de confusion; car ils ne comprendront rien à mes œuvres, la cause leur échappera comme celle du choléra et de plusieurs autres maladies. Pourquoi donc en est-il ainsi? C'est que tout vivants ils nient la vie, en rejettent le principe. La force qui les excite, qui leur donne le mouvement, la pensée, est pour eux comme n'existant pas. L'âme, c'est-à-dire la force qui transmue la matière et lui donne des propriétés nouvelles, malheur à celui qui irait en soutenir l'existence au sein de l'Académie : il serait conspué. Ces messieurs ne s'occupent que de sciences *exactes*, et ils y sont si habiles, que chacun de leurs systèmes ne dure en moyenne qu'une année.

L'homme agit sur tout ce qui l'entoure par une force animique : les médecins ne la connaissent point. Des flots de rayons s'échappent de lui dans tous les instants : ils n'ont rien découvert de semblable. La colère, la joie, toutes les passions, enfin, se communiquent par une voie toute physique. Allons donc ! ce sont de pures hypothèses, un savant doit les dédaigner. Toutes les sympathies et leurs contraires ont une cause naturelle, le magnétisme la révèle. Erreur ! diront les sages. Chaque ganglion nerveux rayonne, et envoie au loin un fluide saisissable. On ne le voit point, diront-ils. Attendez, grands hommes, on vous le montrera. Ce fluide a des propriétés autres que celles de produire les mouvements ; il transporte même au dehors du corps des particules vitalisées ; et, comme l'eau acquiert des vertus en passant au travers de certains terrains, ce fluide éprouve des modifications en raison des éléments dont nous sommes composés. Les académies sont encore dans le doute au sujet de l'existence même du fluide nerveux.

Notre pensée se communique, rapide parfois comme l'électricité : les savants ne le croient point, et pourtant, lecteurs, de toutes ces *impossibilités* je vais faire sortir un grand art, le plus magnifique de tous. M'emparant de l'agent méconnu, je le porterai à mon gré sur chaque partie de l'organisme humain, et il y pénétrera lors même que le corps serait enduit de poix-résine ou couvert d'une cuirasse académique. Avec ce levier, je ferai mouvoir la machine ; je ferai plus, j'annihilerai la puissance de l'esprit qui y veille, et c'est alors que, étant moi-même en autrui, ma pensée fera fonctionner le cerveau comme s'il était un de mes propres organes. J'y implanterai, j'y sèmerai mes idées ; elles y germeront, et les faits de magie apparaîtront. Bah ! diront les sages, vous nous faites des contes : ces choses sont impossibles ! — Attendez, géants de la science, vous n'y êtes point encore ; ceci n'est que le commencement, le passé reviendra tout entier.

Bientôt l'aspect de l'être change : dégageant, par artifice, les parties trop chargées, son âme agit d'elle-même, se met de la partie, et un monde nouveau se révèle à nos yeux. Il fait partie de la double manifestation de la vie, dont nous avons parlé. Des communications s'établissent avec de pures essences. Ah ! pour le coup, je vais être pris en flagrant délit d'imposture....! car les purs esprits sont de l'Académie, et ils n'ont, ceux-ci, rien de commun avec la magie et le magnétisme.

Vous le voyez, lecteurs, j'ai presque honte d'affirmer tous ces faits ; que voulez-vous ? Je crois ce que j'ai vu, quoique rien de semblable ne soit consigné dans les annales de notre aréopage. Mais c'est beaucoup trop m'occuper de lui ; cependant je me fais un malin plaisir de vous le présenter avec son auréole ; j'ai tant d'estime pour la science officielle, que je ne puis résister à l'envie de vous en montrer toute la grandeur. Elle est ce que fut le chaos, composée d'éléments divers ; le souffle de vie n'y est point encore, mais il y viendra.

Je puis donc, m'adressant aux illettrés, leur dire : Je vais vous rendre supérieurs, d'abord, à vos grands docteurs, puisque vous aurez pouvoir sur presque toutes les maladies, sans que, comme eux, vous y *perdiez votre latin ;* puis je vais vous montrer, vous faire toucher du doigt le principe et la cause de la plupart des faits *miraculeux* qui servirent de base à toutes les doctrines religieuses, et que l'homme, dans toute sa simplicité, attribuait au démon. C'est ainsi que Jésus fut accusé de magie et d'avoir dérobé la discipline secrète des anciens temples ; car il chassait les diables du corps humain, changeait l'eau en vin, ressuscitait les morts, et enfin guérissait une foule d'incurables par un pouvoir qui passait pour surhumain.

Serait-il donc défendu de rechercher la cause de ces merveilles ? Est-ce une grâce que Dieu accorde à ceux qu'il aime, ou bien une force qui se trouve dans la nature, comme l'électricité? Je suis enclin à penser qu'en nous-mêmes existe cet agent. Qui sait si bientôt l'antiquité ne sera pas surpassée? car voici ce que nous pouvons déjà :

Réunissant en faisceau les rayons de cette lumière, et les portant sur un homme plein de vie, tout s'illumine en lui, sa face a quelque chose de divin; ce n'est plus un être froid, gouverné par les lois habituelles; l'âme n'est plus emprisonnée, son voile est levé.

La matière ne prend donc point la forme humaine d'elle-même : c'est un esprit qui la lui donne. L'art maintenant peut isoler l'esprit de son enveloppe et le faire apparaître de manière à ce qu'il soit saisi. Est-ce une erreur, une illusion? C'est à vérifier. Ce qu'il y a de certain, de positif, c'est la vision. Les sens, affinés magnétiquement, perçoivent. Les choses vues sont-elles des créations du cerveau et toutes imaginaires? rentrent-elles dans le néant, ou bien encore le milieu dans lequel nous vivons est-il rempli de substances intermédiaires? Ces questions ont agité le monde autrefois, et ne furent point résolues; mon sentiment ici n'est rien, les faits vont parler d'eux-mêmes.

OPÉRATIONS COMPLÉMENTAIRES.

Par un acte de mon entendement, je sépare de moi une force, il y a émission; je pourrais la rendre sensible par une expression qui viendra à la pensée de tout lecteur. Cette force est réelle, quoique non visible encore. Déposée sur un corps quelconque, elle s'y fixe comme une essence; puis bientôt elle exerce son action sur ce qui l'environne, et la magie commence : c'est-à-dire que des phénomènes extraordinaires viennent nous frapper d'étonnement. Ce n'est point ce que nous avons voulu qui se manifeste; non, nous sommes tout à fait étranger dès lors à ce qui se passe. Cette force a d'abord la puissance d'attirer à elle les êtres qui sont dans un certain rayon.

Ils s'approchent tremblants, incertains, palpitants; leur visage exprime tour à tour la crainte, la tristesse ou le ravissement.

Toutes les beautés du somnambulisme puységurique sont effacées, pâlissent devant ces seuls traits, qu'il est si difficile de peindre! Magnétiseurs à somnambules, nous vous laissons bien loin maintenant, car ici point de sommeil; l'être veille, et nous allons tout à l'heure montrer le progrès.

Dans le sommeil magnétique, toutes les forces vives étant refoulées vers les centres nerveux, aucune sensibilité ne reste à la surface; l'abandon du corps est complet, et les inspirations résultent d'un travail intérieur de l'âme repliée sur elle-même. Les communications avec l'extérieur ne peuvent s'établir sans rapport, et ce travail doit presque toujours être sollicité; enfin le magnétiseur est l'instrument actif des communications, le somnambule n'agissant point par lui-même.

Dans nos opérations, aucune de ces choses n'a lieu. Les forces vives sont appelées à la périphérie; aucun isolement; sensibilité extrême, exaltation cérébrale; agitation, marche et mouvement volontaires. Les yeux sont ouverts et brillants, la face n'a plus cette teinte terreuse et cadavérique du sommeil; le cœur a des battements tumultueux. On ne saurait s'y méprendre, ce sont deux états différents; ils ont d'ailleurs des résultats qui empêchent d'abord de les confondre.

Quel que soit le ressort secret que l'on ait fait mouvoir, tout est changé, et l'être ainsi placé offre un aspect nouveau de l'humanité. Tout vibre en lui; il éprouve une sorte d'incandescence qui le rend lumineux et qui caractérisait les inspirés : quelque chose de brillant l'environne de toutes parts.

Étonnez-vous, d'après ce court tableau, des merveilles qui vous attendent : ne doivent-elles point se succéder sans relâche? Aussi manquez-vous d'yeux et de sens; car c'est l'inconnu qui vous frappe à chaque instant, et vous ne savez plus bientôt si vous êtes éveillé vous-même ou en proie à des rêves qui sont venus vous saisir.

J'ai remarqué que ces scènes captivent fortement les êtres qui en sont témoins. Aucun cependant n'a trouvé jusqu'à ce jour de termes pour caractériser les faits et les rendre compréhensibles à ceux qui ne les ont point vus. Moi-même j'éprouve qu'il est, pour dépeindre ce que l'on sent comme pour ce que l'on voit, des difficultés insurmontables, et j'avoue mon embarras! J'aimerais beaucoup mieux produire que dire; mais qui donc consignera les faits? Doivent-ils seulement rester dans le souvenir de ceux qui les ont vus, et se perdre ensuite; ou bien dois-je, par une *ébauche*, épeler comme un enfant cet alphabet nouveau de la nature? J'ai le sentiment de ma faiblesse et de mon impuissance, comme j'ai la certitude de mon action. Faire et dire sont deux actes distincts; que les habiles en toutes choses veuillent bien me tirer d'embarras, en me laissant seulement le rôle de machine, je leur serai très-reconnaissant.

Je reprends.

Aucune similitude n'existe entre les phénomènes présentés par plusieurs personnes : tous diffèrent. Si vous laissez l'âme à elle-même, elle manifeste sa tendance, et vous surprenez ce que la vie habituellement cache à tous les yeux : le naturel vrai de l'être. La nature parle *par les organes*, et non plus d'après les convenances de la raison : *in vino veritas*. Ce proverbe pâlit ici, car l'homme troublé par le vin n'a aucune liberté, il est presque apoplectique. Dans l'état magnétique, au contraire, les esprits animaux sont dégagés; les membres, loin d'être appesantis, se meuvent avec aisance et liberté; le poids du corps semble diminué considérablement.

Voilà l'être préparé par la nature elle-même à recevoir toutes les impressions, soit qu'elles viennent du magnétiseur, qui peut exercer sur son sujet une influence considérable, soit qu'elles résultent d'agents insaisissables que l'on peut soupçonner exister dans le milieu où l'on expérimente. On nie l'existence des *esprits*, parce que nos yeux ne nous les font point connaître. Mais toutes les essences qui voyagent dans l'espace, nous ne les voyons point non plus; l'odorat, pourtant, nous avertit de leur présence. Que voyons-nous, que saisissons-nous par les sens? Infiniment peu de choses, et c'est sur leur témoignage seulement que la science fonde ses jugements. Aussi rejette-t-elle tout ce qui est placé en dehors de l'action des sens. L'animal qui, à plusieurs lieues de distance, est averti de l'approche de son maître, n'est point une preuve pour nos hommes à courte vue. Mille faits sont là pour attester l'existence de forces mystérieuses agissant sur nous et nous pénétrant sans cesse. Il faut en dévoiler quelques-unes : c'est par la magie qu'on y arrivera.

Lecteurs, je vais bien vous surprendre en vous avouant mes doutes sur la nature de la cause des perceptions dont je vais vous parler. Je ne croirai d'une manière absolue que lorsque j'aurai vu moi-même les esprits sans corps, et que cent autres hommes les auront aperçus en même temps : il ne me suffit point d'un témoignage et de tout ce qui caractérise la situation extrême du voyant. Mais telle est ma conviction, que j'espère un jour rendre sensibles pour une assemblée entière et pour moi-même, des images réelles de corps qui ne sont plus; car ce qui a été est encore; rien ne périt. C'est à l'art nouveau à nous montrer les formes, les apparences de ce qui s'est dégagé de la matière. Mais si je conserve un doute, il est tout philosophique. Attendez, ne vous précipitez point en avant; on s'égare facilement dans cette route, et l'esprit, en dépassant le vrai, le réel, ne vous laisse pas toujours la possibilité de revenir sur vos pas. Beaucoup de magnétiseurs se sont perdus déjà, et leur raison s'est égarée : ils vivront désormais avec de fausses croyances, et toutes leurs œuvres auront une tache indélébile facile à reconnaître pour les gens sages. Mais le commun des hommes adopte tout sans examen, et c'est ainsi que l'humanité se trouve encore sous l'empire de croyances qui n'ont pour appui que les rêves d'insensés.

Ce qui va suivre est encore, en grande partie, extrait du *Journal du Magnétisme* (1), et je le transcris de même que ce qui précède ces réflexions.

---

(1) Voir les années 1849, 1850 et 1851.

MIROIR MAGIQUE.

J'ai tracé sur le parquet un disque avec du charbon; ce signe n'a aucune vertu par lui-même, mais il en acquiert une fort grande lorsqu'il est tracé dans certaine disposition d'esprit. Le fer n'a aucune des propriétés magnétiques non plus, mais il les acquiert par l'approche seule d'une pierre d'aimant. Et qu'est-ce que le magnétisme minéral auprès du magnétisme humain? Lorsque le signe magique a en puissance la propriété que vous y avez imprimée, vous n'avez plus besoin d'autre préparation. Couvrez-le jusqu'à ce que vous soyez en mesure de commencer l'expérience.

Evitez les senteurs et tout ce qui frappe les sens, le bruit surtout. Soyez calme et tranquille; n'ayez point l'intention d'agir par vous-même, cela nuirait à l'expérience et en dénaturerait les résultats. Préparez-vous seulement aux éventualités d'accidents nombreux dont plusieurs seront à redouter. Soyez vif et prompt dans les déterminations que vous aurez à prendre, car les émotions qu'éprouvent les expérimentés font déborder leur sensibilité, et il faut que vous arriviez à temps pour les saisir et les transporter loin du signe magique. Empêchez-leur, autant que possible, tout contact étranger, et préservez-vous-en vous-même.

Faites qu'il y ait autour de vous un espace assez grand pour vous mouvoir librement, ainsi que l'expérimenté, qui décrira des cercles autour de ce signe. Ayez, si vous voulez, un siége bas, et sans dossier; car souvent le voyant cherche à s'approcher très-près du signe, il se penche et finit par se précipiter à terre. Ayez encore un couvercle opaque pour couvrir instantanément le signe en cas de besoin; car souvent les émotions sont si grandes, les frayeurs si terribles, que si vous ne dérobez pas à la vue l'endroit d'où partent et se montrent les images, il vous sera presque impossible de conserver votre empire sur le sujet. Ne soyez point ému vous-même, car vous deviendriez inhabile à calmer les désordres nerveux. Songez que vous ne connaissez point encore la résistance que peuvent offrir les organes aux forces vives qui, dans cette circonstance, paraissent quintuplées. Ce que l'on voit dépasse de bien loin ce qui se montre dans les affections nerveuses, soit qu'elles proviennent d'une altération du cerveau ou d'un dérangement dans les fonctions de la vie organique.

Ne vous laissez point prendre au charme qu'éprouve parfois le voyant : les choses flatteuses qu'il perçoit ne durent que peu d'instants ; elles sont bientôt remplacées par des terreurs soudaines. Hélas ! ici se déroule le drame de la vie, seulement la sensibilité est bien plus grande et la raison n'est plus là pour en contrebalancer les effets et la puissance. Le livre de la vie se déroule, et chaque page se lit dans un instant. Mortels, vous voulez connaître votre destinée; vous brûlez d'impatience et d'envie; chacun de vous veut dépasser le temps. Imprudents que vous êtes, laissez s'accomplir les événements! Si ce n'est point la sagesse et la science qui vous guident, vous cherchez les pages heureuses : tout ce qui donne satisfaction à vos faux besoins, à vos passions. Voyez donc tout ce que cela va vous coûter d'ennuis, de déceptions, de peines et d'angoisses. Un vase d'or peut contenir de la lie ou du poison. Les joies qui nous sont réservées ne se trouvent que dans nos rêves ; les réalités cruelles accompagnent chacun de nos pas. Le sage n'a pas besoin de bandeau, il en faut un sur la vue du vulgaire. Mais, que parlé-je de sagesse! en est-il ajourd'hui chez les hommes? Et moi-même, dans cet instant, en livrant au public cette ébauche de science antique, qui jamais ne sortit en vain du temple, sais-je bien ce que je fais, ce qui m'attend?

Peu confiant dans l'avenir, je n'ai pas voulu qu'il me fût révélé, tant je dois peu compter sur mes forces morales. L'avenir!.... tous n'en ont pas; plusieurs doivent finir avant la fin de la journée. L'avenir!... c'est pour les uns l'infamie, le bagne, l'hôpital; la maladie longue et cruelle attend presque chacun de nous, tant nous savons peu vivre et dépenser notre vie. Insensé, qui compte sur le repos et les joies! interroge donc ceux qui t'entourent; vois leurs tourments, et juge de leur bonheur par la fin qu'ils feront!

Rien n'éclaire l'homme : présentez-lui une loi de conservation, il la dédaigne ou ne s'y arrête point; montrez-lui, à travers tous les périls, une mine d'or, il sera comme un fou, rien ne l'arrêtera dans sa course.

Heureusement la vérité nouvelle n'est point de celles qu'on peut posséder tout à coup; elle a ses mystères, ses difficultés, et lorsque nous vîmes nos premiers essais parodiés dans leur reproduction, nous savions bien qu'on ne pouvait franchir la limite sans être instruit des règles.

Je reviens au signe magique.

Premier fait.

Toutes précautions prises, vous laissez aller les choses. Le voyant perd bientôt la conscience de son être; le regard sans cesse tourné vers le centre magique, il tourbillonne emporté, soulevé par des forces inconnues, et la lumière des immortels vient pénétrer son âme. Il sent de rudes secousses : la nature sans doute a besoin qu'il en soit ainsi, c'est un *rapprochement* ou une *union* intime et parfaite. Voilà les combats allégoriques des fables anciennes. Les savants n'ont jamais pu en déchiffrer le sens, et ils les ont rejetées comme de purs jeux de l'esprit.

A côté du savoir se cache donc une ignorance profonde. Non, ils ne connaissent point la nature, ces savants glacés et rétrécis; ils manquent même d'instinct, car la seule vue d'un fait simple de magnétisme leur eût fait concevoir une révolution profonde dans l'humanité!

Jusqu'ici rien encore que des mouvements; c'est le feu souterrain qui remue les roches et les crevasse. Attendez, l'instant va venir où, comme la Pythie, le voyant rendra ses oracles. Il voit, mais nul ne sait encore ce qu'il aperçoit. Il pleure, car sa mère est apparue;

ses larmes sont douces et salutaires. Il voit celle qui lui donna le jour, il la contemple avec transport et ravissement. D'abord il n'a vu que sa face, puis successivement elle s'élève devant lui; il veut sentir ses étreintes, entendre sa voix. L'*ombre* sourit et semble l'inviter du regard et du geste; mais bientôt je romps la chaîne établie entre les vivants et les morts, et tout s'évanouit.

Est-ce un songe, une pure vision, un rêve seulement? Il n'importe; c'est encore mon secret.

L'état du voyant ne peut offrir d'objets de comparaison. Il est couvert de sueur, il éprouve dans les membres des tressaillements répétés qui le soulèvent et le secouent fortement. On remarque une vive animation de la face, des pleurs coulent avec abondance de ses yeux. Quoique très-éloigné du lieu d'expérimentation, entouré d'une foule nombreuse, il dirige sans cesse ses yeux dans la direction du signe magique, semble faire appel à ses souvenirs, et s'écrie : *Je viens d'être bien heureux!* Il se plaint que l'on n'ait point prolongé sa vision, et tend à nous échapper en se levant brusquement pour retourner au salon. On le calme d'abord avec difficulté. Il s'écrie : *Pourquoi m'avoir dérangé? Comme j'étais heureux! Laissez-moi revoir ma mère!* Ses impressions s'effacent enfin; il rit, et demande avec une sorte d'anxiété pourquoi il est à cette place, ce qui lui est arrivé.

Deuxième fait.

Mais pendant ce temps, malgré mon absence, deux personnes de l'assemblée, saisies, impressionnées par le signe magique, s'étaient levées avec effort d'abord, puis étaient venues d'elles-mêmes tourner autour du miroir, où, se rencontrant, elles se regardaient d'une manière singulière. Elles semblaient vouloir chacune jouir seule et sans partage de la vue des merveilleuses images visibles pour toutes deux sur la surface noircie. Un assistant, sur une parole de moi, s'approche pour séparer les deux voyants prêts à se quereller; il est rejeté à cinq ou six pas par un mouvement du bras de l'un d'eux, *mouvement qui nous a semblé à tous n'avoir rien de violent.* L'étonnement de ce monsieur est partagé par tous les assistants, tous semblent se demander d'où est venue cette force dont l'effet a été si inconcevable. Enfin j'interviens moi-même, et les deux voyants deviennent pacifiques. L'un s'agenouille, approche son visage du signe magique, sa tête oscille d'une étrange manière; on pourrait croire qu'il s'échappe une flamme invisible de ce centre mystérieux, à en juger par les mouvements de va-et-vient que le voyant exécute. Il pousse des éclats d'un rire étrange. Il voit : ce sont de petits bonshommes qui dansent une ronde, enlacés l'un à l'autre, et semblent vouloir entraîner dans leur cercle le voyant lui-même.

Bientôt, en effet, celui-ci se lève, toujours en riant, et s'écrie : *Mais ils sont trop petits !* Et pourtant il se met à danser, d'abord lentement; puis, s'animant, il se livre à la danse avec une sorte de fureur, en riant, en riant toujours du même rire. L'assemblée a cessé de conserver son sérieux : le rire a gagné tout le monde, et je ne pense pas que jamais joie se soit communiquée avec une telle rapidité.

Troisième fait.

Mais l'autre voyant, que faisait-il pendant ce temps ? Il ne riait point, au contraire; d'un sérieux de glace, il plongeait ses yeux pleins de feu sur le signe. Saisi bientôt de mouvements convulsifs, il dit voir monter graduellement une tête hideuse; le monstre humain s'élevant de plus en plus, le sujet est rempli de terreur, ses dents se serrent, il recule; mais, enchaîné à l'être qui apparaît, il faut qu'il s'en approche, et on peut étudier tous les effets de la peur et de la contrainte, toutes les terreurs que pourrait causer la vue d'un spectre qui n'aurait rien d'imaginaire.

Je calme ces deux personnes. Pendant quelques instants, un vague souvenir leur reste de ce qu'elles ont perçu; puis plus rien, le calme ordinaire a reparu, tandis que de son côté toute l'assemblée a conservé ses émotions pour ne les perdre jamais complétement, sans doute; car la mémoire de chacun reproduira souvent à l'esprit ces scènes inimitables, qui ne pourraient être surpassées lors même que les images se seraient montrées à tous comme au voyant.

J'omets ici bien des particularités intéressantes, je ne décris que les accidents les plus grossiers, les plus matériels; car il me serait difficile de rendre les mouvements de l'âme des voyants, cette finesse des traits de leur face, ces mouvements si changeants, l'expression de leurs regards, toutes choses, enfin, qui ne peuvent se traduire par des mots.

Ai-je bien vu ces étranges choses, en plein jour, offertes à mes regards par des gens qui n'avaient point pris d'opium? Je le certifie, et des centaines de personnes appuieraient au besoin mon témoignage. Les sujets soumis aux épreuves sont-ils malades et en proie à quelque accès de fièvre? Pas le moins du monde, ils se portent parfaitement. Font-ils, du moins, des études, des recherches sur les choses occultes? Nous pouvons garantir qu'ils sont tout à fait étrangers à cet ordre de travaux. Ont-ils enfin été soumis à de nombreux accès de somnambulisme magnétique, et le magnétiseur leur a-t-il inculqué ses propres idées? Il n'en est rien absolument; aucun précédent, aucune fréquentation, si ce n'est pendant la séance. Je puis affirmer que ce que voient les magnétisés n'est point dans ma pensée, par la raison que mon esprit n'avait jamais pu croire, jusqu'à ce jour, aux prodiges surhumains de la magie, et que ma surprise égale celle de chacun des assistants.

On a fabriqué des miroirs pour voir les corps, pourquoi n'en pourrait-on faire qui rendissent visibles les âmes ou les esprits? Il me semble entendre crier à l'absurde, ne pouvant pas m'accuser de charlatanisme; car je ne me place point dans l'ombre, et mes mains n'ont jamais touché d'argent venant de mes démonstrations. J'ai bien peur de rencontrer sur mon chemin la sottise humaine et l'inconséquence des gens qui se croient raisonnables. Interrogez chaque homme parvenu à sa maturité, sur les choses singulières de sa vie ; il n'en est aucun qui ne vous réponde que quelque chose de mystérieux l'a frappé parfois, qu'il a eu des avertissements de personnes mortes ou mourantes, des pressentiments, des visions; que tous les graves événements qui lui sont arrivés ont plus ou moins été pressentis par lui ou par les êtres avec qui il vivait, etc., etc. ; quelques-uns même vont si loin dans les détails, que la raison refuse de les suivre. Quoi donc d'étonnant jusqu'ici dans mes récits? Ils sont au-dessous des faits recueillis et qui se conservent dans les croyances des hommes. Tout à l'heure je dépasserai peut-être la démarcation, mais je veux être le seul garant de la vérité de mes descriptions, et je ne m'appuierai que sur ce qui sera le résultat de mes expérimentations.

Continuons.

Quatrième fait.

Le signe magique est découvert. Bientôt une jeune fille, qui n'a encore assisté à aucune de mes démonstrations, est prise de tiraillements dans les membres; elle se sent attirée vers le centre magnétique et fait d'incroyables efforts pour résister à cette attraction ; ses efforts sont vains. Elle se penche toute tremblante, frémit, pleure, rit, se lamente. La voyant fatiguée, j'approche un siége ; elle s'assied sans se retourner ni perdre de vue ce qui a frappé ses regards. Alors elle veut fuir, mais elle ne peut se tenir debout ; elle se déplace pourtant, et nous la voyons tourner rapidement sans cesser d'être assise et accroupie; le siége (c'est une sorte de cube solide en bois) tourne avec elle. Ce n'est point la force et l'agilité humaines qui semblent produire les mouvements, ils sont inimitables. Éloignée, elle est prise d'un rire convulsif, et malgré l'insistance de plusieurs personnes, elle ne veut point dire ce qu'elle a vu. *Jamais*, dit-elle, *je ne le dirai; c'est trop drôle.* A son seul souvenir elle rit plus fort. Ce n'est qu'en l'entraînant au loin que nous parvenons à la calmer; mais, pendant tout le temps de son agitation, elle répète : *Comme c'est drôle ! comme c'est drôle !*

Cinquième fait.

Voulant, pour d'autres épreuves, dérober le signe magique à la vue, je m'avisai de réduire en poussière très-fine un peu de terre prise il y a plusieurs années dans un tombeau druidique : ce tombeau renfermait des ossements humains qui depuis vingt siècles au moins n'avaient point vu le jour. Cette terre prise au milieu de ces débris antiques était conservée par moi sans idées préconçues, et au moment de l'expérience je n'y attachais aucune importance : je m'en servais comme je me serais servi de cendre ou de poussière de bois; c'est seul, et plusieurs jours avant les épreuves, que je la déposai sur le miroir. Aucune personne n'était confidente de mes projets, comme encore aujourd'hui : j'agis sans communiquer à qui que ce soit mes idées sur la magie. J'éloigne même toute conversation sur ce sujet.

Le dimanche vient. Après quelques expériences de magnétisme simple, je découvre aux regards de toute l'assemblée le signe magique ainsi dissimulé. L'effet en fut prompt, il eut quelque chose de terrible. Un homme d'une trentaine d'années, employé à l'imprimerie nationale, tout à fait étranger aux recherches magnétiques, assistant aux séances pour la première fois, regarde avec attention cette poussière jaunâtre. Bientôt il s'agite sur son siége, se lève, s'approche tout tremblant, et s'écrie : *Je vois du sang, des cadavres, leurs entrailles sont arrachées.* Saisi d'effroi, il tremble, il veut s'enfuir; mais une force secrète le ramène aussitôt. Nous l'emportons rapidement; il était sans connaissance, et cette syncope dura quatre ou cinq minutes. Il n'avait aucun souvenir.

Sixième fait.

Une jeune femme est ensuite attirée. Saisie des mêmes terreurs à la vue du sang répandu, elle voit des entrailles humaines dans une sorte de cuvette, les cadavres s'agitent sous ses yeux, et bientôt, se trouvant mal, nous l'emportons sans qu'elle ait la conscience de ce que nous faisons. Remise de ses craintes et de ses terreurs, on l'interroge en vain : il ne lui reste pas même un faible souvenir des perceptions de son esprit.

Le plus étonné de tous les assistants, c'était moi, ou plutôt mon étonnement était bien différent du leur. Par quel mystère incompréhensible ces choses étaient-elles apparues? L'endroit où j'avais pris cette terre renfermait cinq squelettes : l'un des voyants vit cinq cadavres. Je le répète, non, personne n'était dans mon secret, et cette poussière, pour moi, n'était susceptible d'aucune vertu. Il ne peut donc y avoir eu ici transmission de pensée, car rien de semblable à ce qui venait de se passer n'avait été dans mes idées.

Non, non, il y a ici quelque chose qui dépasse notre raison. Le surnaturel se montre lorsque je voudrais en nier l'existence. J'ai beau chercher à rejeter tout sur l'illusion, l'illusion est pour celui qui ne veut point voir et chercher à comprendre ; elle est dans le cerveau de celui qui pense que tout est découvert, et que le principe qui nous anime périt ou se désunit comme la matière.

Sur ce chemin je ne saurais m'arrêter; je dois avancer ou reculer promptement. M'en tenir aux croyances vulgaires de la science ou rester dans le doute, ce serait une sorte de lâcheté que je me reprocherais plus tard; j'aurais sans doute l'approbation des gens *raisonnables*, de ceux-là même qui nièrent l'existence du magnétisme pendant de longues années, de tous ceux à qui la nature refuse de parler. Je ne veux point rester comme un homme qui, ayant un nouvel organe, refuserait de s'en servir. J'avancerai donc, quel que soit le jugement porté sur moi; ce n'est point un vain désir de savoir qui m'entraîne, un besoin de surpasser les magnétistes, non; c'est la vérité réelle et puissante qui m'incite et me pousse en avant. L'homme qui a vu la lumière du jour doit-il, parce qu'il ne la comprend pas, fermer à jamais ses paupières et vivre dans l'obscurité, dédaignant les beautés offertes à ses regards par la nature entière? Et si, par une grande faveur, mes sens ont découvert quelque chose d'inconnu, me serait-il permis, sans cesser d'être homme, de ne point y appliquer toutes mes facultés?

Ma marche sera vacillante, car je n'ai point de maître; j'ai des livres, sans doute, mais ils sont pour moi autant d'hiéroglyphes. La magie était connue des hommes autrefois, je ne puis en rejeter l'évidence. On a cessé de savoir et de comprendre; pourquoi s'en étonner? Bien des villes puissantes sont cachées sous l'herbe sans qu'on sache rien des mœurs et des croyances de ceux qui les habitaient; leurs arts, leurs sciences sont oubliés; on trouve des débris, des fragments de monuments, c'est tout. Les livres anciens sont également incompris; il me fallut trente ans pour savoir qu'ils avaient un sens, tandis que mes mains et mon intelligence pouvaient me fournir, dès le premier jour, les preuves sans réplique qu'ils étaient écrits non pour tromper, mais pour engager les hommes à rechercher les vérités qui étaient cachées sous leurs emblèmes et leurs paraboles.

Les savants de notre temps ont-ils tout découvert? La poudre à canon était connue bien avant la création des académies. L'aimant, la vapeur et l'électricité n'étaient point ignorés des anciens. Les ballons; belle chose, ma foi! Des hommes existèrent, dans l'antiquité, qui surent s'élever fort haut sans cette grossière invention. Les télégraphes ne sont rien près des moyens de communication possédés par les Chinois. Nos savants ont inventé beaucoup de mots nouveaux; mais, en revanche, ils nièrent avec obstination la découverte de Mesmer, celle de Fulton; et si nous sommes en progrès sur quelques points, ce n'est point à leurs encouragements, à leurs efforts, que nous en sommes redevables, car ils nous manquèrent toujours.

Puissante intelligence de l'homme, les savants ont coupé tes ailes! Chaque fois que tu voulus prendre ton essor, tu les vis paralyser tes efforts et te contraindre à rester dans le cercle qu'ils avaient tracé. Le lit de Procuste est sous le dôme de notre Institut. On raccourcit tout ce qui dépasse une certaine dimension. Les corps peuvent grandir, s'allonger; mais l'esprit doit se rapetisser. L'immensité est devant nos yeux, c'est à nous de comprendre; les interprètes de notre religion nous le défendent, ils nous montrent l'enfer comme peine réservée à ce péché. La science, aussi absolue et non moins barbare, a toujours flétri ce qui n'était point dans le catalogue de ses études.

Conditions et résumé.

Je n'ai point pour auxiliaire ce qui paraissait indispensable dans l'antiquité : le silence des souterrains et l'antre de Trophonius, l'épaisseur des forêts, la nuit qui seule remplit de terreur la plupart des humains, le bruit du vent et de la tempête, les éclats de la foudre; point de lampe sépulcrale, rien enfin de ce qui émeut et place moralement dans une situation où tous les sens ont un surcroît d'activité ou de sensibilité, où tous les soupiraux de l'âme sont ouverts.

Ce n'est point dans un vieux manoir rempli de sombres souvenirs, près d'un cimetière où les morts apparaissent, que je me place pour agir. Je n'ai point de grimoire ni d'objets consacrés, point de verveine, de buis bénit, aucune baguette magique. Je ne fais nulle invocation, aucune prière. J'ignore même si toutes ces choses ont les vertus qu'on leur attribue.

Ce n'est pas dans une chambre étoilée, présentant çà et là des débris humains, que se font mes opérations; pas la plus petite main de gloire, ni de corde de pendu ou de graisse de supplicié; aucune drogue, aucun parfum. Je crois que ceux qui se servent de ces derniers moyens savent les mots sans savoir les choses, et ne peuvent agir que sur les imaginations faibles ou malades.

Je n'ai point d'esprits familiers qui, recevant mes ordres, exécutent mes volontés (un magnétiseur m'accorde gratuitement ce privilége). Je n'ai jamais de ma vie avancé une pareille chose; mais si elle était fondée, j'oserais certainement l'avouer. J'éprouve sans doute un certain ébranlement dans tout mon être, je puis dire que je sens en moi quelque chose d'inaccoutumé. Lorsque les expériences doivent avoir un résultat, je participe en quelque sorte à ce qui se passe; mon organisation me paraît quelque peu enchaînée, je puis me croire une pièce essentielle, indispensable même, un élément enfin nécessaire pour que les faits de magie magnétique aient lieu. Voilà tout. Le reste tient assurément aux préparations préalables. Je fais taire en moi toute idée qui ne se rapporte point à mon sujet même, et je n'envisage que le terme, qui toujours demande une grande prudence et une grande attention.

Je me réduits volontairement au rôle d'instrument, je cherche seulement à ce qu'il approche d'une sorte de perfection. Ayant entrevu ce qu'une machine humaine peut produire en la plaçant dans certaines conditions, je cherche à les remplir. Je sais très-peu, mais si j'avais été bien renseigné à mon point de départ, j'eusse été le premier de tous les magnétiseurs. Pardonnez-moi cette appréciation flatteuse de moi-même, lecteurs; je vous initie à un art nouveau, j'ai besoin de me dévoiler à vos yeux pour me faire mieux comprendre. Vous verrez bientôt qu'aucun de ces détails ne sera inutile. *Je suis sorcier, magicien*, cela résulte évidemment de mes œuvres. J'ai donc encore un secret? Sans doute; mais, quel est-il? Ceci est une demande indiscrète à laquelle je ne suis pas tenu de répondre tout d'abord. D'ailleurs je vous tromperais si je vous disais : c'est ceci ou cela; car moi-même je ne saurais donner un nom à ce qui n'en a pas; mais je chercherai, par des figures et des comparaisons, à vous faire comprendre un grand mystère.

La vérité fut connue de bien des hommes; ils trouvèrent sur leur route ce qui n'existe plus, ce que l'on cherche à rétablir : les préjugés religieux armés de la loi et du glaive. Ils trouvèrent dans chaque homme d'église un censeur inexorable, ne laissant jamais à la pensée humaine son libre essor, prenant soin de penser pour tous sur les facultés de l'âme, et exigeant qu'on n'allât point au delà. C'est ainsi que tant de livres précieux furent brûlés par la main du bourreau; c'est ainsi que tant d'hommes périrent d'une mort funeste pour avoir voulu faire cesser l'ignorance, en montrant à tous l'origine et la source des faits miraculeux. Mais ces tourmenteurs de la pensée sont bien punis maintenant : les chaînes sont rompues; ne voulant pas marcher, le monde les a devancés, et c'est ainsi que nous pouvons prévoir et annoncer les plus grands changements dans l'humanité. Dieu me garde pourtant de formuler ces changements: on me prendrait pour un socialiste tout rouge. Et cependant, lecteurs, rappelez-vous ce qu'ont fait l'imprimerie, la poudre à canon, la vapeur, l'électricité. Ah! je vous le dis, le monde n'est jamais modifié par des discours, mais seulement par des découvertes, et le magnétisme est la plus grande de toutes.

Je reviens aux expériences.

La salle où elles se font, quoique grande, peut à peine contenir les curieux. La partie réservée pour mes opérations est de deux ou trois mètres carrés. Le signe magique, dont je varie à mon gré les dimensions, offre une surface diamétrale d'environ douze centimètres. Couvert d'un corps opaque avant les expériences, son action ne se remarque point; mais aussitôt qu'il est découvert, les yeux des spectateurs se dirigent sur lui. Chacun se demande d'où lui vient sa vertu, et plusieurs doutent même qu'il en ait aucune. Attendez, incrédules; tout à l'heure vous serez saisis d'étonnement, peut-être vous-mêmes offrirez-vous la curieuse preuve que la force magique est indépendante de la croyance.

Dès que la surface magique est découverte, je m'éloigne, en me tenant seulement attentif. Alors il est facile de reconnaître quels sont ceux des spectateurs que le charme atteindra. Leurs traits s'altèrent; il y a dans leur regard quelque chose d'inquiet; leur corps est tourmenté; ils cessent bientôt d'être distraits et semblent ne considérer qu'une chose, le signe magique. Leurs yeux deviennent ardents, expressifs; on peut aussi remarquer une légère flexion de la tête et du tronc, ainsi que de faibles tremblements. Au bout de quelques minutes, trois ou quatre en moyenne, ils se penchent fortement en avant, une sorte d'aimant les attire; ils se lèvent enfin, tournent autour du miroir, s'arrêtent auprès de lui et s'inclinent presque jusqu'à terre. Quelquefois même, par un mouvement brusque et rapide, ils se jettent sur le parquet et enlacent de leurs bras la circonférence du signe.

On ne peut douter qu'ils voient: la certitude en est acquise par leur pantomime expressive. Une sorte de monologue intérieur a lieu. Muets d'abord, ils ne tardent point à jeter au vent quelques syllabes qui sont le résultat d'impressions et de visions. Dans une des épreuves, nous entendîmes ces mots: *Le lâche!.... On te trompe;.... non signée....* — Qu'est-ce? lui dis-je, que voulez-vous dire? — C'est... un tel, journaliste; *il est à son bureau; il reçoit une lettre anonyme: c'est une dénonciation calomnieuse,* etc., etc...

Un autre voyant aperçoit un monsieur et une jeune dame faisant de la musique. Le chant a cessé ; il s'impatiente, et nous l'entendons avec surprise entonner d'une voix superbe un morceau de musique inconnu de tous, celui-là même qu'il croyait avoir entendu. Puis, s'arrêtant, il écoute de nouveau ; mais le chant ne continuant pas, il s'écrie avec emportement : *Chantez donc ! chantez donc !* Les personnages vus s'obstinant à ne plus chanter, il recommence le morceau, et nous plonge dans une sorte de ravissement ; car sa voix, d'une grande étendue et d'une justesse parfaite, avait quelque chose de surhumain.

Un autre encore voit une jeune femme ; il l'examine en silence d'abord ; puis s'impatiente : *Je ne vois point son pied*, dit-il. Il tourne, se penche, paraît contrarié ; mais le pied de la charmante femme apparue ne peut être aperçu, au grand déplaisir du voyant, qui témoigne de son dépit en frappant le sol.

Ces sortes de visions étonnent, émeuvent le spectateur ; il peut saisir les mouvements de l'âme du voyant et surprendre une petite partie de l'effet produit par les apparitions diverses qui se présentent à lui.

Y aurait-il en nous une puissance créatrice à laquelle serait due la formation de ces images, qui, dans ce cas, seraient vues en nous-mêmes, à leur source, et non point extérieurement, comme se l'imaginent les voyants, trompés comme nous par leurs songes ? Mais les rêves eux-mêmes, est-on bien certain qu'ils soient tous dus à des causes ayant leurs racines dans ce qui constitue notre être, dans notre sang, nos nerfs ou nos humeurs ? L'extérieur, les forces qui nous environnent de toutes parts, le milieu enfin dans lequel nous vivons, ont-ils action sur nous ? Ce qui constitue ces divers agents peut-il enfanter, créer, arranger ce monde singulier dont nous avons la perception dans notre sommeil, — ou bien y aurait-il quelque chose de supérieur à notre intelligence, à notre puissance, un monde d'esprits sans corps, pouvant pénétrer la matière, se laissant apercevoir par intervalles seulement, dans les moments où l'âme émue, projetant sa lumière au dehors de notre enveloppe, entrerait en communication avec les invisibles ?

RÉNOVATION DE LA MAGIE.

Les essences spirituelles, s'il en existe, auraient-elles donc des affinités avec ce qu'il y a de plus pur en nous, et de ces communications, de ces rapports naîtrait-il quelque chose de mixte, ayant aussi quelque puissance, existant dès lors dans l'espace et y jouant un rôle? On sent bien que je ne veux point chercher à résoudre ces questions. Un enfant ne peut marcher comme un géant : mon cerveau est beaucoup trop petit pour qu'il en sorte de grandes idées. Mais, si faible que je sois relativement à nos grands savants, il m'est permis pourtant de jeter un regard sur ce qui m'est propre, et d'avoir le sentiment des choses.

Je vois des phénomènes inconcevables; ils se produisent par l'émission d'une force ou agent venant de ma propre organisation. Ne sort-il point de la même source la faculté de créer des êtres ayant vie et puissance? La vie donne la vie, qu'importe l'organe employé! La nature n'a-t-elle qu'une voie, qu'un moyen? Qui donc oserait limiter ses œuvres?

Je touche à la partie secrète de la magie. Il faut que le lecteur qui veut avancer dans cette science devine ce que je ne puis encore dire; il faut qu'il s'assure que beaucoup de choses sont possibles quoique rejetées par notre raison. Est-ce que le principe qui nous anime n'a pas été sans corps? Est-ce que sa forme, quoique invisible, n'était pas très-réelle? Est-ce que le chêne n'est pas dans le gland, quoique nos yeux ne l'y voient point? Juger par les yeux, c'est s'exposer à commettre les plus graves erreurs!...... Quoi! il faudrait, pour juger l'effet d'une substance ingérée dans nos organes, qu'elle rendît perceptible son action par une série de phénomènes physiques! Est-ce que nous ne sommes pas modifiés à chaque instant par des agents que nous n'apercevons point? O triste science que celle qui borne tout à la portée de nos sens! Chaque pulsation nous modifie, chaque émotion porte le trouble dans notre être. Se sent-on grandir ou décroître? Ce qui nous échappe est justement ce qui nous constitue : la vie est répandue dans toute la nature, nous n'en voyons que les plus grossiers effets.

Sait-on bien la cause de ces terreurs paniques dont l'histoire est remplie ? Comment se fait-il que des milliers d'hommes soient saisis au même instant de la même crainte, du même effroi ? Avez-vous découvert l'agent de ces terreurs soudaines ? J'ai vu des animaux sortir tout à coup de leur tranquillité habituelle, sans que rien d'apparent et de nouveau pût les exciter. Je les ai vus hérisser leurs poils, fuir, se cacher, chercher un refuge jusque dans les jambes de leurs maîtres; flairer, éventer, non près des portes, mais dans l'air, comme si ce milieu renfermait ou venait de donner passage à leur ennemi.

Chez tous les peuples, dans tous les coins de la terre habitée, on trouve établie cette croyance : Les ombres des morts apparaissent parfois aux vivants. Il y a des esprits, de bons et de mauvais génies, des messagers célestes, des anges de lumière, des démons. Les morts errent longtemps sur la terre, ils peuvent se rendre visibles aux vivants. Ils hantent certains lieux et ont action sur nous. On peut les conjurer, apaiser leur courroux, les éloigner, les rendre secourables, etc... — Comment, par quel mystère inconcevable les mêmes idées ont-elles pu prendre racine dans le monde entier et survivre aux combats livrés par la *raison ?* L'Écriture a confirmé ces croyances, elle leur a donné une sanction telle, qu'à moins de rejeter complétement les livres saints, vous ne pouvez refuser de croire à la réalité de ce qui fait le fond du sujet que nous traitons. Effacez de vos archives, de vos monuments les plus vieux toutes traces de croyances; et si la pierre ne parle plus à vos sens, vous retrouverez en vous-mêmes l'écho mystérieux d'un monde inconnu, celui qui plane sur vous, et dont l'action, quoique invisible, n'est pas moins réelle.

Que l'on ait dénaturé la vérité en la revêtissant de tous les préjugés; que l'imagination des hommes s'en soit emparée pour la traduire selon le caprice de chacun, en est-elle moins vérité pour cela ? Une monnaie altérée, remise au creuset, peut être séparée de son alliage impur. Sans doute on a souvent trompé les hommes en leur imposant des croyances sacriléges; mais la nature n'est point complice de ces méfaits : constante dans ses lois, elle défie toute atteinte. Ce qui était son œuvre hier l'est aujourd'hui et le sera demain. C'est aux hommes à lever son voile et à l'imiter dans ses opérations. Ne se sont-ils pas emparés de la foudre, et n'ont-ils pas appris à la diriger? L'air, le feu, tout leur est soumis dans le monde matériel. Mais que sont toutes ces combinaisons auprès de ce qu'ils peuvent dans l'ordre spirituel? Est-ce parce que les *savants* ont dit : Vous n'y pouvez rien, que rien ne serait possible? Le magnétisme est plus que suffisant pour prouver leur erreur; car si, d'un côté, il touche au domaine physique, son dernier anneau est dans l'infini en rapport avec de pures essences.

Je n'ai point l'amour du merveilleux, je trouve même que le magnétisme en contient trop; mais si des faits inouïs se sont montrés, dois-je les rejeter ou n'en tenir aucun compte? Le doute serait une injure au bon sens. Esprits forts, rejetez d'abord la foi de vos pères; reniez Dieu, devenez athées, faites-vous idiots, — cela est possible, — on peut faire pour les facultés de l'esprit ce qu'on fait pour les sens, les atteindre, les modifier, les détruire, — vous n'aurez rien fait encore; car, si faible qu'elle soit, il restera toujours en vous une lumière que vous ne vous êtes point donnée, qui est immortelle et a des affinités secrètes et cachées.

En voici une preuve évidente :

De curieuses expériences étaient commencées; déjà des résultats frappaient d'étonnement les spectateurs, dont plusieurs offraient l'indice de l'action exercée sur eux par le miroir. Quelques visions avaient eu lieu. Une dame, forte d'organisation autant que de caractère, avait jusque-là manifesté son incrédulité; souriant à chaque fait nouveau, elle se présentait à mon esprit comme elle avait dit être : incrédule. Placée près d'une fenêtre, on la vit tout à coup s'agiter sur son siége, puis pousser devant elle les personnes qui faisaient obstacle à son passage. Son beau-frère, qui l'avait amenée, ne comprenant pas d'abord son intention, se leva pour la retenir : il reçut deux soufflets appliqués avec une adresse et une dextérité de mouvement impossibles dans un état ordinaire. Puis, s'élançant à travers tous les obstacles, elle arrive au signe magique en maltraitant trois personnes qui y plongeaient leurs regards, et, dardant ses yeux de feu, elle vit, mais ne dit point ce qui lui était apparu.

Ce n'est qu'avec une grande difficulté que nous parvînmes à l'éloigner. Elle conserva, dans une pièce voisine, une grande envie de revenir au salon; elle y parvint même une fois, mais son désordre nerveux ne nous permit point de la soumettre à une complète épreuve.

Dans ce cas, c'est l'incrédulité saisie; c'est la force et la *raison* vaincues par une puissance que l'on ne voit point et qui est contestable jusqu'à ce qu'on l'ait sentie. Ma pensée était étrangère aux phénomènes développés. Jusque-là cette dame n'avait point occupé mon attention, et je ne lui eusse pas soupçonné une aussi grande sensibilité.

Ce n'est pas la première fois que nous voyons semblable chose. L'imprévu arrive à chaque instant, il résulte d'une force occulte agissant d'elle-même, et c'est pourquoi nous disons aux magnétiseurs : Soyez attentifs; vous ne connaissez point l'agent dont vous vous servez; il paraît avoir des affinités avec d'autres agents plus subtils que lui-même et doués de plus de vertus.

Par une étude suivie, nous allons découvrir la source et l'origine de la magie. Laissons les sots avec leur ignorance; nous n'avons point à éclairer leur esprit; car il faut d'abord qu'ils soient parvenus à épurer leurs sens. Ne nous occupons point des savants, ils reculeraient devant nos démonstrations. Un savant est pour moi une sorte de mulet qui, habitué à suivre sa route, ne consent jamais à s'en écarter : le monde est dans ce qu'il connaît, et quelle que soit son erreur, il y persistera.

HARMONIES MAGIQUES.

La description suivante, faite par M. Chocarne, qui suivait attentivement mes séances hebdomadaires, vient, en les augmentant, corroborer mes récits :

« Les physiologistes magnétiques qui ont observé et décrit, autant que le permet l'état de la science, le jeu du fluide mesmérique sur les organes du corps humain ; les psychologistes qui ont étudié, analysé et classé les différents phénomènes de la *trance* magnétique, ont énuméré presque toutes les forces ou puissances actives de l'âme dégagée de ses liens corporels ; tandis que, excepté la communication de la pensée, faculté passive qui devient souvent active par la volonté du sujet, ils n'en ont point cité d'autres. Cet oubli, cette négligence a une conséquence très-grave et qui ne tend à rien moins qu'à dépouiller la science nouvelle de ses plus belles prérogatives et de ses phénomènes les plus merveilleux. Nous voulons parler de ceux qui résultent du pouvoir, de la domination irrésistible de la volonté, de l'âme du mesmériseur sur la volonté, sur l'âme du sujet.

« La nature, la variété, les développements de ces faits psychiques seraient infinis dans leur production si l'imagination, dans ses combinaisons, n'avait pas, elle aussi, ses bornes ; car leur sphère est sans limites.

« C'est devant la production et la réalité de ces faits que M. du Potet a planté son drapeau magique ; c'est sur ces régions élevées des phénomènes psychiques que, guidé par l'expérience bien plus que par la tradition, il a posé les jalons qui lui serviront à relier la science nouvelle à la science occulte de la mystérieuse antiquité, en un mot, le mesmérisme à la magie ; et qui, enfin, le guidant à travers les ruines des temps barbares, lui feront retrouver et reconstruire de toutes pièces ces trésors de savoir cachés, même dans les temps anciens, aux yeux profanes de la foule ignorante. Dans ses mains qu'il tient ouvertes pour tous, la magie, arrachée du milieu des décombres de la science des siècles, dégagée des préjugés qui la flétrissaient aux yeux du sage, dépouillée de tout l'appareil mystérieux qui la déguisait, la magie, disons-nous, reconstituée avec ses éléments et sa puissance puisés tout entiers dans le mode d'organisation physique et morale de l'homme, apparaîtra de nouveau, mais sans voiles, et seulement pour éclairer les humains sur la prodigieuse étendue de leurs facultés intellectuelles et morales, et, en élevant davantage leurs pensées, au lieu des craintes puériles, ridicules ou passionnées du vulgaire, leur faire bénir la main prodigue qui a répandu tant et de si précieux dons sur leur être.

« Dans l'expérience que nous allons décrire, et qui établit péremptoirement, d'un côté la puissance active et de l'autre la passivité, poussées toutes deux jusqu'aux dernières limites, il est bien entendu que nous ne parlons pas de cette puissance d'un ordre inférieur qui agit sur la partie matérielle ou organique du corps, et qui produit l'attraction, la répulsion, l'insensibilité, la catalepsie, la paralysie des organes des sens, et d'autres phénomènes purement physiques. Nous entendons seulement ne nous occuper que des rapports animiques qui existent entre l'expérimentateur et son sujet ; c'est-à-dire, ceux qui résultent d'une volonté forte dirigeant l'action de l'agent magnétique sur une autre volonté qu'elle domine et dirige, en lui communiquant les pensées et les sentiments qu'elle veut lui imposer ; bien plus, qu'elle lui rend personnels.

Première expérience.

« Dans une séance récente, M. du Potet proposa de montrer le pouvoir qu'il possède d'éveiller, ou plutôt de faire naître dans le cœur de l'un de ses auditeurs l'antipathie et la fureur contre une autre personne de la société. Après avoir désigné les deux individus, distants l'un de l'autre d'environ deux mètres, le professeur s'assit au milieu du salon en dirigeant un regard soutenu sur celui qui devait être le principal sujet de cette expérience; jeune homme d'une vingtaine d'années, d'une constitution assez délicate. Ce regard du maître, regard magnétique, attira et fixa celui du sujet, qu'on vit peu à peu s'animer, s'agrandir et briller d'un éclat très-vif. Après quelques minutes, et lorsqu'il eut jugé que ce jeune homme était suffisamment dominé, M. du Potet porta ses yeux, avec une intention préméditée, sur l'autre personne. A ce moment, on vit le sujet de l'épreuve diriger alternativement et vivement son regard sur le professeur et sur l'autre personne, et, à mesure qu'il changeait d'objet, sa physionomie s'animait davantage, son œil devenait menaçant, ses narines se gonflaient; ses lèvres, pincées fortement, exprimaient le mépris et la colère; sa face et ses yeux étaient comme injectés par un épanchement bilieux; tout, en un mot, annonçait l'explosion soudaine d'un accès de fureur.

« A ce moment, le professeur engagea la seconde personne à feindre de lever une canne contre lui. Alors le sujet, arrivé au paroxysme de la colère, se lève avec fureur pour attaquer son adversaire, c'est-à-dire celui qui avait seulement menacé M. du Potet; et quoique deux hommes placés à ses côtés fissent tous leurs efforts pour le retenir chacun par un bras, il s'élança cependant avec le plus violent emportement, la passion la plus furieuse... On eût dit une bête fauve, un animal féroce qui fond sur sa proie. La colère, la fureur, l'ardeur au combat, le mépris du danger, ne peuvent pas avoir un type plus vrai, plus saisissant.

« Ce ne fut pas sans quelques efforts que le maître parvint à détruire le charme qui dominait ce jeune frénétique, et à le rendre à son état normal.

« Cette expérience réussit admirablement jusque dans ses moindres détails. Quel est le pouvoir mystérieux qui a produit ce sentiment complexe d'attachement passionné pour l'expérimentateur, et de colère furieuse contre celui qui avait seulement feint de lui être hostile? Est-ce par les procédés physiques du mesmérisme? Non, puisqu'on n'a fait aucune passe. Est-ce par la magnétisation du regard? Non, puisque le maître, en regardant la seconde personne, n'agissait plus sur le sujet, et que néanmoins ce fut pendant ce temps que l'action s'est le plus développée. Est-ce, enfin, par la communication de la pensée ou du sentiment? Pas davantage; car l'expérimentateur n'était point à ce moment sous la domination de pensées ou de sentiments de la nature de ceux qu'il a développés; au contraire, il était parfaitement calme.

« C'est donc, il faut en convenir, par le pouvoir immatériel de la volonté de l'âme que tous ces ressorts sont mis en jeu; c'est par ce pouvoir exorbitant que l'homme possède d'entrer violemment, par l'énergie de son vouloir, dans l'âme d'un autre homme, de s'y installer, de toucher toutes les fibres de la sensibilité intellectuelle et morale; de leur imprimer à son gré, et suivant sa fantaisie, toutes les passions humaines les plus opposées, les plus bienveillantes comme les plus féroces.

« Et ce n'est pas seulement son âme qu'il a le pouvoir de loger dans le corps d'un sujet, après avoir expulsé celle qui l'animait; il y introduit encore celle de tout autre individu, vivant ou mort, et transfo─── ainsi son patient en tel personnage qu'il lui plaît; César, ─── éon, Talma; même en une jeune fille avec toute sa pudeur.

« Au moment de produire ces phénomènes psychiques, en face de ses sujets, M. du Potet semble dire, comme le statuaire du bon La Fontaine devant son bloc de marbre :

> Qu'en fera, dit-il, mon ciseau?
> Sera-t-il dieu, table ou cuvette?
> Il sera dieu, même je veux
> Qu'il ait en sa main un tonnerre.
> Tremblez, humains, faites des vœux,
> Voilà le maître de la terre!

« Quelle puissance prodigieuse accordée par Dieu à sa créature sur son semblable! Puissance inouïe, dont Dieu lui-même ne semble pas s'être réservé l'usage ! L'esprit s'abîme dans la contemplation de pareils phénomènes, où les lois les plus simples, les mieux établies des facultés, des états, des opérations, des connaissances de l'âme sont renversées, anéanties ; par quoi ?... Par la simple volonté d'un homme ; par cette volonté qui dirige un agent mystérieux que chacun possède, et qui, soumis à cette même volonté, va bouleverser profondément l'organisation physique, intellectuelle et morale d'un autre homme !

Deuxième expérience.

« Dans la seconde expérience, la scène a un tout autre caractère ; ici tout se passe gaiement : aucune passion n'est mise en jeu. L'action mesméri-magique ne s'adresse qu'aux organes du mouvement ; l'âme et les sens ne laissent voir aucun signe de perception ; la vie semble toute concentrée dans les organes de l'appareil moteur. Cependant il n'en est rien ; l'âme, comme dans l'expérience que nous venons de décrire, est tout entière sous la domination du mesmériseur. Seulement, elle n'est sollicitée que pour de simples actes de locomotion et de mouvement, toutes ses autres facultés sont [illisible] sées à l'état de repos.

« Un jeune homme, fort sensible à l'action magnétique, est placé par l'opérateur debout devant lui ; après l'avoir dominé du regard pendant quelques instants, le sujet, les yeux ouverts, exécute tous les mouvements que fait le professeur : frappant du pied, levant un bras, puis un autre, vivement et correctement, à l'instant même où celui-ci les exécute. Prenant la pose d'un boxeur, roulant ses avant-bras l'un sur l'autre, les arrêtant, puis recommençant de nouveau, le jeune homme répète instantanément et rigoureusement les mêmes gestes. Quand nous disons instantanément, nous ne nous exprimons pas d'une manière assez précise ni assez saisissable ; car c'était l'instantanéité du courant électrique. Tellement que, lorsque le maître et le sujet gesticulaient, on aurait pu penser que le moteur était aussi bien le jeune homme que M. du Potet, ou même, qu'ils obéissaient tous deux à un agent supérieur.

« A un certain moment, l'expérimentateur étend les bras horizontalement, puis trace avec ses pas une marche circulaire : son sujet l'imite aussitôt. Un autre jeune homme, dominé par l'irradiation de l'agent mesmérique, suivait, en sautant sur son siége, le mouvement rhythmique de cette espèce de danse magique; puis, se levant, prit sa place entre les deux mimes danseurs; et là, exécuta, toujours en tournant, et d'une manière rigoureusement exacte, tous les mouvements du corps, de la tête, des bras, des jambes de ses partners. Les gestes de ces trois messieurs étaient toujours identiques, instantanés : c'était un triangle équilatéral vivant, dont les trois angles exécutaient des gestes semblables. Cette parfaite identité et instantanéité étaient vraiment merveilleuses ! On pourrait les comparer, la première, au kaleïdoscope, qui, par l'effet de deux miroirs, reproduit plusieurs fois une image simple; la seconde, à celle du télégraphe électrique.

« Ces phénomènes si surprenants, on en doit la production aux infatigables recherches de M. du Potet. C'est lui qui, après avoir le plus contribué, par ses persévérants travaux, à la propagation de la croyance aux faits et à la doctrine magnétiques, dont il a répandu avec profusion les connaissances rudimentaires; c'est lui, disons-nous, qui le premier en a franchi les bornes; et, par l'élan de sa pensée, s'élevant dans une sphère où sa puissance toute morale n'agit que sur l'esprit sans le secours des procédés élémentaires, il a donné à la science cette extension qui n'a plus de limites. C'est poussé par le génie des découvertes, aidé par cet instrument si parfait qu'il possède et qui est le signe de son immense puissance, qu'il est parvenu à réaliser des faits que l'imagination, dans ses rêves, n'aurait pas même entrevus.

« Maintenant, plaçons-nous devant ces faits curieux et si remarquables, et convenons, nous hommes réfléchis, observateurs et initiés quelque peu aux études philosophiques de tous les âges; convenons qu'ici nous sommes forcés de considérer l'âme sous un tout autre aspect que celui sous lequel elle avait été envisagée par la science psychologique.

« N'est-ce pas un sujet de bien légitime étude, que celui qui doit nécessairement conduire à une plus ample et plus complète connaissance de l'homme ; à l'examen philosophique de ces états si surprenants où, sans être plongé dans un sommeil naturel ou artificiel, l'homme apparaît à nos yeux jouissant de toutes ses facultés, dans l'ordre des faits sensuels et des faits de l'esprit, et où il est cependant entièrement transformé ; où l'on retrouve ce prodigieux renversement des lois naturelles ; où ce sens intime nommé conscience, n'est plus là pour constater les états, les facultés, les opérations, les connaissances de l'âme ?

« Or la conscience, qui est la vue de ce qui se passe en nous, qui est l'âme prenant connaissance d'elle-même, n'existant plus, c'est-à-dire ne se manifestant plus par sa propre activité, étant inerte et pour ainsi dire anéantie, que devient l'âme alors ? Quelle est son essence ? Quels sont ses liens et ses rapports avec les organes sensuels et corporels ?

« Dans son état naturel (nous n'osons pas dire normal, car cette qualification n'appartient peut-être qu'à l'âme pure, dégagée de son enveloppe matérielle), l'âme connaît toutes les phases de la sensibilité, toutes les formes de l'intelligence, tous les modes de la volonté. Le témoignage qu'en porte la conscience est irrécusable, et c'est le fond même de notre existence intérieure qui se compose de pensées, de sentiments et de volontés. Mais dans les états que nous avons décrits, tous ces principes, dus à l'induction, sont ébranlés, et les faits nouveaux deviennent au moins les éléments nécessaires d'une nouvelle analyse et d'une nouvelle synthèse.

« Quel beau sujet d'étude pour nos philosophes !.... Que font-ils, cependant ? Rien ; si ce n'est de récrire et de ressasser ce qui a été écrit et ressassé dans tous les siècles ; de le retourner, de le pressurer pour tâcher d'en exprimer, non une idée, mais une forme nouvelle ; travail éternel qui, à force de tortures, n'aboutit qu'à exhumer des doctrines méprisées et oubliées déjà plusieurs fois ; véritable supplice de Sisyphe auquel se condamnent les savants, qui, malgré leurs efforts pour faire marcher la science de l'homme, ne l'ont pas fait avancer d'un pas depuis Socrate, Aristote et Platon.

« Venez donc, philosophes, approchez ! Nous vous tendrons une main amie pour vous introduire dans le sanctuaire de la science nouvelle ; heureux de vous montrer, de vous expliquer au moins la puissance et les fonctions de cette force naturelle que toute organisation humaine recèle et que vous possédez à votre insu ; de vous apprendre à la faire fonctionner, à la diriger de manière à produire des effets à la réalité desquels vous n'ajoutez pas foi, mais auxquels vous croirez comme nous y avons cru nous-mêmes, après avoir douté comme vous ; de vous y faire porter les investigations de votre intelligence exercée et de votre riche savoir. Quels progrès, alors, pour la science ! Quelle source de biens pour l'humanité ! Et quand Socrate, le plus sage et le plus instruit des hommes, avait pris pour maxime : *La seule chose que je sais, c'est que je ne sais rien* (ce qu'il pouvait bien s'appliquer, lui qui n'avait point pris ses grades à l'Université), il avait également choisi pour devise ces deux mots gravés sur le temple de Delphes : ΓΝΩΘΙ ΣΕΑΥΤΟΝ, *connais-toi toi-même*.

« Remettons-nous donc à l'étude avec le secours de la science nouvelle, et commençons par celle de l'homme, ce merveilleux assemblage de toutes les puissances de la nature, cet univers en petit, ce résumé de tous les prodiges de la création ; le plus beau spectacle que Dieu ait donné à l'homme.

« Nous vous appelons encore, comme nous vous avons toujours appelés. Mais comment avez-vous répondu, le plus souvent, à nos sollicitations fraternelles, faites au nom du progrès et de la charité ?... Hélas ! par le dédain et le sarcasme, quelquefois par la colère et la persécution. Eh quoi ! messieurs, vous refusez même d'examiner ce qu'on signale à vos recherches avec tant de bonne foi ! vous dédaignez de chercher dans des expériences, faciles pour vous, la conviction qui nous anime! Cela vous dérangerait, troublerait votre quiète existence, ferait faire un pli aux roses sybarites de vos trônes scientifiques! Et, quoique philosophes, vous aimez mieux vous fâcher, nous menacer! Oh! alors, nous vous dirons avec l'épigrammatiste ancien :

« Les passions sont toujours suspectes ; tu prends tes foudres,
« ô Jupiter, tu as donc tort! »

MAGIQUE IVRESSE.

Donnant suite à mes expérimentations, je vais essayer de transcrire quelques nouveaux résultats qui rentrent dans le cadre que je me suis tracé.

Commençons.

Premier exemple.

Je prends un homme plein de santé, dans la force de l'âge, et, lui mettant à la main une canne qui ne m'appartient point, je dis à cet homme éveillé : « Tu seras ivre dans un instant, et tu vas nous offrir l'image et le déréglement naissant de l'ivresse. » Le sujet sourit, me regarde, doute, non de la sincérité de mes paroles, mais de l'efficacité de mon pouvoir. A peine, cependant, une minute s'est-elle écoulée, qu'il tressaille ; son visage s'altère, ses yeux se voilent, il commence à chanceler ; essayant de marcher, il trébuche, car ses jambes ne peuvent plus le porter ; sa figure avinée prend un caractère sarcastique : et des discours sans suite, tantôt légers et badins, tantôt graves, prouvent aux plus incrédules que le moral, subissant l'action du charme qui opère, obéit à la force qui voulut soumettre la chair à l'esprit. Bientôt, l'ivresse augmente, la fureur se montre, et, brandissant sa canne, l'être tout à l'heure inoffensif s'apprête comme s'il voulait combattre ; la métamorphose est complète, nul n'oserait soutenir qu'il y ait simulation, car nul au monde ne serait assez habile pour tromper les yeux à ce point, pour imiter, même en s'en éloignant beaucoup, ce saisissant tableau.

L'enchantement cessant, l'ivresse disparaît, et la saine raison revient dans ce cerveau que.... le vin a troublé.

Deuxième exemple.

Un seul exemple serait suffisant pour établir ce nouveau pouvoir ; offrons-en d'autres :

Que ce jeune homme blond, et qui paraît joyeux de la scène qu'il vient de voir, entre aussi dans l'ivresse ; qu'il soit pour nous une autre image de cette dégradation de l'âme, de cette souillure que les anciens offraient à la jeunesse pour la guérir à jamais du penchant à l'ivresse et à la débauche. Qu'importent les doutes de celui que nous voulons soumettre et rendre insensé! Bientôt, en effet, nous le voyons plongé dans le délire qu'occasionne le vin : il pleure, il rit, il chante, se promène en vacillant, veut tirer son mouchoir de sa poche et ne peut y parvenir ; il commence une chanson bachique, s'accule et cherche à ramasser son portefeuille qu'il a laissé tomber. A ses discours sans suite, à ses incomplets mouvements, on reconnaît la hideuse ivresse. Il se relève et retombe. Qu'importe pour lui la société nombreuse qui le considère! il en fait peu de cas ; ce n'est plus, enfin, le jeune homme qui, tout à l'heure, avait de la contenance, du respect pour tous. N'est-il pas ivre? L'homme ainsi placé n'a nul souci d'autrui. Le vin n'altère pas davantage les traits et ne peut soumettre au feu caché qu'il recèle, d'une manière plus marquée et plus évidente, les organes et la pensée. La différence des deux caractères se montre dans tout son jour. Dans le premier exemple, le sujet est triste et morose ; dans le second, il reste joyeux. Un hoquet de fâcheuse apparence m'avertit qu'il est temps de faire revenir la raison. C'est assez, c'est trop peut-être, pour une assemblée qui n'est nullement préparée à des phénomènes qui révèlent un pouvoir dont l'étendue est sans limites. En effet, comment tout peut-il s'annihiler dans un être, à ce point de rendre méconnaissable à tous les yeux ce qui tout à l'heure nous était semblable? Ah! je sens que ma plume est insuffisante, et je chercherais en vain les expressions nécessaires à peindre et à décrire! Scènes incomparables! vous vous reproduirez pour confondre la raison du plus fort et nous convier à l'étude. C'est une science dont je jette le fondement; plaise au ciel qu'elle ne tourne point contre l'humanité!

MAGIQUE VIEILLESSE.

Essayons, dans un sujet viril, de faire naître la décrépitude.

Premier exemple.

Que la vieillesse saisisse ce vif et pétulant jeune homme, qu'elle se présente avec son caractère indélébile, afin que l'on ne puisse s'y méprendre. Il faut que les années marquent de leur sceau celui que la nature a placé au quart du chemin de la vie; que sans transition il devienne centenaire.

Le voici. A ma voix son échine se courbe, ses membres flageolent, sa parole est faible, elle a perdu son timbre argentin; les traits se rident, l'œil perd sa vivacité. Il s'appuie sur la canne que je lui ai donnée. Ce n'est plus un jeune homme robuste. Les années ont opéré leurs ravages. Il n'a plus rien de la fleur des ans, son langage est celui du vieillard guilleret. Sa bouche est béante. A son nez est suspendue une *larme* tenace. Il *crachote* une matière glaireuse. Il sourit malicieusement, prend sa prise et se promène à pas mesurés. C'est la nature vieillie, l'homme près du tombeau. Mais que dis-je? Il se croit jeune; il jette un regard assassin sur de jeunes demoiselles, ses yeux semblent dire : Je suis encore capable! Vain et fanfaron vieillard, je puis te laisser ainsi dans ton innocente démence. Reviens, reviens vite à ton printemps; ce qui divertit l'assemblée m'attriste trop le cœur. Vivante image du déclin de la vie, tu donnes trop à penser, et les moments que je te ravis, jeune homme, me pèseraient comme un crime!

Artistes qui croyez imiter la nature en empruntant à la couleur vos rides factices, en changeant votre voix, que vous êtes loin de la réalité! Nulle comparaison ne peut être établie entre votre jeu et ce changement soudain que la magie produit.

Qu'est-ce que ce phénomène nouveau? Ai-je donc en ma puissance une baguette de fée? Dois-je montrer à tous les yeux les tableaux imaginaires des poëtes d'un autre âge? Puis-je réaliser les merveilleux sortiléges attribués à Circé et à tous les enchanteurs? Pourquoi pas, si je sais habilement me servir de la vie, l'employer à propos? La nature fait lentement les choses : l'art peut les réaliser subitement.

Ai-je vu seul ce que je décris? Non; car plus de trois cents personnes pourraient en attester la réalité, et dire que je suis resté bien au-dessous de ce qui a frappé leurs yeux; mais c'est assez pour moi de dire : J'ai fait ceci devant tous ceux qui suivent mes démonstrations; qu'ils me démentent, j'accepte leur jugement; car, si je dis vrai, j'annonce une révolution dans l'humanité. Si c'est un rêve, il est encore instructif, et je tiens à le consigner comme un témoignage de ce que la nature peut produire de bizarre sur un être éveillé.

Deuxième exemple.

Voyons si de cet enfant qui ignore l'art de feindre nous pourrions changer les traits. Il a douze ans à peine : qu'il subisse l'action et se métamorphose. Mis au milieu du salon, comme son aîné, il se courbe : c'est le nain de Stanislas ayant passé la trentaine. Il est vieux en un instant. Il va succomber sous le poids du temps... Faible enfant, reviens à la vie, l'heure n'est point venue! mais tu as senti pourtant les atteintes d'un long âge. Fasse le ciel que tu y arrives exempt des vices qui détruisent la santé, et que tu cesses un jour de vivre à l'instant fixé seulement par la nature. Va, s'il en est ainsi, tu auras laissé sur ton chemin bien des malheureux victimes de la fausse science, bien des bourreaux d'eux-mêmes!

Il serait inhumain de prolonger cette factice vieillesse; il serait odieux de faire cesser l'âge mûr. Ce que Dieu a fait est bien; mais l'homme a la puissance d'en altérer l'ouvrage. N'a-t-il pas en lui quelque chose de créateur et de divin? N'a-t-il point le pouvoir de faire que cet églantier sauvage offre à la vue des fleurs parfumées; que ces arbres aux fruits acerbes et amers en produisent de délicieux au goût? Il fait disparaître des races en mariant le noir et le blanc. Que fera-t-il un jour avec ce magnétisme humain qui lui est révélé? N'est-il point le principe même de la création des êtres? Ma raison s'effraie, car je ne vois point de digues à opposer au torrent. L'homme qui s'élève dans les airs est bientôt saisi de vertige; en serait-il de même en avançant dans les sciences? On pourrait le craindre et le redouter.

La vie ne serait-elle que de l'électricité avec un mélange d'une force incréée, que les anciens appelaient, je crois, esprit astral? Ne serait-elle qu'une lumière pure, qu'un feu ayant puissance d'agir sur la matière et de lui donner la forme? Peu versé dans les connaissances nécessaires à celui qui veut décrire des mystères, je me courbe aujourd'hui sous mon ignorance, laissant à d'autres l'espace et le temps. Je n'ai point de pinceau, et mon langage n'aura qu'un mérite, celui — bien utile pourtant — de peindre la vérité comme je la sens, comme elle s'est présentée à mon esprit, comme elle s'est exprimée par des faits que d'autres hommes ont saisis.

MORT ET RÉSURRECTION.

La vie nous arrive par un rayon plus ou moins actif, qui emporte avec lui le rudiment de l'être d'où il s'est élancé. Séparée désormais,

libre et indépendante, elle régit le domaine qu'elle crée. Cette force vive peut être disjointe de la chair de plusieurs manières. D'abord, par le fait naturel de l'usure des organes, par les maladies, par une vive secousse, par une joie excessive, par le désespoir subit, par de nombreux poisons, par aversion des choses qui la blessent, etc. La vie peut donc s'enfuir tout à coup, quitter son enveloppe; mais, jusqu'à ce jour, un fait important était inconnu, c'est celui que nous allons décrire dans toute sa vérité.

Par un moyen magique d'une excessive simplicité, et par cela même fort caché aux chercheurs, qui pensent toujours que la nature a besoin de grandes combinaisons pour manifester sa puissance; par quelques signes et quelques traits, je puis isoler la vie, faire qu'elle déloge du domicile humain; rendre sensible à tous les yeux cette singulière opération, et frapper d'épouvante ceux qui ignoreraient la possibilité de rétablir les choses dans leur premier état. Flux et reflux! Le flot baisse, il se relève par une double puissance. Attraction, répulsion, sympathie et antipathie, qu'importe ici l'explication! Peut-être ne me soucierais-je pas trop de la donner.

Je trace sur le parquet un signe magique figuré par des traits de charbon, comme ci-dessous :

Je place sur cette figure un jeune homme en très-bonne santé, plein de doute et parfaitement éveillé. J'avertis les spectateurs de bien observer ce qui va se produire, et de ne point interrompre, quoi qu'il arrive. En deux minutes, la face du patient s'altère; il éprouve, dit-il, des battements dans les tempes, des tintements d'oreilles, ses yeux se voilent; il a un commencement de vertige.

Ses jambes commencent à fléchir, sa tête quitte la position verticale, les muscles qui la retiennent ne pouvant la maintenir. Encore un instant, et le corps va tomber comme une masse inerte. Chacun le pressent, le voit même, à un mouvement indéfinissable qui se manifeste dans l'être, mouvement que l'on aperçoit seulement à la fin d'une agonie ou à l'approche d'une syncope. Une sueur froide le couvre. C'en est fait! l'expérimenté succombe. On soutient son corps, où il ne semble rester que la chaleur.

Par un mouvement irrésistible, le père de cet infortuné s'approche, plein de trouble et d'émotion; il a suivi dans tous ses degrés cette curieuse épreuve, et son cœur, détruisant ses doutes, l'empêche de s'y méprendre. Je suis maître absolu de la vie de son fils; encore un instant, et mon pouvoir imitera la nature dans son œuvre terrible : il aura dissipé ce rayon de vie. La balle meurtrière n'est pas plus prompte dans ses effets, lorsqu'elle frappe le cœur, que ne l'est dans cet instant un caractère tracé de main d'homme.

Changeant brusquement la position de l'expérimenté, nous le soutenons sur un signe différent du premier, figuré ci-dessous :

Petit à petit, il revient à la vie, et je renonce à décrire ici les symptômes de cette résurrection.

L'incrédulité du jeune homme n'existait plus. Il était converti à la foi nouvelle, ainsi que son père et tous les assistants.

Lecteurs, je ne me joue point de votre crédulité, mon récit n'est que trop fidèle; et je vous assure que je ne me livrerais qu'à un autre moi-même dans semblable occurrence.

Plus j'avance, plus je découvre; mais plein de sérénité, car je vais, non comme un fou, m'aventurer dans un lieu que je n'ai point exploré; je tâtonne longtemps, je m'assure, *et ne me risque que lorsque je n'ai rien à risquer.*

Plaise à Dieu que la *science*, que nous appelons à notre aide, reste longtemps encore étrangère au magnétisme! Vous la verrez un jour répéter avec cet agent ce qu'elle a fait avec les poisons subtils dans quelques hôpitaux. Elle essaiera, et franchira la limite sans scrupule, je vous l'assure : tant pis pour les malheureux! Ne doivent-ils pas, vivants, servir à l'étude des chirurgiens et des médecins? Leurs cadavres aussi ne sont point exempts de sacriléges. Que voulez-vous! chaque chose a son temps. Après l'erreur, la vérité; après la nuit, le jour. Mais la lumière est bien lente à paraître. Celle qui jaillit en cet instant ne peut éclairer qu'un petit nombre d'hommes. Qui donc allumera le flambeau qui doit guider le genre humain?

Qu'est-ce, après tout, que ce pouvoir singulier dont je viens de traduire un épisode? Je souffle sur une bougie, je *l'éteins*; le fait s'explique. *Mais je souffle une pensée*; elle efface celles qui lui sont contraires et opposées, malgré la résistance de l'être semblable à moi. Je domine sa propre existence, je l'absorbe entièrement; sa vie n'est plus à lui, elle m'appartient.

Pauvres humains! je pourrais rire de votre ignorance, et c'est vous qui rirez de moi et de mon pouvoir. Vous aurez raison, car vous êtes le nombre, et tout se décide aujourd'hui par des majorités, par des chiffres, enfin. Ce sont ceux-ci désormais qui règleront vos destinées. Vous allez subir la loi du hasard, du caprice du sort. La *vraie science* viendra plus tard comme un dernier remède. C'est elle qui dira : *Ceci est vrai, ceci est faux; voilà ce qu'il faut croire.* Elle motivera son jugement, non sur des opinions, mais sur des faits. La vérité sera souveraine, parce qu'elle est la raison même.

TROISIÈME PARTIE.

RECHERCHES HISTORIQUES.

Voyons maintenant quelle est la cause réelle des phénomènes, recherchons dans l'antiquité l'opinion que les hommes éminents émirent à ce sujet. Il est certain, d'abord, que tout fait d'un ordre élevé était rattaché à la magie. — Étudions donc avec soin comment ils en comprenaient le principe.

AGENT MAGIQUE.

Le mot de *magie*, dans son acception la plus générale, peut être pris dans un bon et un mauvais sens. Il désigne une force attractive, un ressort qui met en jeu ou le surnaturel, ou le naturel, ou le domaine inférieur ; une force ou puissance occulte agissant ou sur les esprits, ou sur les corps, et, par conséquent aussi, sur toutes les couches d'air, depuis celui qui a le plus grand ressort jusqu'au plus grossier qui en a le moins.

Les gens versés dans ces connaissances distinguent cinq sortes de magie, sans compter les nuances qui peuvent s'insinuer dans les degrés inférieurs.

Il y a d'abord la toute haute, sainte et divine magie, ou force attractive du *Verbe-Dieu*, qui attire à soi et adopte tout ce qui, purifié, peut être reçu et admis en lui. *Lorsque je serai élevé de la terre, j'at-*

tirerai les hommes à moi. Cette magie divine est en rapport avec la foi, et son opération est du pur esprit.

Il est une magie naturelle et physique : les corps s'attirent réciproquement par une proportion que le savant Newton a calculée.

Il est une *magie charnelle* dont la source est dans les appétits, désirs et passions des facultés inférieures de l'homme.

Il peut y avoir aussi une magie *angélique*, sainte, épurée et sans mélange.

On distinguait également une magie diabolique, et c'est elle qui a fait couler des torrents de sang humain.

Cette expression de *magie* vient de *mages*, ou anciens sages de Perse et d'Orient. C'étaient les savants de ces temps et de ces pays qui, ayant les sens et l'esprit plus affinés, pénétraient plus profondément que les autres dans tous les mystères de la nature. Cette supériorité morale et physique leur donnait les plus hautes connaissances, et *naturelles* et *angéliques* mélangées. Tels furent aussi les sages d'entre les Égyptiens. Ces hommes avaient tous les aperçus et toutes les combinaisons des phénomènes de l'univers. Ce qu'ils ont vu et opéré par les forces de la nature, en sachant les mettre en jeu, est presque incroyable. On croit que Zoroastre a été leur chef. Il est possible que le mot latin *imago*, en français image, vienne de *mages*, ou *maggim*, parce que tout se peignait dans l'imagination de ces mages, les prophéties, les oracles, etc.

Vouloir écrire sur toutes les espèces de magie, ce serait se perdre dans les ténèbres, car il y a plus de trois cents descriptions de cet art et de ses variétés.

La sorcellerie était dépendante de la magie.

Il y avait la magie physique, polygraphique, sténographique ; magie sainte, onéirocratique ; magie astrologique ; pyromance, éromance, hydromance, géomance, physiomance, métoposcopie, chiromance, captromance ; magie politique, vulgaire, art des aruspices, art des augures, sycomance, art notoire, thurgie ; magie cérémoniale, diabolique, nécromance, et magie gétique, etc., etc.

Les philosophes chrétiens les plus avancés ne rejetèrent jamais l'existence de la magie; elle leur était d'ailleurs trop bien démontrée par l'évidence des phénomènes produits et plus encore par l'Écriture. Voici comment ils crurent l'expliquer et la rendre sensible. Admettant la chute de l'homme, ils dirent : « L'homme, privé de l'esprit de
« Dieu, est aveugle, tâtonne, pour ainsi dire; et, soupirant après la
« lumière avec une faim dévorante, il descendit dans ses facultés in-
« férieures, dans l'imagination, la mémoire et les sens, et se nour-
« rit de toutes les lueurs que ces facultés pouvaient lui donner en
« substitut de l'union avec Dieu, pour être en parallélisme, en rela-
« tion avec les objets de la terre, et devenir un citoyen du monde
« d'accord avec lui. Voilà donc la lumière divine perdue, et à sa place
« un feu moins pur, moins subtil, moins céleste, qui l'allume et qui
« l'éclaire. C'est ce que des hommes profonds appellent l'*esprit as-*
« *tral* ou feu, ou analogie avec la lumière des astres; une quintes-
« sence de feu par rapport au feu matériel, mais très-impur et infé-
« rieur quant au feu ou à la lumière qui émane de l'esprit de Dieu,
« esprit qui est le plus haut feu, la plus pure flamme et la plus cé-
« leste lumière.

« Cet *esprit astral*, ou feu ou lumière astrale, qui est le plus haut
« degré de la lumière des esprits, est supérieur toutefois à ce qu'on
« appelle l'*esprit de la nature;* et il en fait la force, les vertus et
« les rapports. »

Voilà l'agent principal, la cause des faits de *magie :* c'est un feu, une lumière, une force que la *science* actuelle ne reconnaît point, et de là résulte son impuissance à produire quoi que ce soit qui ressemble en rien à ce que faisaient les anciens philosophes. Voyons encore l'opinion des plus éclairés de ces temps reculés sur ce feu et cette lumière mystérieuse.

Les stoïciens reconnaissaient un feu éther, principe de nos intelligences; c'est de ce feu qu'elles émanaient, c'est là qu'elles retournaient.

La substance éthérée lumineuse est la base de la théologie des chrétiens, nous le prouverons tout à l'heure.

Pythagore a désigné une partie de la Divinité par le mot de lumière, appelant Dieu non-seulement la force universelle qui circule dans toutes les parties du monde, mais y joignant encore l'épithète de lumineuse, pour caractériser l'intelligence, comme il avait désigné le principe de vie par cette force vivifiante répandue dans tous les corps du monde. Par cette dernière partie l'homme tenait aux animaux, par la première il tenait aux dieux.

On peut voir dans Cicéron, que la raison qui fit regarder les astres comme des êtres intelligents et divins, c'est qu'ils étaient composés de la substance pure et lumineuse qui forme la nature de l'éther. La raison de Dieu était le feu lumineux dont les astres réunissent une portion plus ou moins grande, feu qu'on appelle autrement éther.

Saint Augustin analyse, d'après les principes de Varron, l'âme universelle du grand Tout, qu'il sous-divise en trois parties : l'animale, la sensitive et l'intelligente. Il dit que cette dernière, qu'il appelle le troisième degré de cette âme, est le feu éther qui constitue l'essence de la Divinité.

Ce que les anciens entendaient par *spiritus orbis* n'était pas l'élément de l'air; il n'y avait de commun que le nom; c'était une substance beaucoup plus subtile, plus active, émanée de l'éther, et qui faisait couler avec elle les principes du mouvement et de la vie dans tous les animaux. C'était le fluide éthéré qui circule dans les astres et dans le ciel, et dont tous les animaux tiraient les principes de la vie, qui se manifeste par la chaleur et le souffle de l'animal. Ainsi le feu principe, éternel et Dieu, renfermait dans sa substance le *spiritus* et le *logos*, ou l'intelligence universelle de la nature et de tous les êtres.

Ces idées sont absolument conformes à la théologie d'Orphée, qui concentrait dans le seul feu éther, qui contient le monde, les trois principes de la nature divine, ou la seule force divine, sous les trois noms de *lumière*, *conseil* et *vie*. Tel est le Verbe chez les chrétiens : *vita erat lux, et lux erat vita, et lux erat Verbum*.

« Avant toutes choses, dit Orphée, l'éther fut produit par le pre-
« mier Dieu. L'éther existait au sein du vaste chaos et de la nuit
« affreuse qui l'environnait de toutes parts. Du sommet de l'éther
« jaillit un rayon de lumière qui éclaira la terre et toute la nature.
« Cette lumière, le plus ancien de tous les êtres, le plus sublime,
« est le Dieu inaccessible qui enveloppe tout dans sa substance, et
« que l'on nomme *conseil*, *lumière* et *vie*. »

Ces trois noms ne désignent qu'une seule substance.

L'Évangile de Jean nous présente le grand Dieu renfermant en lui la lumière et la vie, c'est-à-dire le premier principe, ou le principe universel sous-divisé en principe d'intelligence qui est la lumière, et en principe de vie qui est le *spiritus* des chrétiens.

La théologie de Zoroastre enseignait que, quand Dieu organisa la matière de l'univers, il envoya sa *volonté* sous la forme d'une *lumière* toute brillante; elle parut sous la figure d'un homme.

L'hérésiarque Simon avançait que le Dieu suprême, qui est unique, incompréhensible, est inconnu, retiré dans une lumière ineffable, inaccessible, infinie, incorporelle, qui émane de lui et dont il remplit le sublime séjour qu'il habite; il est lui-même une immensité de lumière.

La théologie des Phéniciens place aussi dans la substance de la lumière la partie intelligente de l'univers et celle de nos âmes, qui en est une émanation. Son irradiation est regardée comme l'acte même de l'âme pure, et sa substance comme un être aussi incorporel que l'intelligence.

Ne vous étonnez point, lecteurs, si j'insiste tant ici sur la réalité de cette lumière soupçonnée ou vue par tant de grands hommes; c'est que là est notre secret, comme celui de toute puissance. Tous les extatiques, tous les somnambules ne vous parlent-ils point d'une substance lumineuse et de brillantes clartés? Le fluide magnétique lui-même, qu'ils aperçoivent tous, ne le voient-ils point sous la forme d'une lumière, et Jésus-Christ n'a-t-il pas dit : *Je suis la lumière du monde ?*

O hommes aveugles ! et, par cet aveuglement, malheureux ! pauvres dans le sein de la plus grande abondance ; cerveaux stériles dans la plus inexprimable fécondité ! quand est-ce que vous connaîtrez enfin l'infinie richesse qui est en vous ? Quand est-ce qu'une fois repliés sur vous-mêmes, vous saurez lire par les yeux de votre esprit et le sentiment de vos cœurs, dans ce livre, que vous êtes vous-mêmes, tout ce que le Grand-Être y a pu mettre en image ? Quand pourrez-vous parcourir toutes ces pages où il a gravé de son doigt sacré la vérité de son être et de ses mystères ?

Voyez ce que le *savant* a fait, de nos jours, en rassemblant les forces mortes répandues dans l'espace ; elles ne sont rien, pourtant, en comparaison des forces vives et pures dont le magnétisme humain n'est qu'un faible rayon ! Voyez cette lumière découverte par Mesmer, inonder les corps, éclairer l'esprit en le tirant de son assoupissement ! Voyez-la encore sur tous vos magnétisés qui, à certains moments, en sont illuminés ! *Souffle de vie, feu du génie,* Mesmer a découvert ta source ! ! !

Revenons à nos citations, et montrons que les philosophes païens ont été les maîtres et les précepteurs des premiers chrétiens.

La théologie égyptienne consignée dans le *Pimander*, place dans la substance lumineuse le *Logos*, le Verbe, ou l'intelligence et la sagesse universelle de la Divinité. L'auteur de cet ouvrage nous met sous les yeux la formation de l'univers, et le premier spectacle qu'il nous présente est celui de la lumière universelle, dans laquelle tout nage et semble être absorbé. Il nous peint de l'autre côté le contraste affreux des ténèbres qui circulent en sens opposé à la lumière. On entend un bruit violent ; c'est la voix même de la lumière, qu'il appelle le Verbe : « Je suis la lumière, dit cette voix, l'intelligence,
« votre Dieu, beaucoup plus ancienne que la nature humide sortie du
« sein de l'ombre, ce germe brillant d'intelligence, fils de Dieu. Ce
« Dieu intelligence, réunissant en lui la fécondité des deux sexes,

« vie et lumière, a engendré par son Verbe ou par sa parole une
« autre intelligence artiste, Dieu du feu et du souffle, *Deus ignis at-*
« *que spiritus numen.* Le Père de toutes choses résulte de la vie et de
« la lumière : Dieu est vie et lumière. »

Dans saint Augustin, Félix suppose que Dieu le Père, les êtres ou les intelligences qui émanent de lui, la terre lumineuse où ils habitent, tout cela est de la même substance. Ce qui donne à entendre que la Divinité et ses émanations, ainsi que le lieu de leur séjour, ne sont autre chose que la substance lumineuse, soit corporelle, soit intellectuelle.

La même doctrine se retrouve dans un autre ouvrage de Mercure Trismégiste, intitulé *Asclépius*. L'auteur y peint le *spiritus* ou l'âme universelle, qui vivifie toute la nature, qui se mêle à tout et ajoute les sens à l'intelligence humaine, émanée elle-même du feu principe intelligent qui circule dans l'éther.

Masadek, ou Zendik, docteur persan, reconnaissait deux principes comme Manès, et ne donnait comme lui de *l'entendement* et de la raison qu'à la lumière, laissant aux ténèbres une action brute.

Jamblique regarde aussi la lumière comme la partie intelligente ou l'intellect de l'âme universelle et du *spiritus*, qui imprime le mouvement circulaire au ciel.

Les oracles chaldéens et les axiomes théologiques de Zoroastre rapportés par Psellus et par Plethon, parlent souvent du feu intelligent, principe de notre intelligence, plaçant au-dessus le Dieu père du feu intelligent.

Les Guèbres, encore aujourd'hui, révèrent dans la lumière le plus bel attribut de la Divinité. « Le feu, disent ces anciens disciples de
« Zoroastre, produit la lumière, et *la lumière* est Dieu. C'est ainsi
« que Jean nous enseigne que *la lumière est le Logos*, et que le *Logos*
« est Dieu. *Et lux erat Verbum, et Deus erat Verbum.* »

Les manichéens et les maguséens croyaient que la matière a la perception et le sentiment, et que ce qui lui manque c'est l'esprit, *mens*, cette perfection qui est *propre à la lumière.*

Tous les anciens mages établissaient un Dieu « premier et éternel, « qui est *la lumière* et le principe de toutes choses. »

Manès, définissant la nature de Dieu, dit que « c'est une *lumière* « *éternelle, intelligente, très-pure*, qui n'est mêlée d'aucunes ténè- « bres. » Il appelle Christ le Fils de la lumière éternelle ; ainsi Platon appelait le soleil.

Dieu est appelé perpétuellement lumière, clarté, éclat, feu intellectuel. L'Écriture sainte ne combat point cette opinion. Dans les apparitions de la Divinité on voit toujours un feu.

A cet égard les Pères les plus habiles et les plus orthodoxes disent constamment que « *Dieu est une lumière*, et une lumière très-sublime ; « que tout ce que nous voyons de clartés, quelque brillantes qu'elles « soient, ne sont qu'un rayon de cette lumière. Que le *Fils* est une « lumière sans commencement ; que Dieu est une lumière inaccessi- « ble qui éclaire toujours et ne disparaît jamais. Que toutes les ver- « tus qui environnent la Divinité sont des lumières d'un second « ordre, des rayons de la *première lumière*. »

C'est en général le style des Pères avant et depuis le concile de Nicée. « Le Verbe, disent-ils, est la lumière venue dans le monde ; « il jaillit du sein de cette lumière, qui existe par elle-même. Il est « Dieu, né de Dieu ; c'est une lumière qui émane d'une lumière. « L'âme est d'elle-même lumineuse, parce qu'elle est le souffle de la « lumière immortelle. »

Le Verbe, en sa qualité d'homme, en a montré et le modèle et l'espérance dans la transfiguration de son corps au mont Thabor, où tout d'un coup *son visage resplendit comme le soleil, et ses vêtements devinrent blancs comme la lumière.*

Il y a donc un *feu*, une *lumière* qui n'est point le feu ni la lumière vulgaires. Il a d'autres vertus, et se produit déjà entre nos mains, par un faible rayon, il est vrai ; mais tout prouve son identité avec le principe même qui servit dans tous les temps à opérer des œuvres merveilleuses ; les preuves en surabondent. Il ne faut point s'étonner si la nuit enveloppe encore une découverte aussi précieuse ; toujours on brûla les livres qui la contenaient, on démolit les temples où elle apparaissait; souvent aussi on fit périr de mort cruelle les hommes qui osèrent la révéler. Socrate but la ciguë, Jésus fut mis en croix, et si un jour on compte les victimes moins illustres, on sera tout étonné d'apprendre qu'elles furent au nombre de plusieurs centaines de mille.

Il faut aussi en accuser les temps d'ignorance et de barbarie que la vérité a traversés ; ceux qui la possédaient n'osaient la révéler, et, d'après ce que je sens, je ne puis leur faire un crime de leur conduite et de leur silence. Ils choisissaient avec grand soin ceux qui devaient la transmettre, et c'était toujours sous le sceau du serment qu'elle leur était confiée. Voici ce que nous trouvons dans les livres anciens sur ce sujet. Ils contiennent presque tous la même formule.

« Qui que vous soyez, qui voulez vous adonner à cette science, gardez sous un religieux silence dans le fond de votre cœur, comme un secret de religion, une doctrine si sacrée, et la celez avec une constance inébranlable qui ne vous permette jamais d'en parler, car c'est offenser la religion de faire confidence à plusieurs des choses qui touchent à la majesté de Dieu; et le divin Platon défendit de publier parmi le peuple les préceptes et les secrets qui sont dans les mystères. »

Pythagore et Porphyre obligeaient leurs disciples au secret le plus absolu. De même Orphée exigea de ceux qu'il recevait aux cérémonies des choses sacrées, le serment du silence, pour empêcher que la science divine ne vînt aux oreilles de la profane populace. C'est pourquoi, dans son hymne du Verbe sacré il parle en ces termes :

« Vous, amis de la vertu, je vous exhorte à n'écouter que mes
« paroles et à recueillir vos esprits; au contraire, vous qui méprisez
« les choses sacrées, les lois et cérémonies de la religion, retirez-
« vous d'ici promptement; retirez-vous loin d'ici, malheureux,
« allez-vous-en bien loin de nos lieux consacrés, que vous profanez
« par votre présence. Vous, mon cher Musée, qui vous attachez

« à la contemplation des choses divines, et qui les gardez dans le
« fond de votre cœur, recueillez mes paroles, conservez-les dans
« votre mémoire, et dans cette vue ne regardez que ce grand Au-
« teur du monde, ce seul immortel que nous vous enseignons dans
« nos discours. »

Et Virgile, parlant de la sibylle, rapporte ces paroles : « Lors-
« que la sibylle se présentait dans le temple, elle s'écriait : *Loin
« d'ici, loin d'ici, profanes! sortez de nos lieux consacrés!* »

C'est aussi pourquoi on ne recevait à la célébration des mystères
de Cérès Éleusine que ses disciples : le héraut était présent, qui
criait à haute voix que le vulgaire indigne et profane se retirât loin
du lieu des cérémonies.

On lit dans Esdras le même commandement fait aux cabalistes
mystérieux des Hébreux, conçu en ces termes : « Donnez ces livres
« aux sages d'entre le peuple, à ceux qui sont capables de les com-
« prendre et d'en garder le secret. »

Les Égyptiens faisaient leurs livres concernant les secrets de religion, d'une carte hiératique, c'est-à-dire sacrée; ils traçaient dans
ces livres des caractères ou lettres symboliques. Macrobe, Mar-
celin et les autres historiographes, disent qu'on les appelait hiéro-
glyphiques, pour empêcher que les indignes et profanes ne lussent
ces écritures concernant les mystères de la science et de la religion.
C'est aussi ce qu'en dit Apulée en ces termes : « Après que le sa-
« crifice est fait en proférant des paroles, il apportait des courtines
« du temple certains livres distingués par des lettres inconnues, qui
« suggéraient des mots en abrégé d'un discours formel, en partie
« entremêlé de je ne sais quelles figures d'animaux, en partie des
« accents noués et entrelacés en forme de roue, et pressés comme
« des capréoles de vignes, ce qui ôtait aux indignes la curiosité de
« les lire. »

Tertullien recommande de garder le silence dans les choses de religion ; ceux qui font autrement sont sur le bord du précipice. D'où
vient cette précaution d'Apulée au sujet des mystères des choses sa-

crées : « Je vous découvrirais les mystères des choses sacrées, s'il
« m'était permis de vous les dire; et je vous en donnerais la connais-
« sance, s'il vous était permis de m'écouter ; mais, moi qui parle-
« rais, et vous qui m'écouteriez, nous serions également punis de
« notre téméraire curiosité. Pour une pareille faute, on trouve dans
« l'histoire que Théodore, poëte tragique, fut frappé d'aveuglement,
« voulant appliquer à quelque fable certaines choses des mystères. »

Théopompe pareillement, qui avait commencé à mettre en grec quelques versets de la loi divine, fut confondu et perdit l'esprit en un moment ; ce fut pourquoi, à la suite de son malheur, s'adressant à Dieu par de grandes prières, pour savoir la cause de cet accident, il lui fut répondu par un songe, que c'était parce qu'il faisait un criminel trafic des choses divines en les exposant à la profanation du public.

De même un certain Numerius, curieux des secrets, devint criminel devant les dieux pour avoir communiqué au public les mystères sacrés de la déesse d'Eleusis, par l'interprétation qu'il en avait faite ; car il vit en songe les déesses Éleusines exposées à la porte ouverte d'un mauvais lieu, en habit de débauchées ; et, comme il les regardait par admiration en cet état, elles lui repartirent en colère qu'il les avait tirées par force de leur retraite, et qu'il les avait prostituées à tout allant et venant. Par ce reproche il apprit qu'il ne fallait pas donner connaissance au public des cérémonies secrètes qui se pratiquaient dans les temples.

Les anciens ont toujours eu un grand soin de voiler les choses sacrées, tout ce qu'ils avaient découvert de la nature, et de les couvrir d'énigmes de diverses façons. Cette pratique a été gardée comme une loi chez les Indiens, les Brahmanes, les Ethiopiens, les Perses et les Égyptiens. C'est en suivant cette maxime que Mercure, Orphée et tous les anciens devins, comme aussi les philosophes Pythagore, Socrate, Platon, Aristoxène, Ammonius, ont gardé le secret le plus inviolable. En cet esprit, Platon, Origène et les autres disciples d'Ammonius, au rapport de Porphyre dans son livre de l'*Éducation et discipline de Plotin*, ont fait serment de ne point publier les préceptes de leur maître.

Ainsi Christ lui-même, étant encore sur la terre, parla sous condition et de manière qu'il n'y avait que ses disciples les plus secrets qui entendissent le mystère de la parole divine, et les autres le sens des paraboles seulement, défendant au surplus de jeter une viande sacrée aux chiens, ni les fleurs aux pourceaux; c'est pourquoi le prophète dit : « J'ai caché vos paroles dans le secret de mon cœur, « de peur de vous offenser. »

Pourquoi toutes ces craintes et ces terreurs, comme toutes ces réticences? Est-ce une chose vaine et mensongère? un besoin de cacher son ignorance ou sa fourberie? Mais, avant d'accuser, il faudrait comprendre et avoir senti. Pour moi, je n'ai point la crainte des dieux; je redoute peu pour ma vie; je n'eus jamais de maître, aucun serment ne me lie: libre comme l'oiseau, je puis gazouiller à ma fantaisie et parler de la nature comme je la sens, comme elle s'est révélée à moi. Cependant un sentiment me dit que je fais le mal en touchant à ces choses; je ne sais d'où il vient et ce qui me le donne; peut-être m'est-il inspiré par ce qui se pratique en magnétisme, par tous ces effrontés charlatans qui polluent la vérité, qui la salissent en l'exposant sur des tréteaux aux regards de la foule. Rien ne me parut jamais si méprisable. Et je me dis : Que serait-ce donc si des mystères plus grands étaient révélés à ces hommes indignes? Qu'en feraient-ils, grand Dieu? J'ai peur de moi-même alors que j'écris ou que je parle; car le frein qui m'arrête dans mes aveux et mes démonstrations, bien peu semblent le posséder, et la vérité peut devenir dangereuse, placée en de certaines mains. Si j'écoute la voix qui est en moi, le murmure de ma conscience, elle me crie à chaque instant : Laisse en repos et les âmes et les corps, ne devance point les temps, marche seul dans le chemin que tu as découvert; les hommes intelligents te suivront bientôt, attends qu'ils aient senti et que la semence jetée ait germée dans leur cœur; laisse dire et penser les hommes de science, ils sont loin de la vérité, leur jugement n'aura désormais nulle valeur; évite aussi les gens téméraires, ceux-ci seraient l'écueil.

J'obéis à cette voix avec docilité, et rien, jusqu'à ce jour, n'a pu me faire hâter le pas.

La magie est fondée sur l'existence d'un monde mixte, placé en dehors de nous et avec lequel nous pouvons entrer en communication par l'emploi de certains procédés et de certaines pratiques.

Le champ est vaste, il y a place pour toutes les idées, pour toutes les conjectures, et, nous pouvons le dire, pour toutes les rêveries. L'homme simple croit à ce monde des esprits; le savant le rejette comme une des plus grandes erreurs des temps passés; l'homme profond est amené à y croire par un examen sérieux des faits de nature et de lui-même.

Toutes les anciennes religions nous font un devoir de cette croyance. Nos nourrices nous bercèrent en jetant dans notre tendre cerveau toutes les idées mal traduites de ce monde invisible. Quel est celui d'entre nous qui n'a pas tremblé avant d'être rassuré complétement sur le mal qu'il peut nous faire? On avance dans la vie en se dépouillant graduellement de ce qu'on appelle des préjugés et des erreurs; on rejette les écrits, les traditions du temps passé; on doute de ce monde merveilleux que nos sens ne peuvent ni voir, ni toucher dans leur état froid et d'habituel exercice. Tout nous paraît imaginaire; mais cependant nous nous y plaisons.

Les revenants, pour les esprits forts, sont de pauvres diables mal avisés que l'on surprend toujours en flagrant délit d'imposture. Les âmes en peine, les feux follets sont des émanations, des lueurs phosphorescentes dégagées de corps en décomposition, en un mot, des choses naturelles et que le moindre examen fait reconnaître à première vue pour ce qu'elles valent. Les esprits forts ont beau jeu, car il y a en ceci de grossières interprétations; mais ils confondent dans leur mépris des faits d'un ordre particulier qui sont inexpliqués, et dont la saisissante réalité les glacerait d'épouvante et d'effroi, si la nature ou la science venait les leur révéler. Ces phénomènes d'un ordre élevé ont pour cause l'existence d'une force inconnue — force non moins réelle pour nous que celle qui fait trembler la terre — qui, lorsqu'elle agit dans notre rayon, *secoue bientôt notre être, horripile nos cheveux et rend nos yeux immobiles dans leurs orbites; c'est encore par elle que la bouche s'ouvre et ne peut rendre aucun son, que le sang s'arrête dans les veines, comme si la vie tout à coup nous quittait.*

Je souris à la vue de ces braves et intrépides champions qui, loin du danger, parlent à voix haute et ferme ; ils raisonnent sur ce qu'ils savent des choses, et ne tiennent aucun compte du savoir des autres hommes. Tout prêts à se battre contre des éléments inconnus, ils s'irritent de ce qu'ils ne sont point provoqués au combat. Ces mêmes hommes, cependant, sont bientôt débilités par une atmosphère chaude et embrasée, ils voient leurs sens s'engourdir en passant seulement dans une région froide, les seules secousses d'un vaisseau ont la puissance de les rendre méconnaissables et de leur ôter le courage. Qu'importe ! cela ne les éclaire point. Ils ne peuvent s'imaginer que nous dépendons tous du milieu où nous vivons; que tout ce qui le change ou le modifie altère à l'instant notre manière d'être, et que juger de l'inconnu par ce que l'on sait des choses acquises, c'est souvent s'exposer à porter un faux jugement. Je n'ai pas assez d'esprit pour rectifier celui des esprits forts, et d'ailleurs, à quoi bon? Je n'en vois point la nécessité. Qu'ils gardent leurs doutes, comme nous garderons notre foi vive et sincère.

Reprenons.

Il y a autour de nous, dans l'espace, un agent différent de toutes les forces connues ; ses propriétés ou vertus n'ont que peu ou point d'analogie avec les forces mortes que la science des écoles est parvenue à découvrir. C'est lui qui fournit l'élément de notre vie, qui la soutient un temps et la reçoit lorsqu'elle parvient à se dégager des étreintes de la matière. Nos inspirations, nos connaissances, notre intelligence enfin, tout vient de lui. Il y a de lui à nous une attraction constante, une parenté méconnue, et qui, par cela même, a cessé d'être efficace. Mais tout se retrouve aujourd'hui.

Voilà l'élément magique dont se sont toujours servis les thaumaturges, nous n'en connaissons point d'autre pour arriver à posséder quelques rayons de lumière qui puissent mener sûrement à la possession de la science occulte. Mon sentiment ne serait-il point fondé, que cela ne changerait absolument rien relativement aux faits que j'ai à transcrire; car peu importe leur explication, si les phénomènes sont réels et ont de l'importance! Leur cause n'est qu'un objet secondaire.

En apercevant le surhumain dans certaines apparitions qui n'étaient point, il faut le dire, de pures créations du cerveau, l'homme a peuplé l'espace de génies, puis il s'est mis à les évoquer, à les appeler; il leur a donné des noms, des qualités, un pouvoir, et tout ce qu'il obtenait de favorable leur était attribué, il croyait sincèrement le leur devoir.

Était-ce une illusion, le fruit d'une imagination surexcitée? Souvent, sans doute, il en était ainsi. On attribuait à Dieu, aux génies, ce qui était dans le cours régulier des choses. Mais il exista des hommes qui n'étaient point abusés; ils découvrirent d'où partait l'erreur et d'où venait la vérité; ils laissèrent croire au vulgaire qu'il était dans le vrai chemin; ils dérobèrent ainsi à tous les regards de bien profondes opérations, les plus sublimes secrets. L'ignorant se trouvant abandonné à lui-même, priait, conjurait, traçait des caractères, des cercles, etc., et il en résultait parfois un commencement d'œuvre, une ébauche de faits, et cela suffisait pour qu'il se crût sorcier et magicien.

L'homme qui, le premier, aimanta la pointe d'un couteau et attira ainsi quelques aiguilles d'acier, dut passer pour un sorcier et aima à le faire croire. Il fit un mystère d'une chose simple et sans grandes conséquences. Ainsi de tous les arts, les découvertes se cachaient avec soin; la chimie, la physique ne furent, dans l'origine, transmises que sous le sceau du serment, et s'il était possible de retrouver les livres qui contenaient les premières opérations de valeur, il serait impossible à un savant de nos jours d'y rien comprendre.

La magie est de même; je pourrais défier tous les *sorciers* modernes de traduire le vrai sens caché sous les figures et les emblèmes que les *grimoires* renferment. Si la clef est perdue pour eux comme pour nous-mêmes, les faits restent, ils ont leur signification; ce sont eux qui doivent servir à reconstruire la science antique.

C'est une tâche difficile, de rendre concevable ce qui ne peut avoir un caractère défini, ce qui est inénarrable; on risque de se perdre dans un vague de mots qui ne permet plus d'être compris. Mais ainsi qu'on parle de la lumière à des aveugles, sans savoir au juste ce qu'elle est, je vais essayer pourtant de dire quelque chose.

Dans les faits conservés par l'histoire des temps passés, j'étais surtout frappé de ceux de suspension des corps, d'ascension dans l'espace. Ce qui m'étonnait également, c'étaient les objets matériels renversés ou déplacés par une force que l'on disait venir du *bon* ou du *malin esprit*. Tous les livres chrétiens sont d'accord sur ces faits, aucun ne les rejette.

Certaines pratiques des sages indiens déterminaient des phénomènes ayant une identité parfaite à ceux cités plus haut.

Voyant que les ouvrages sur la magie contenaient dans leur ensemble les récits circonstanciés d'opérations propres à déterminer la même infraction aux lois de la nature, sans que les bûchers et la torture aient pu contraindre à des désaveux les disciples éclairés de cette science, je me disais : Comment tant d'hommes de science et de savoir auraient-ils menti sciemment, pour soutenir la plus grande des extravagances? Cela ne se peut. Et je relisais les noms de ces philosophes, de ces sages anciens, précurseurs de nos arts, de nos sciences, qui portèrent la civilisation si loin par de sages lois, qui donnaient eux-mêmes l'exemple d'une vie souvent exempte du moindre vice; j'étais confondu, car ces philosophes, ces sages étaient tous magiciens.

Mais qu'entendaient-ils par ces mots : *Pouvoir divin*, *Mauvais principe*, *Esprit de clarté*, *Esprit des ténèbres*; puis *Ange* et *Démon*, *Dieu* et *Diable*, *Enfer* et *Paradis*? Le pouvoir donné à l'homme par Dieu, pouvoir auquel rien ne résiste, la foi qui transporte les montagnes, etc., etc. Quel enseignement et quelle lumière peut nous offrir cette longue liste de miracles, ces hommes terrassés, ces murailles renversées, l'eau changée en vin, la multiplication des pains, tant de choses merveilleuses opérées par un secret pouvoir? Tout rejeter me paraissait l'œuvre d'un fou.

Il y a, me disais-je, quelque chose ici qui échappe à la raison, mais qui n'en existe pas moins pour cela, lorsque surtout je vois le don de guérir les maladies, qui n'est, il est vrai, qu'un des moins merveilleux, s'exercer par mes mains sans que je comprenne bien par quel mécanisme ou par quelle vertu il en est ainsi. Cela me faisait penser que si l'un était vrai, les autres dons ou facultés pouvaient bien également l'être. La *science* cessait pour moi d'être une garantie contre l'erreur; n'avait-elle point dénié la réalité des œuvres modestes opérées par mes mains, bien qu'elles fussent un pâle reflet de celles des anciens? Si elle s'était grossièrement trompée sur le plus commun des faits, le plus facile à constater, n'avait-elle pu se tromper sur toutes les autres facultés de l'âme humaine, sur les propriétés mêmes de la vie?

De raisonnement en raisonnement, je finissais par conclure qu'il fallait, sans s'arrêter à aucun jugement, à aucune opinion, chercher la vérité..... Mais la route, la route qui y conduit, qui la sait? qui la connaît? Un homme de science interrogé sur un pareil sujet garde le silence; il montre ses dents et fait une grimace; c'est une réponse de singe.

« Cherche, et tu trouveras; demande, et il te sera accordé; frappe, et il te sera ouvert. »

Où? à qui? comment?.... Je n'en savais rien, et pourtant *l'agent puissant, force des immortels*, fonctionna devant moi.

Que la mer en courroux jette à la côte les masses flottantes que l'homme a construites pour braver ses colères, ce n'est qu'un fait prévu et propre seulement à humilier notre orgueil.

Que ces mêmes flots détachent des quartiers de rochers que les siècles avaient respectés, nous ne nous en montrons nullement étonnés.

Que la foudre ébranle les édifices les plus solidement construits et jette la terreur dans l'âme des humains, ce n'est encore là qu'un tableau saisissant, le jeu d'une force aveugle que l'homme peut jusqu'à un certain point braver.

Qu'une trombe renverse et éparpille les habitations, qu'elle déracine les arbres séculaires et les transporte au loin, qui s'en étonne maintenant?

Mais qu'un élément, inconnu dans sa nature, secoue l'homme et le torde comme l'ouragan le plus terrible fait du roseau, le lance au loin, le frappe en mille endroits à la fois, sans qu'il lui soit permis d'apercevoir son nouvel ennemi et de parer ses coups, sans qu'aucun abri puisse le garantir de cette atteinte *à ses droits, à sa liberté, à sa majesté;* que cet élément ait des favoris et semble pourtant obéir à la pensée, à une voix humaine, à des signes tracés, peut-être à une injonction; voilà ce que l'on ne peut concevoir, voilà ce que la raison repousse et repoussera longtemps encore. Voilà pourtant ce que je crois, ce que j'adopte; voilà ce que j'ai vu, et, je le dis résolûment, ce qui est une vérité pour moi à jamais démontrée.

J'ai senti les atteintes de cette redoutable puissance. Un jour, entouré d'un grand nombre de personnes, je faisais des expériences dirigées par des données nouvelles qui m'étaient personnelles, cette force — un autre dirait ce démon, — évoquée, agita tout mon être, il me sembla que le vide se faisait autour de moi, que j'étais entouré d'une sorte de vapeur légèrement colorée. Tous mes sens paraissaient avoir doublé d'activité, et, ce qui ne pouvait être une illusion, mes pieds se recourbaient dans leur prison, de manière à me faire éprouver une très-vive douleur, et mon corps, entraîné par une sorte de tourbillon, était, malgré ma volonté, contraint d'obéir et de fléchir. D'autres êtres, pleins de force, qui s'étaient approchés du centre de mes opérations magiques — pour parler en sorcier, — furent plus rudement atteints : il fallut les saisir à terre, où ils se débattaient comme s'ils eussent été près de rendre l'âme.

Le lien était fait, le pacte consommé ; une puissance occulte venait de me prêter son concours, s'était soudée avec la force qui m'était propre, et me permettait de voir *la lumière*.

C'est ainsi que j'ai découvert le chemin de la vraie magie.

Est-ce là tout ce que je sais de l'art ancien? Non ; c'est le commencement de ce que j'ai à en dire, et cela est déjà suffisant pour expliquer et faire comprendre les récits des sorciers, leurs terreurs, les craintes qu'ils avaient du diable, leurs nombreuses et visibles contusions, et quelquefois leur fin malheureuse.

L'exercice de la magie demandait une âme forte, une résolution inébranlable ; la poltronnerie n'est point faite pour ces sortes d'opérations, il fallait ne point craindre les périls ; car si le diable est un mot seulement, il veut dire *force*, *agent*, *puissance*. Ce n'est que par une lutte avec cet inconnu qu'on pouvait arriver à quelque chose. Ainsi de même en nous, et dans tous les instants, la vie lutte contre la mort. Ce n'est qu'ainsi qu'elle parvient à se prolonger en dominant son ennemi : la nature entière est soumise à la même loi. Ici, il y a plus encore, il faut briser cette entrave, dominer d'abord sa propre chair, afin que la force qui nous anime passe au travers des voiles de chair et de sang qui l'environnent, et étende au loin sa sphère d'activité. C'est dans ce nouveau milieu que l'âme trouve l'ennemi, mais aussi les affinités nouvelles qui donnent la *puissance*. Tout ce qui se fait ainsi a un caractère surnaturel et l'est véritablement.

La science a l'instinct de ces opérations mystérieuses, mais seulement pour ou dans l'ordre physique ; elle ne parvient à quelque chose qu'en détruisant l'affinité des corps, qu'en séparant leurs éléments ; puis, s'emparant de celui-ci ou de celui-là, elle altère pendant quelques instants les lois que la nature impose. Ceci ne surprend plus personne, on attend même de la science des miracles plus grands, et on peut être certain qu'elle se dépassera bientôt. N'a-t-elle point aussi des craintes? Ne court-elle aucun risque? Tout est péril, au contraire, pour les hommes chargés de diriger ces forces aveugles; car elles tendent sans cesse à revenir à leur état primitif, et pour y parvenir elles brisent le bronze et l'acier.

Or, si des forces mortes ont cette puissance lorsqu'elles sont contrariées, à plus forte raison les forces vives doivent-elles en avoir d'équivalentes, et c'est ce que l'expérience vient confirmer. Mais on les nie, y croire est un outrage au bon sens. Cette négation ne prouve qu'une chose, c'est que ceux qui s'en servent comme argument sont des hommes présomptueux et vaniteux, ils raisonnent en aveugles, voilà tout. Reprenons notre discours.

La science connaît les agents qu'elle emploie; nous, nous ne les connaissons point. Voilà ce qui ôte à nos explications tout caractère scientifique. Mais nos créations, les phénomènes produits, n'en existent pas moins et sont souvent à la portée des sens. Un des grands ressorts de l'intelligence débile des savants est l'*imagination*. Ils ne se doutent point qu'imaginer c'est déjà créer, comme il sera facile plus tard de le démontrer; mais, pour nous, ces créations fantastiques, comme on les nomme, peuvent recevoir une sorte de vie et de mouvement qui les fasse sortir de leur invisibilité native pour les rendre agissantes d'elles-mêmes.

Ceci est le premier degré de l'art magique, celui où il faut s'arrêter quelque temps. Votre âme subit une épreuve, un commencement d'initiation.

Je sais bien que je dépasse en ce moment les limites de la science officielle, et que je ne suis point dans son domaine, mais dans un royaume qui lui est inconnu et qui n'a pour terme que Dieu et l'infini. Qu'importe! Je ne cherche point à lui ravir son bien. Je vois avec indifférence toutes ses gloires d'un jour, et préfère la science du bonhomme qui sait greffer les arbres dont les fruits sont amers, et leur en fait porter de doux. Il fait de la magie à sa façon; ne rompt-il pas une loi de la nature, mais sans bien se rendre compte de son œuvre? Les humains greffent le noir et le blanc, le jaune et le cuivré, sans savoir s'il viendra de bons fruits. Chacun de nous reçoit un écusson, souvent du premier venu, et le transmet de même. Les vices et les vertus, le bien et le mal peuvent entrer en nous par le regard, par une pensée, par un désir! La science des écoles inocule ses doutes à tous, ses sophismes, son impuissance, son mépris des vérités, sa fausse morale; elle rend le despotisme facile à qui veut l'exercer. Ah! c'est aussi de la magie, puisqu'elle est parvenue à changer l'ouvrage sorti des mains de Dieu, à le rendre méconnaissable et odieux, de divin qu'il était! Nous voyons toutes ces métamorphoses s'opérer sous nos yeux, nous en connaissons la source; elle n'est point, elle ne découle point de la matière et des forces mortes; des esprits, des intelligences de diverses natures en sont les agents; la matière prend ici la forme qu'on lui donne; elle est passive dans toutes ces mystérieuses créations, elle n'est donc pas la cause de nos tourments et de nos malheurs.

Je suis entré dans tous ces détails, pour rendre compréhensible ce qui ne peut le devenir que par des comparaisons et des images.

Je reprends la suite de mon discours.

Nous ne voyons point cette sorte de flamme qui sort de nos yeux et qui va porter en autrui les passions qui nous animent. Nous ne voyons point nos pensées, formulées en silence, aller se faire lire dans un autre cerveau que le nôtre. Les bêtes ont un langage muet ou chanté, que les savants n'ont jamais compris et pour lequel il n'y a point encore de dictionnaire académique, bien qu'il donne moins lieu à d'oiseuses et stériles disputes.

Tout est secret encore pour nous dans la nature; mais Dieu a laissé à notre pénétration le soin de découvrir quelques-uns des mystères dont il lui plut de nous environner. Et ne sais-je point que, de même que l'homme voit extérieurement tant de chefs-d'œuvre, il peut, au-dedans de lui, voir la main du maître et assister au spectacle de la vie, distinguer tous ses artifices, en reconnaître les acteurs? Car notre édifice est un édifice commun, chacun peut y entrer comme dans un temple et y graver son nom, y laisser des souvenirs. Ceci n'est point une image seulement, nous le tenons pour une vérité démontrable.

La science n'a donc point appris à connaître l'homme, elle n'en sait que le squelette et la forme, les chemins par où passent les messagers qui portent des nouvelles, les routes où circulent les ouvriers qui le réparent et le soutiennent, quelques-unes des laboratoires où se préparent et se font les transmutations nécessaires et indispensables. Il fallut à la science bien des milliers d'années pour acquérir ces connaissances imparfaites, qu'elle dut souvent au hasard; il fallut que des milliers de générations passassent sous ses yeux de chair et qu'elle brisât les ressorts de plusieurs millions de machines pour obtenir d'aussi maigres résultats. Elle voulut des réalités, et, pour les obtenir, elle interrogea non la vie, mais la mort; non celui qui édifie, mais les matériaux employés; non le génie de toutes choses, mais son propre génie. O mages, réveillez-vous! venez secouer ces guenilles académiques, ces hommes qui méconnurent Mesmer et le persécutèrent! Venez venger les victimes de ce faux savoir. Mais non, laissez-les, au contraire, dans leur aveuglement; la nature elle-même ne les punit-elle point assez en révélant aujourd'hui à quelques hommes ce que savent et ce qu'ignorent ces interprètes menteurs d'une langue que vous saviez si bien parler, vous, initiateurs et instituteurs primitifs du genre humain; vous, qu'ils représentèrent au monde comme une réunion de fourbes et d'imposteurs?

Je suis toujours emporté malgré moi dans le champ de la récrimination, comme si mes colères devaient produire un bien! comme si j'avais la puissance d'arrêter le char de l'erreur! Il n'en est rien pourtant, je le sais; mais la plainte, lorsqu'elle est juste, soulève les soupapes qui la retiennent comprimée, et s'exhale alors de la poitrine pour empêcher le dégoût de la vie de naître, peut-être le suicide!

Les mages savaient très-bien distinguer et ne confondaient point tout ce qui était seulement du domaine de la fantaisie pure ou de l'illusion ; ces créations mensongères, semblables à toutes celles que la fièvre enfante, étaient rejetées de leur science comme scories des esprits animaux, comme impuretés qui troublaient l'intelligence. Toutes ces vapeurs grossières, venant des humeurs ou d'un cerveau malade, étaient soigneusement écartées ; eux-mêmes cherchaient à s'en préserver par une austérité et par une vie habituelle qui donnait peu de prise aux sens.

C'est que la force magique doit approcher de la pureté. Comme ces essences qui perdraient leurs vertus si elles étaient mélangées, elle a besoin d'être concentrée comme les rets du soleil. Sans cela, elle ne reçoit plus la divine semence de la création, et les œuvres sont imparfaites. Réfléchissez sur les préceptes de toutes les religions : *Pour voir Dieu, il faut être pur.* C'est à ce degré de pureté de l'esprit que les œuvres répondent ; elles sont noires ou blanches, c'est-à-dire *diaboliques* ou *angéliques*. Les premières, mélange de toutes nos passions et de nos vices, de nos cupidités ou de nos appétits, ne représentent que le mal. Que l'on ne s'y trompe point, on peut, dans cet ordre mauvais, *agiter, troubler, capter, ravir, ensorceler, produire l'impuissance ou la stérilité* chez les hommes comme chez les animaux. Ceci est une partie de la magie *bestiale*. De là sont nés les loups-garou, les empoisonneurs d'animaux, les noueurs d'aiguillettes, les jeteurs de sorts, les tourmenteurs par les piqûres faites aux images, etc., etc. La clairvoyance ici ne se présente plus que comme une bulle qui sort de la vase ; son agent, c'est la force du reptile qui fascine, le venin du crapaud qui gonfle le corps, l'aimant putride qui attire les âmes et les conduit au sabbat ; c'est le bouc et ses fureurs lascives ; c'est enfin l'égoût noir et infect où séjourne le diable.

On criera à l'impossibilité, au mensonge, on me croira en proie à de vaines terreurs. Que chacun s'interroge cependant, qu'il examine les actes de sa vie : n'y a-t-il point trouvé le levain de tout cela, une tendance à céder à des excitations intérieures, à des colères injustes, à des désirs de vengeance? N'a-t-il point vu dans ses rêves quelques-uns de ces tableaux effrayants? C'est qu'ils sont en puissance dans la nature, c'est qu'en nous ou à notre porte est l'esprit du mal, et que, si nous l'écoutons, il nous accorde le funeste don que nous ne manquons point de lui demander. Il parle à l'enfant comme au vieillard, à la femme sage comme à celle qui est débauchée; c'est encore lui qui parlait à ces saints dont on nous représente la tentation; c'est lui qui souffle à l'oreille des princes et leur conseille la vengeance. S'il pouvait seul faire le mal, il le ferait; mais il a besoin de notre concours. S'il en est ainsi, il ne faut pas douter qu'en nous ne se trouvent les éléments propres au développement mystérieux de ces funestes virtualités.

Les mages n'écoutaient aucun de ces bas instincts, ils avaient rejeté de leur âme cet alliage que la nature a formé, l'or avait été séparé du cuivre et de l'arsenic, et de pures lumières avaient pris la place du vide laissé par les agents du mal mis en fuite. Voyez aussi la différence des œuvres, comparez :

Dons acquis. — Prévoyance des événements, connaissance parfaite des hommes, impossibilité de cacher devant eux un seul secret; vie intérieure exempte de ce qui trouble et inquiète les mortels dans la plénitude même de leurs plus pures jouissances; détachement de tous les biens corporels, mépris de la mort, souvenir des âges passés, connaissance de la vie future.

Dons accordés. — Pouvoir d'agir sur toutes les créatures; les besoins matériels réduits à une si stricte nécessité, qu'elle nous ferait peur à nous-mêmes; pouvoir de marcher sur les eaux et de franchir l'espace; celui de rompre le fer, comme si la cohésion n'existait point; action sur tous les éléments, sans en distraire même le feu; don de guérir les maladies les plus cruelles, et enfin, participants de la puissance de Dieu, ils en devenaient la vivante image.

Voilà, bien en raccourci, les deux ordres majeurs que l'on reconnaît dans la magie. Si vous lisez avec attention les récits de l'histoire, vous trouverez que partout les faits tracés ici se sont produits, et qu'ils sont arrivés jusqu'à nous par la Judée, en traversant le moyen âge. Rien n'est si facile que de les constater, maintenant qu'ils commencent à se produire en petit; mais, n'en doutez point, ils se produiront en grand, pour humilier la race des savants et bouleverser celle des sceptiques; peut-être bien aussi verrons-nous revivre des vices qui nous sont inconnus maintenant, mais qui ont apparu sur la terre; car il y aura, jusqu'à la fin des temps, lutte entre les deux principes du bien et du mal. Il ne peut rien se faire de nouveau sur la terre, aucune semence n'a été ajoutée à celles qui y furent répandues : *ce qui a été sera, ce qui est disparaîtra*, pour revenir ensuite. Telle est la loi du destin.

Hommes, ne vous révoltez point contre les décrets de Dieu, parce qu'ils sont immuables et que vous ne pouvez y rien changer. N'a-t-il pas été généreux envers vous, puisqu'il vous a donné l'intelligence, cette lumière qui discerne le bien et le mal? et si vous préférez les ténèbres à la lumière, le mal au bien, est-il responsable de votre choix? Vous avez en vous les germes divins, développez-les, en ne vous laissant point séduire par cette science des écoles qui ne peut rien pour votre bonheur, car elle est frappée de stérilité. Suivriez-vous des guides sans yeux et sans oreilles, si vous vous apercéviez qu'ils sont privés de ces organes? Non, sans doute. Et pourtant, c'est ce que vous faites; car vous n'entendez point et ne voyez point non plus. Allez donc jusqu'au bout, suivez jusqu'à la tombe ces guides insensés, mourez sans rien savoir, comme de vils troupeaux.....

Ainsi dirait l'homme de Dieu qui voudrait vous sauver. Mais moi, je ne puis avoir cette audace ou cette témérité; je ne puis que vous convier à la science véritable, vous montrer qu'elle a aussi ses dangers, que le bien et le mal s'y trouvent renfermés et deviennent l'un et l'autre facilement réalisables.

Dans les citations qui suivent, et dont vous chercheriez vainement la continuation dans les ouvrages de la philosophie moderne, vous trouverez une indication plus précise encore que toutes celles que je vous ai données, pour arriver à la science occulte et à l'art magique qui en est la conséquence.

« Il te faut monter à la vraie lumière et aux clairs rayons paternels,
« d'où ton âme t'a été renvoyée, revêtue de beaucoup d'intellect. »

(ZOROASTRE.)

« Si, délaissant ce corps grossier, tu passes en la liberté éthérée,
« tu seras un demi-dieu. »

(PYTHAGORE.)

« Quand l'intelligence est bien disposée, elle s'élève au-dessus de
« la matière, elle force tout ce qui est matériel à lui obéir. »

(AVICENNE.)

« L'âme exerce son empire par la transmission de certaines vapeurs
« extrêmement subtiles. Tout cela n'est pas compris par le profane
« vulgaire; mais ce sont des vérités concédées et démontrées par ces
« philosophes qui sont les dieux de la terre. »

(POMPONACE.)

« C'est une substance simple, immortelle d'elle-même, sage, rai-
« sonnable, DOMINATRICE, DIVINATRICE. »

(TERTULIEN.)

« Et en cette manière pense de toy-mesme, et commande à ton
« âme à aller là, et elle y sera plus vite que tu ne lui auras com-
« mandé; commande-lui de passer la mer, et tout ainsi elle y sera de-

« rechef plutôt, non comme traversant de lieu à lieu, mais comme
« étant ailée; commande-lui aussi de voler au ciel, elle n'aura be-
« soin de plumes, aucune chose ne l'empêche: non le feu du soleil,
« non la haute région de l'air, non le tournoiement du ciel, non les
« corps des étoiles; car, pénétrant toutes choses, elle volera tou-
« jours au dernier corps. Et si tu veux traverser cet univers, il t'est
« permis. »

« Mais si tu renclos ton âme dans ton corps et la rabaisse, disant :
« Je n'entends aucune chose, je ne puis aucune chose, je crains la
« mer, je ne puis monter au ciel, je ne sais qui étoit, je ne sais qui
« je serai. Qu'as-tu de commun avec Dieu, attendu que tu ne peux
« entendre aucune chose de celles qui sont belles et bonnes, estant
« de matière de ton corps et mauvais; car c'est parfaite malice igno-
« rer la Divinité. Mais pouvoir connoître, vouloir et espérer est la
« droite voye propre au bien, large et facile à toy, passant ce chemin.
« Elle te sera partout au devant, elle t'apparoîtra partout : voire
« où et quand tu ne t'y attendras, veillant, dormant, naviguant,
« cheminant de nuit, de jour, parlant, taisant. Car il n'est chose qui
« ne soit subjecte à l'imagination du sépulcre. »

« Et quand l'imagination reçoit influence d'en haut, lors elle est
« faite imitation de vérité : de tant que sans l'opération d'en haut
« elle demeure mensonge. »

« En cas semblable, ses visions sont images, qui, procédant de
« l'archétype, se viennent à reverbérer en ses créatures, ny plus ny
« moins que les rays du soleil, lesquels escartez parmy l'air se re-
« cueillent en un miroir cave; ou une fiole pleine d'eau, en une fi-
« gure semblable à luy; et de là se redilatent derechef par réflexion
« comme au précédent; et quand ils passent à travers quelque verre
« teint ils se revestent en apparence de la couleur qui y est em-
« preinte, tout ainsi que fait la Divinité de ses séphiroths ou orne-

« mens par lesquels, y estant cachée quant à son essence, elle se
« communique à *ses creatures*, qui n'en pourroient rien appercevoir
« autrement. »

« Toutes choses sont faites de Dieu, mais la vie est conjonction de
« pensées et d'âme. La mort n'est pas abolition des choses compo-
« sées, mais elle est dissolution de conjonction. »

« Je me figure, non par la vue des yeux, mais par l'efficace des
« vertus intelligibles. Je suis au ciel, en terre, en l'eau, en l'air,
« dans les animaux, dans les plantes, dans le ventre, avant le ven-
« tre, après le ventre, tout partout. »

Voilà le véritable agent magique : *l'âme!* Vous ne pouvez le saisir que parce qu'il est soudé à la matière ; ET CE N'EST QU'AINSI QUE LA VIE NATURELLE OPÈRE SURNATURELLEMENT et DEVIENT IMPERCEPTIBILITÉ MOUVANTE. Vous comprendrez les œuvres qui lui sont propres, et la discrétion vous viendra en reconnaissant qu'il y a ici un saint mystère qu'on ne doit point dévoiler au premier venu.

QUATRIÈME PARTIE.

PRINCIPES ET SECRETS.

Nous voici arrivés à la partie secrète des œuvres de magie. Jusqu'ici nous avions toujours refusé de nous expliquer sur les principes; nous allons les divulguer, et montrer à découvert le mécanisme de toute production magique. On va voir la force spirituelle dominant, domptant la force physique, donner lieu aux faits miraculeux.

PROLÉGOMÈNES.

Tout signe magnétique est magique, car il contient et porte avec lui un germe qui peut éclore en autrui.

Tout sommeil magnétique est magique; mais ceux qui, de notre temps, produisent cet état, ne savent point ce qu'il est et ce qu'il signifie. Moi-même j'ai été très-longtemps dans l'ignorance à ce sujet.

Le mot de *magnétisme* devrait être remplacé par celui de *magisme*, il serait plus exact.

La magie peut se dévoiler dès les premiers instants. Pendant le cours d'une expérimentation, il suffit d'examiner ce qui se passe, ce qui a lieu par les premiers rapports qui s'établissent entre deux systèmes nerveux; elle devient d'une évidence palpable lorsque vous faites mouvoir votre propre pensée et que des messagers invisibles portent à travers les vêtements et la chair, les murailles et l'espace, votre propre commandement.

Il suffit de constater ces faits pour reconnaître que mon assertion est fondée, et pour qu'il soit facile de me suivre dans tout ce que je vais exposer.

Toute guérison qui se fait sans remède est due à une force animique agissant sur la matière : nous croyons avoir dévoilé le mécanisme de cette action dans la première partie de cet ouvrage; c'est aussi ce que les anciens appelaient magie.

La découverte des choses cachées pendant le sommeil ou pendant la veille surexcitée magiquement, est le résultat du même pouvoir de l'âme humaine agissant d'après une impulsion du dehors.

La vue au travers des corps opaques et à de grandes distances, ne peut s'exécuter qu'en rompant pour un instant le rapport intime qui existe entre l'esprit et la matière : c'est une opération magique.

L'insensibilité est dans le même cas, car celle dite magnétique diffère en tout point de toute insensibilité obtenue par des agents matériels, qu'ils soient ou non volatilisés.

La communication des pensées, si commune aujourd'hui, se produit par la magie; car la pensée est immatérielle de sa nature, l'âme seule la fait naître et la dirige.

M. Jourdain faisait de la prose sans le savoir. Ceci est beaucoup plus sérieux : les magnétiseurs font de la magie sans s'en douter, comme nous allons le démontrer tout à l'heure, et ce serait peut-être un tort de faire cesser l'ignorance du plus grand nombre.

Tous ces faits ne sont encore que des résultats simples, communs de la magie, la porte par où l'on doit entrer dans le temple. Mais cette porte est bien fermée et bien gardée, elle ne s'ouvre qu'aux initiés : ceux-ci sont rares, je ne sais même s'il en existe encore; mais je suis convaincu qu'il y en eut beaucoup à d'autres époques.

La franc-maçonnerie est inintelligente autant qu'impuissante : elle a des mots, rien de plus; car si elle possédait les secrets des premiers initiés, elle s'en servirait, tandis qu'elle n'opère aucune œuvre.

Les prétendus magiciens de carrefour sont des ignorants, peut-être des fripons; leurs préparations de blancs d'œufs et de marc de café, comme leurs crapauds, etc., sont sans aucune puissance.

Nos grands philosophes d'aujourd'hui ne pourraient être les valets des gymnosophistes ou des autres hommes composant les anciennes sociétés savantes. Dans leur tête peut bien se trouver le dictionnaire de la langue française; la nature des choses ne s'y trouve point. Otez-leur le langage parlé, ils sont incapables de rien produire, et la première condition pour agir est pourtant le silence.

Nos sommités du sacerdoce, titrées ou mitrées, sont des savants vulgaires; ils ne pourraient faire le plus petit *miracle*, même lorsqu'ils croiraient en Dieu. Dans l'ancien temps, chez les Égyptiens, les Assyriens, les Hébreux, etc., les mêmes hommes savaient et opéraient; ceux-ci n'ont donc rien de plus que les autres humains : ils prient, c'est tout. Dieu exauce ou n'exauce point, cela dépend de lui, mais par eux-mêmes ils ne peuvent rien.

Les médecins se trouvent dans le même cas; ils ne savent plus rendre leurs drogues efficaces. Ils vous disent : Nous avons souvent purgé avec des pilules de mie de pain! Mais aucun d'eux n'eut assez de pénétration d'esprit pour trouver la vraie signification de ce fait, et, comme des hommes sans réflexion, ils ont dit : c'est l'*imagination*. Par eux le sommeil ne se produit qu'avec l'opium. La nature ne peut répondre à qui ne l'appelle point. Les anciens médecins savaient plus, ils étaient *devins*, c'est-à-dire *voyants*. Les nôtres, ceux d'aujourd'hui, n'aperçoivent que des rouages et des poulies dans l'organisation humaine; ils sont mécaniciens, rien de plus, et se laissent mourir sans réfléchir davantage sur la vie.

Les chefs d'empire et les sous-gouvernants montrent chaque jour qu'ils ne possèdent que la science commune, ils se laissent choir ou déposséder comme le commun des martyrs.

Les magistrats ont leurs sens et l'habitude du Palais, voilà tout : la justice est où elle se trouve, dans le Code; mais ils n'ont point le discernement que donne parfois la vraie science pour découvrir les coupables. Comme des jurés, ils jugent et prononcent les sentences, sans trop savoir au fond s'il y aura un remords.

Voilà, en raccourci, le catalogue des lumières humaines. Il paraît très-gros à l'œil, très-imposant; mais si vous feuilletez le livre, vous ne trouvez que des nombres, point de noms.

Les chaires les plus importantes sont occupées par des gens d'esprit, personne n'en doute; mais posez-leur une question sur les sciences secrètes, ils vous riront au nez; ils admireront votre simplicité, votre candeur, et vous tourneront le dos. C'est très-bien, c'est parfait, mais ce n'est pas répondre. Il y a certainement des animaux grossiers qui pourraient leur donner de bonnes et belles leçons, car plusieurs sont experts dans les charmes; mais les bêtes ne méritent point d'être examinées. Vous avez vu tout à l'heure comme nous supposions que vous traiteraient ces illustres professeurs, si vous alliez leur dire : Je crois aux charmes et à la magie.

Cette science a disparu de la France et des pays circonvoisins;

pour la trouver encore sur la terre, il faudrait aller dans l'Inde ou se mettre en quête de quelques hommes placés çà et là sur le globe.

Je puis donc être, à juste titre, considéré comme un novateur hardi et heureux; et pourtant je ne me félicite point de mon bonheur, car je ne vivrai pas assez pour approfondir l'art retrouvé, et j'aimerais à m'éviter la peine d'être son défenseur.

Ces explications indispensables sont un préliminaire nécessaire pour aider à comprendre ce qui va suivre.

Comme un voyageur égaré, je suis incertain du chemin qu'il faut prendre; je me demande où est la vraie route, et nul ici ne peut me l'indiquer, si ce n'est la nature. Mais elle n'a point de bouche, son seul langage est dans la signification de ses œuvres; elle dépose son feu dans un caillou et l'y laisse en repos jusqu'à ce qu'un choc imprévu l'en fasse jaillir; il y est pourtant, et nul ne le sait. Elle donne à une autre pierre une sorte d'animation, des sympathies et des antipathies: c'est ce qu'on appelle l'aimant. Chacun de ses ouvrages a des propriétés singulières et significatives. La science est sur ce point d'une ignorance profonde : le hasard seul, jusqu'à ce jour, lui fit découvrir quelque chose, mais bien peu encore. Nous n'avons point la prétention de discerner la vertu des corps, ce serait d'ailleurs un travail au-dessus de nos forces; nous voulons seulement parler de l'homme et des facultés qu'il possède en raison de sa nature, laissant à la chimie, à la physique le soin d'autres recherches. On a vu comment nous avions amassé un petit nombre de connaissances, que nous pouvons appeler exactes, par l'étude suivie du magnétisme. En voici d'autres qui ont également un degré de certitude.

L'œil humain ne reçoit pas seulement la lumière venant du dehors, il rend à son tour une lumière, mais différente, qui pénètre parfois, et d'un seul jet, jusqu'au fond de l'âme de la personne regardée. Quelquefois même, lorsque deux êtres se regardent en même temps, les deux rayons lancés se heurtent, et on en est averti par une sensation.

La main étendue et dirigée en face d'un visage, le couvre entièrement de cette lumière, comme le ferait un miroir qui, recevant celle du soleil, serait dirigé sur une surface quelconque. Seulement celle-ci est visible à l'œil, l'autre ne peut s'apercevoir que par les phénomènes qu'elle produit; il ne faut pas pour cela la confondre avec le calorique rayonnant, nul rapprochement ici ne peut être établi.

Lorsque deux corps humains s'approchent l'un de l'autre, il y a une pénétration sensible de leurs deux atmosphères; il en résulte une sensation singulière chez tous deux; chacun découvre le secret de sa force et de sa puissance relatives. C'est surtout pendant l'état magnétique que ces vérités sont rendues incontestables : l'atmosphère de chaque individu agissant alors avec plus de puissance, se fait sentir au travers des portes ou des murailles; ainsi de même pour d'autres faits. — Il me vient une pensée, celle-ci se réfléchit ou peut se réfléchir dans un autre corps, et produit une sorte d'évocation qui cause toujours un grand étonnement : — Ce que vous me dites, j'allais vous le dire, j'allais vous en parler.

Beaucoup ont des pressentiments singuliers qui viennent de la même cause : ils savent, en entrant dans une rue ou parcourant un passage, qu'ils vont y rencontrer tel ou tel être; moi-même, plusieurs fois, j'ai fait cette remarque, mes sens ne m'avaient point trompé. Qui donc les éveillait et parlait à mon âme? D'où venait cet avertissement ayant puissance de faire vibrer une corde de mon être?... De là, sans doute, est venu ce proverbe si ancien : *Quand on parle du loup on en voit la queue.* Comment expliquera-t-on ce fait occulte?

Certain besoin que l'on satisfait excite en autrui le même besoin. Les savants disent : C'est l'imitation. Ils prouvent seulement leur ignorance, voilà tout. Que quelqu'un bâille, le même mouvement se répétera dans nos organes. On entre dans une maison, l'esprit préoccupé et triste : tout y respire la joie, on devient gai. Le contraire a lieu dans les circonstances différentes. C'est encore l'imitation ! dira-t-on. — Non. Il y a là une pénétration de votre être par des agents qui modifient les dispositions de vos esprits, comme lorsque vous avez froid et qu'approchant des personnes qui ont plus de chaleur que vous, vous leur dérobez, sans le vouloir et sans vous en apercevoir, une somme de calorique qui établit bientôt l'équilibre entre vous; il y a ici échange de forces physiques qui donne l'idée de forces morales qui peuvent se comporter de même. — *Dis-moi qui tu hantes, je te dirai qui tu es.* Les vices se communiquent comme les vertus, ceci est trop réel pour s'y appesantir.

Qu'un homme ait une sorte de foi basée sur une forte illusion de son cerveau; s'il est bien pénétré, il agira sur tout ce qui l'entoure et inoculera ses erreurs. Il fera des fanatiques comme il l'est lui-même. Presque tous les sectaires religieux ou politiques n'ont pas eu d'autres moyens pour agir sur les hommes et pervertir leur intelligence. Ceci est une véritable inoculation, suivie d'une éclosion d'idées venues par un germe, une semence réelle, comme nous le démontrerons en temps et lieu.

Un homme peut en mener des milliers d'autres au combat, les faire marcher comme un seul, inspirer la terreur à des ennemis plus forts et plus nombreux, rien que par une pensée qui est aussi une foi en lui et en sa valeur. Il a su la communiquer, voilà le secret.

Les duels présentent ce caractère. Il est des hommes tellement pénétrés de leur supériorité, qu'ayant dix affaires d'*honneur*, ils tueront ou blesseront dix hommes braves et habiles, parce que, avant de se battre ou en se battant, ils les auront pénétrés de ce rayonnement mystérieux qui paralyse les forces et l'intelligence.

Un acteur, *pénétré* de l'esprit de son rôle, s'imaginant être le véritable héros qu'il représente, jettera la terreur parmi les spectateurs, il les fera rire ou pleurer. Tous savent cependant que ce qu'ils entendent est une pure création de l'intelligence. L'acteur froid, indolent, incertain, débitant les mêmes paroles, ne produira aucun effet semblable. C'est pourtant le même mécanisme d'action que nous apercevons ici. Que manque-t-il à l'artiste? L'expansion du feu divin qui pénètre les corps.

Tous les hommes qui ont fait école agissaient sur leurs élèves en vertu de la même loi. C'est la fièvre imitative, dira-t-on. — Oui, sans doute, c'est elle-même. Mais qui la produit, si ce n'est un esprit *pénétré* qui laisse échapper les effluves venant du cerveau? Ce sont ses pensées, revêtues, enveloppées d'une vertu, qui déterminent ce curieux phénomène. — Les sympathies et leurs contraires sont les résultats de mêmes causes : le corps est effecté comme l'esprit, ou plutôt, l'un commande à l'autre, avant que la raison se soit en rien mêlée de la partie. Ces aversions ou ces penchants méritent qu'on s'y arrête, car ils sont une indication réelle et positive dont il est bon de tenir compte.

J'ai connu un heureux commerçant qui avait dû sa fortune à un sens intime de sa femme. Jamais il ne perdit rien tant qu'il l'écouta; elle *sentait* les acheteurs et disait avec assurance, sans se tromper jamais : Celui-ci est un fripon, cet autre un honnête homme. Elle était d'un tempérament froid, ses autres facultés étaient ordinaires. J'ai connu une autre femme qui, dans un voyage de nuit, en compagnie de plusieurs personnes, se mit à dire : *Je sens des voleurs; nous sommes proche des voleurs.* On se mit à rire; mais on fut bien étonné quand, le matin, on trouva les courroies coupées et plusieurs malles enlevées. On objectera sans doute l'action des sens; mais les sens ne sont que des instruments, les soupiraux de l'âme, ainsi que les appelaient les anciens.

S'il fallait tout embrasser, nous ne finirions jamais; car les faits de cette nature sont nombreux, tout le monde les observe sans se les expliquer. Tout ceci déjà pourrait être plein d'enseignement, on pourrait même en tirer quelques règles pour la vie; mais les hommes sont si légers, qu'ils n'y font aucune attention. Les pressentiments rentrent dans le même ordre de phénomènes, tout le monde y croit, parce que chacun a par devers lui une ou plusieurs preuves qui sont en général fondées : à leur venue on s'ébahit de surprise. Voilà tout.

Ces détails ne sont pour nous qu'un hors-d'œuvre, et comme une préface à l'acheminement naturel de faits supérieurs. Mais allant toujours du simple au composé, je laisse entrevoir, dès les premiers instants, des possibilités qui seraient repoussées tout d'abord, si on ne les faisait pressentir en les rendant en quelque sorte possibles, sans voir pourtant encore sur quoi elles s'appuient.

Il me semble entendre ces mots : Ma raison se refuse à vous suivre, je ne vous comprends pas. — Sans doute, et je suis loin de m'en affecter. Votre raison! belle chose, ma foi! Si tout avait été découvert, la raison aurait lieu de s'étonner et de se cabrer. Mais chaque pas du génie a contre lui la raison de tous : c'est elle qui contraint Galilée à s'agenouiller. Et d'ailleurs, qu'importe! La vérité, pour cela, n'en sera point changée. La terre tournait lorsqu'on croyait qu'elle était en repos; elle n'a point cessé d'être ronde, bien qu'on l'ait crue plate. Je continue sans m'effrayer en rien des opinions, car si l'on s'étonnait maintenant de mes aperçus, que serait-ce donc en arrivant aux faits?

Je viens de toucher à la partie matérielle de la magie, celle qui s'exerce d'elle-même et sans le concours de notre volonté : c'est la propriété de notre être qui se décèle, les facultés de notre âme qui se montrent en dehors de leur enveloppe. L'âme n'est encore mue que par ses propres forces, elle agit d'elle-même et sans contrainte. Tout va changer, pourtant. Une âme commandera dans un corps qui ne sera pas le sien, et les instruments de cette âme obéiront. L'âme elle-même se laissera *pénétrer, dominer, asservir*, ou contractera une alliance avec une autre âme, et un fruit spirituel en naîtra, qui ne sera point d'un seul, mais de deux, et qui, à son tour, sera doué d'une certaine puissance. — Au lieu d'être un mariage charnel comme ceux qui se contractent devant l'officier public, et qui donnent un résultat venant aussi de l'un et de l'autre conjoints, vivant d'une vie propre aussitôt formée; le nôtre, non moins certain, ne se verra pas, mais il se fera sentir; pour croître, il n'aura pas recours à la matière, son aliment sera dans la vie même.

Ah! nous voilà en pleine magie, et le lecteur curieux va courir au second feuillet. Attendez! la science n'est point faite. Je cherche, sans savoir encore si je réussirai à me faire comprendre. N'est-ce point l'inconnu que je dois vous révéler? L'inconnu n'a point de nom : lorsqu'il se découvre, il se traduit par des images, des comparaisons ou des paraboles. J'essaierai de vous donner autre chose que des mots, mais bien une suite de faits.

IDENTIFICATIONS ANIMIQUES.

Voici d'abord la télégraphie magique. Je pense devant un être endormi, il me comprend et répète les paroles que je dis intérieurement; il exprime l'idée, il l'a vue se formuler, et cette formule s'est réfléchie en lui. Je fais un signe, un geste, il répète le signe ou le geste avec exactitude, et souvent avec une telle rapidité, que les deux mouvements semblent se confondre. Je bois, il boit; je chante, il chante sur le même ton et en même temps; je tousse et crache, il fait de même; je souffre en quelque partie de mon corps, il souffrira lui-même dans la même partie et se plaindra en employant les mêmes mots dont je me sers pour exprimer ma souffrance; et ici la magie est plus grande encore, car il suffit que la douleur m'ait arraché, n'importe dans quel moment, un cri caractéristique, une apostrophe, un jurement, pour qu'il arrive à sa pensée et soit répété comme un fidèle écho.

J'ai vu une magnétisée, en contact avec une femme enceinte, éprouver tous les symptômes d'une véritable grossesse : le ventre prit en quelques minutes un volume énorme, les cordons de jupe se cassèrent, et, n'en croyant point mes yeux, j'ai touché, frappé, palpé : il n'y avait pas à s'y méprendre. Cette grossesse artificielle dura pendant tout le temps du contact, c'est-à-dire près de trois quarts d'heure; elle ne cessa que par degrés. J'ai cherché une occasion de reproduire ce fait étrange sur une autre magnétisée, il eut lieu de même, et cent témoins pourraient, comme moi, affirmer la réalité de ce curieux phénomène.

C'est un jeu pour les magnétiseurs, aujourd'hui, d'ôter l'ouïe, le toucher, la vue au magnétisé, en le voulant simplement, et cela sans parler. Ainsi, au moment où le magnétisé parle, rit ou chante, on l'arrête dans l'instant où il est le plus animé : il devient statue. Enfin, on peut communiquer à son cerveau les rêves, les pensées les plus bizarres, faire qu'il voie un spectateur sans tête ou avec une tête d'ours, de chien, etc.; tout indiquera en lui qu'il croit voir une chose réelle, et je déplore profondément que ces faits, qui courent aujourd'hui les rues, soient ignorés des savants. Quoi! pas un seul d'entre ces trois ou quatre cents salariés par l'État, ne se lèvera de son fauteuil pour dire au monde : Une ère de merveilles va naître, on a trouvé un agent qui résume en lui toutes les autres forces de la nature!

CRÉATIONS SPIRITUELLES.

Je prends un verre d'eau : à ma volonté, à ma pensée, ce liquide ne sera plus de l'eau, mais du vin, de l'eau-de-vie, de la liqueur, une médecine même, et je verrai subitement les effets réels, positifs qu'eût produit un de ces agents. Ah! je crains de le dire, — il le faut bien pourtant — on peut ainsi empoisonner; il faut qu'on le sache et que l'écho le répète, afin que les magnétistes malintentionnés soient prévenus qu'on est instruit de tout ce qu'ils peuvent faire. Riez donc, sceptiques, riez bien fort, afin que vos rires, en témoignant de votre ignorance, nous donnent le droit de vous flageller!

Et pour tous ces phénomènes, est-il besoin que celui qui les manifeste soit endormi? — Nullement; il sera éveillé, verra avec ses yeux, il aura sa *raison* et ne pourra résister pourtant à une création que l'on dit *imaginaire*.

Je vais créer le feu, je rendrai brûlante une chose froide, ou l'individu tiendra en sa main un charbon allumé qui ne lui causera aucune impression; puis, si telle est mon intention, il sera brûlé par le corps froid. Il ne faut pas oublier que l'être est éveillé ou que du moins il paraît avoir la plénitude de ses sens.

Il grelottera si je pense à de la glace; il aura le mal de mer si, en idée, je l'entraîne avec moi sur les flots: il vomira abondamment et éprouvera toute la fatigue que cause ordinairement cet affreux mal. La veille cesse d'être un refuge pour la raison, un témoignage de la réalité, car on peut faire durer les impressions en dehors du magnétisme actif; et souvent même les effets qui se sont produits ainsi persistèrent, non quelques heures, mais quelques jours, malgré des impressions contraires et la volonté énergique du magnétiseur.

Ce n'est donc plus un jeu innocent, une récréation que l'on se donne; c'est une chose merveilleuse, sans doute, mais pleine de dangers; le produit d'un agent, d'une force réelle qui se revêt en nous de vertus et de qualités qui ne sont point imaginaires, car elles se traduisent en réalités saisissantes et terribles.

L'imagination des poëtes et des artistes a créé un empyrée, un paradis, un enfer; leurs ouvrages étaient un reflet de leurs pensées, et leurs œuvres ont une immense influence sur le monde. Ils agirent sur l'entendement, sur la *raison* des nations. Maintenant on peut agir sur le corps même. Ah! je vous le répète, j'ai peur, parce que je ne sais où la découverte s'arrêtera.

Jusqu'à un certain point, cette magie s'explique, l'esprit la conçoit, s'en rend compte, on peut puiser dans l'histoire des faits ayant quelque analogie avec les faits nouveaux; mais nous allons avancer vers l'inconnu.

Parlons d'abord de la captation, crime puni par les lois. Quelle est-elle? — Un fait occulte de magnétisme, rien de plus, rien de moins, et je ne veux pas m'étendre davantage sur ce chapitre. Ma conscience me fait un devoir du silence.

Il est facile aussi de faire naître des passions coupables. Jusqu'à présent, du moins, ceux qui ont agi ainsi n'ont point réfléchi sur leurs œuvres; tirons le rideau, afin que la lumière ne brille point aux yeux de tous les hommes. Les philtres! belle chose, ma foi! il n'en est plus besoin. Est-ce à dire pourtant que l'on peut réussir sur le premier venu? Oh! non, pas encore, et de longtemps on ne le pourra. Mais il y a tant de natures facilement influençables, tant de créatures ayant une organisation disposée à recevoir les effluves du premier venu, que l'on ne saurait être trop attentif.

Ne croyez pas que l'homme fort ait une garantie dans sa force, ce serait une erreur! Ne pensez point non plus qu'un être dont l'intelligence est cultivée trouve dans son esprit une ressource, un pouvoir modérateur ou pondérateur. Non; on ne sait qu'après avoir essayé quel est celui qui peut céder ou résister. Il semble que tout dépende de l'âme. — Mais j'oublie en ce moment que les savants croient que nous n'en avons point! — Ce serait donc un aimant plus fort qui agirait sur un aimant plus faible, l'attirerait, l'absorberait même. La chose vaut bien la peine qu'on l'étudie.

Un génie puissant serait-il passé sur ce globe et l'aurait-il touché de son aile? — On ne parle plus que de merveilles! — A peine une découverte s'est-elle faite, qu'une autre lui succède avec rapidité. Cette éclosion de germe céleste, que signifie-t-elle? — Je n'en sais rien; mais le vieux monde va disparaître, il a fait son temps. Si, au contraire, la vraie science est un crime, une abomination, ce temps annoncerait la fin du monde. Le génie serait une fièvre, une sorte d'épidémie propre à troubler les intelligences. Le virus qui est dans l'air n'agirait point sur nos entrailles, mais sur notre cerveau, et trop de sensations amèneraient la mort.

Assez de singularités dans ce chapitre, terminons-le pour en écrire un plus merveilleux encore!

VIRTUALITÉS DE PENSÉE.

Nous voilà arrivés à un ordre de faits où la raison va s'égarer peut-être. Qu'importe! si la vérité est avec nous, elle finira un jour par se faire comprendre. Si, dans le siècle passé, on eût dit ce que celui-ci réalise ou devait réaliser, on eût à coup sûr traité de fou l'homme dont la vue perçante eût aperçu dans le temps les fleurs et les fruits de la semence jetée dans les esprits.

Reprenons notre magie.

Nous venons d'indiquer des résultats surprenants de la puissance humaine agissant occultement, et conduisant l'élément de ces phénomènes à travers tous les corps, sans rencontrer de sérieux obstacles. Cette puissance agissant d'elle-même, comme la nature ou Dieu, peut déposer en germe ses vertus dans les corps, et leur dire : Vous ne vous développerez que dans certaines conditions, vous ne paraîtrez au jour que dans tel temps. Comme la poussière fécondante des fleurs contient en elle-même un germe, un rudiment qui doit, dans un temps, sortir de l'enveloppe dont il va être revêtu, la pensée humaine, plus subtile que le pollen, déposée de même, non sur une fleur, quoique la chose soit possible, mais sur un métal, un caillou, restera jusqu'au temps voulu emprisonnée ainsi, et fera sentir sa vertu et ses propriétés comme l'homme l'aura décidé. Voilà l'origine des amulettes, des objets bénis. Les talismans, les figurines antiques, les pierres druidiques, les autels des dieux, les alliances, enfin tout un ordre mystique, reposent sur ce mystère inconnu aujourd'hui ; et les sages de ce temps ont dit : Ces choses sont et ont été une imposture, une insulte à la Divinité, un charlatanisme religieux, une fourberie de prêtres ; les peuples ont toujours été de grands enfants faciles à tromper; ce moyen était bon pour abuser de leur ignorance, on s'en servit pour leur extorquer des richesses.

Bravo! grands philosophes. Nous convenons de l'abus, et, comme vous, nous le blâmons; mais voilà qu'une vérité apparaît de nouveau et réhabilite autant qu'il est en elle les croyances des peuples, la science profonde des prêtres anciens.

Lorsque j'écris *Dieu* sur un morceau de papier, ma pensée se figure le maître de l'univers, et tous ceux qui peuvent lire ces caractères écrits ont au même instant la même idée; rien n'est ici miraculeux, des signes convenus ont traduit ma pensée. Mais croyez-vous que si, mentalement, je trace un caractère quelconque sur le premier corps venu, il n'aura point la même vertu de transmettre mon sentiment? — La chose vous paraît impossible, parce que votre intelligence ne comprend que les signes visibles. Eh bien! je vais chercher à vous éclairer. Mon esprit conçoit une chose, mes pensées s'arrêtent un moment sur cette création encore spirituelle; puis bientôt, revêtues elles-mêmes d'une enveloppe semi-matérielle, elles sont portées jusqu'à l'extrémité de la main par ce fluide inconnu venant du cerveau, et qui est chargé de transporter l'idée, comme un messager à qui on remet une lettre : il arrive et la dépose avec fidélité où on lui a dit. Vous vous étonnez, je le conçois; mais tous les mouvements de vos muscles, votre locomotion, sont le résultat de la même puissance inconnue; c'est le même agent, le même serviteur qui porte le commandement, et toute la machine obéit.

Vous avez vu déjà que nous pouvions commander à des organes qui n'étaient point les nôtres, et que notre volonté transmise ainsi se faisait obéir : nos ordres étaient exécutés. Une sorte d'électricité, si vous le voulez, suivait un conducteur et portait la nouvelle. Mais cette force, car c'en est une, est *vivante;* en arrivant, elle fait elle-même mouvoir le cadran des idées et marque le signe que l'âme doit saisir. Nous n'avons point la prétention d'expliquer complétement le mystère, nous exposons simplement nos doutes.

Un magnétiste, même ignorant, connaît pourtant ceci : Il prend un morceau d'étoffe, une plaque de verre, une pièce de monnaie, n'importe! et il dit en pensée, en touchant l'objet : Je veux que telle personne s'endorme à telle heure, qu'elle éprouve tel effet. Et cet objet remis produit, à l'heure dite, la crise demandée. Je n'ose dire encore tout ce que, malgré mon scepticisme, j'ai constaté de réel dans cet ordre magique. Oh! nous sommes loin, bien loin, mais pas encore à moitié chemin !

On magnétise un siége au milieu de plusieurs autres, la personne sensible au magnétisme ne s'endormira qu'en s'asseyant sur le siége magnétisé. Qui le lui a dit? Personne, car c'est souvent en l'absence de tous que l'on y a déposé la pensée du sommeil.

Je magnétise un verre d'eau sur un plateau où un grand nombre d'autres verres sont déposés : le mien sera désigné, on ne s'y trompera point. Une pièce d'argent touchée ainsi et déposée au milieu d'un grand nombre d'autres, sera de même trouvée. Et tous ces faits, que je pourrais multiplier à l'infini, ne sont-ils pas la preuve évidente de la secrète vertu que possédaient les objets que le prêtre intelligent avait touchés de sa main?

Vous riez, sceptiques, de la bénédiction que donne le prêtre de nos jours, et vous avez raison, car il ne sait plus ce qu'il fait : il exécute des signes qu'on lui a transmis comme efficaces, mais il ne sait point leur imprimer *une vertu*. Nos ministres ont perdu ce secret : leur eau lustrale est regardée comme de l'eau claire. Elle devrait posséder le germe d'avenir de l'être, devenir un moyen de purification; mais le prêtre, encore ici, n'a point la pensée : ses signes sont physiques et mécaniques, les vertus de son âme sont restées latentes en lui, aucune émission n'a eu lieu.

Vous avez ri de cette cérémonie pieuse de l'antiquité, lorsqu'un vieillard, se sentant mourir, appelait près de lui tous ses enfants pour les bénir une dernière fois. Vous ne compreniez point ce qu'il pouvait y avoir d'efficace dans ce dernier rayon de vie, dans cette dernière pensée déposée sur des êtres, car vous ignoriez que l'âme, par un dernier effort, imprimait une vertu.

Pourquoi donc chacun de vous s'attache-t-il aux reliques, aux objets laissés par son père, par sa mère, par une femme bien aimée, et qu'il ne peut les considérer, les toucher qu'avec émotion? Le souvenir, direz-vous, produit cette magie. Attendez donc : portez ces restes à un magnétisé, il y trouvera tout ce que fut l'auteur de vos jours, tout ce qu'on ressentit pour vous, parce que ces êtres y ont déposé le rudiment d'eux-mêmes. D'ailleurs un secret instinct n'avertit-il pas chacun de vous de respecter ces restes que les morts ont laissés, comme s'ils contenaient encore quelque chose d'eux-mêmes ? Ah ! que de larmes ont ainsi coulé, que d'épanchements secrets, que de cœurs soulagés !!!...

On dit qu'un grain de blé enlevé du fond des Pyramides, revoyant le soleil, se mit à germer. Deux mille ans et plus avaient passé cependant, le laissant engourdi : *la pensée de la nature* y était en puissance, le temps ne l'avait point anéantie (1).

Créateur de toutes choses, que tes œuvres sont belles ! L'homme vain et orgueilleux a cessé de courber sa tête devant tes sublimes ouvrages. Tu veux qu'il s'humilie de nouveau, car tu lui révèles une force puissante, peut-être la cause génératrice des choses que nous voyons. En sentant sa grandeur nouvelle, il doit tourner de nouveau ses yeux vers ton séjour, d'où est découlée cette céleste

---

(1) On lit dans l'*Akhbar* du 8 juillet 1852 :

« Le conservateur de la bibliothèque et du musée d'Alger nous communique une note très-curieuse qui lui est adressée de Cherchell par M. le commandant du Potet, chef de bataillon en retraite, dont les recherches en archéologie africaine et en histoire naturelle locale sont connues et estimées par les hommes spéciaux. Voici la teneur de cette note :

« Une curieuse expérience, qui intéresse l'archéologie, la physiologie végétale et l'agri-
« culture, vient de se faire ici. On aura peine à croire que du blé récolté sous un Pharaon
« quelconque, ou tout au moins sous quelque Lagide, a été semé en 1850 au village de
« Novi et a produit une espèce de blé dont les épis diffèrent beaucoup de ceux du blé
« ordinaire. Cet exorde, bien fait pour exciter l'attention, sinon l'incrédulité, exige des
« explications ; les voici :

« En 1850, une personne de Paris envoya à un colon de Novi, M. Dérel, vingt-quatre
« grains de blé trouvés avec beaucoup d'autres dans le coffre d'une momie qu'on venait
« d'ouvrir. L'auteur de l'envoi priait de les semer et d'en avoir soin, pensant qu'ils réus-
« siraient mieux en Afrique que sous le climat de Paris.

« De ces vingt-quatre grains, sept seulement levèrent ; mais il n'y eut que deux pieds
« qui réussirent tout à fait et qui produisirent une certaine quantité d'épis. »

flamme découverte par Mesmer. N'est-elle point un rayon de ta toute-puissance? En la suivant on va jusqu'à toi, sans s'égarer un instant.

MOYENS OPÉRATOIRES.

Dépassons la limite du monde magnétique, marchons vers l'inconnu. Comme cette eau souterraine qui se fait jour au travers des terres et qui s'est laissé pénétrer des divers principes que renfermaient ses couches successives, nous avons emprunté un moment des vêtements qu'il est temps de quitter. La lumière de la vérité éclairera sans doute l'erreur, cette espèce de rouille qui s'attache à l'esprit.

Nous avons jusqu'à présent vu l'agent magnétique agissant sans se dépouiller des rudiments spirituel et physique qui accompagnèrent sa naissance. Comme l'enfant attaché encore à la mère par le cordon ombilical, il tirait sa vie et sa puissance de notre propre chair, il était nôtre encore. Voyons maintenant, en l'abandonnant complétement à lui-même et le laissant dans l'espace, ce qu'il fera désormais. Par la pensée, purifions-le d'abord; que, comme une essence, il soit séparé de la fleur, qu'il devienne semblable aux esprits. Mais comment le pourrai-je? — Les anciens demandaient à Dieu, source de toute lumière, d'épurer leur esprit; ils pensaient que c'était la voie naturelle pour arriver à de grandes connaissances, et que l'on ne pouvait qu'ainsi pénétrer les secrets de la nature. On dit même que quelques-uns parvinrent à voir jusqu'à Dieu lui-même : c'était l'état de grâce, une faveur d'en haut, une récompense de leurs vertus.

Nous avouons avec humilité que nous n'avons point demandé ce qu'obtinrent les élus. Notre vertu douteuse nous laisse trop chancelant, nous ne méritons point que Dieu s'abaisse jusqu'à nous. Ne quittons point la terre où nous sommes rivé, mais observons seulement avec simplicité les merveilles saisissables placées sur notre route. Peu sensible aux injures des hommes qui en savent moins que nous, nous marchons en avant, considérant seulement le chemin que déjà nous avons parcouru. Dans cette route du savoir, bien petits furent nos pas, bien longue fut la journée. Plaignons-nous seulement de n'avoir pu mieux faire. N'enviant aucune destinée, pourquoi changerions-nous la nôtre? C'est ici que je reconnais la bonté de Dieu : il a borné mes désirs. Arrivons donc de nous-même aux secrets de la nouvelle science.

La voix lancée dans l'air va où nul ne sait; la voix de la vérité arrive sans bruit, un sens mystérieux la recueille et lui donne un logis au centre d'un palais merveilleux : elle se fait bientôt reconnaître et retrouve ses sœurs. Heureux sont ceux que la vérité vient trouver ainsi! Heureux quand leur demeure n'est point gardée par des courtisans et des valets, par des flatteurs et gens de mauvaise vie; car la vérité s'arrête ou est arrêtée au passage, et on lui dit : Qui es-tu? — On n'entre point ici; le maître dort. — Et d'ailleurs, que ferait-il de toi? Nous pensons pour lui, nous réglons ses affaires, nous dissipons son bien. — Toutes les avenues du palais de l'âme, comme les demeures des grands, sont aussi bien gardées; les préjugés, l'ignorance, les mauvaises passions sont aux aguets et laissent rarement passer la vérité; car celle-ci, à peine introduite, a bientôt renvoyé ces hôtes incommodes, les parasites qui rongent et sapent l'édifice.

Et je dis : Va, vérité; va, vérité pure; ne t'arrête point pour écouter des fous; entre hardiment, éveille le maître et dis-lui : Je viens du ciel pour t'éclairer et t'apprendre à régir ton domaine. On te trompe, et tu oublies ta destinée au milieu de fausses jouissances; tes compagnons sont des impies.

Comment est-elle venue jusqu'à moi? Est-ce parce que j'étais simple et pauvre, et avais moins de préjugés que les autres hommes? Sans doute. — Tout me dit, aujourd'hui, que je vais poser le premier jalon d'une science.

Par tout ce qui précède, la magie se dévoile, en vain voudrait-on le nier. Continuons l'œuvre et faisons connaître de nouveaux résultats ; mais au lieu de laisser l'agent spirituel ou magique libre dans l'air, fixons-le quelque part.

Lorsqu'on répand le salpêtre combiné avec le charbon sur une surface, pour éclater il attend l'étincelle : le feu reste ainsi emprisonné jusqu'au moment où on lui rend la liberté.

Lorsque je trace, avec de la craie ou du charbon, cette figure,

un feu ou lumière s'y trouve d'abord fixé ; il vient de moi-même, ce feu, il s'est écoulé rapidement, en suivant le tracé, s'amalgamant à la substance employée et que mes doigts promènent. Ce feu est d'abord inactif, mais bientôt il attire à lui l'être qui s'en approche, il le détient, le fascine, l'endort : c'est inutilement qu'il essaiera de franchir ce cercle, il ne peut en sortir. En vain fera-t-il des efforts, une puissance magique lui ordonne de rester, et la volonté de l'être, comme ses organes, se pliant à la force, il succombe au bout de quelques instants en poussant des sanglots. Ce n'est plus moi qui ordonne et commande, non ; les effets qui se produisent me sont alors étrangers. La cause n'est plus en moi, elle est dans cette ligne, dans ce tracé tout cabalistique. En vain vous emploieriez la violence, celui qui est ainsi enchaîné vous échappera bientôt, il se jettera sur vous comme un furieux, et reviendra de lui-même dans ce cercle d'où une puissance mystérieuse lui a défendu de s'éloigner. Nous vîmes cent fois ces choses avant de les décrire, et leur identité dans tous les cas ne laissa plus aucun doute dans mon esprit ; car chacun des êtres qui me fournit un exemple nouveau était totalement étranger aux expériences déjà faites. — Que se passe-t-il donc dans leur esprit ? En proie à une terreur profonde, ils ont les yeux hagards et les traits bouleversés ; leur langue se colle à leur palais, la sueur couvre leur corps. Que voient-ils donc? — Nul ne le sait encore; car à travers le délire de leur esprit ils ne font entendre que des sons gutturaux. Mais bientôt, en les laissant à eux-mêmes, ils perçoivent ce que l'œil humain n'a point encore vu, un monde merveilleux, différent de nous-mêmes; c'est le monde des esprits sans corps et sans chair, celui-là même des rêves, dira-t-on peut-être. Nous répondrons : Nous n'en sommes point certain.

Reprenons.

Bientôt il suffoque de nouveau, comme s'il respirait un air peu fait pour sa poitrine, comme si son âme allait s'envoler : c'est l'instant d'effacer le cercle enchanté, pour rendre au plus vite une liberté nécessaire à la vie. Ne croyez point que tout se dissipe à l'instant; il reste un vague souvenir, des traces fugitives qui le glacent encore d'épouvante....

Quelquefois, mais plus rarement, les visions sont douces et tranquilles, elles se traduisent en éclats de rires, mais d'un rire singulier; il semble que celui-ci, pour se produire, emploie des muscles nouveaux. La vie ordinaire n'offre rien de pareil, le délire commun s'en éloigne comme la nuit du jour; c'est une chose étrange, sans pareille, et dont il est impossible de se faire une idée.

Voilà, sans doute, ce qui fit croire à l'existence du diable, non-seulement ceux à qui la nature avait révélé ce secret sans la science, mais encore tous les témoins d'un semblable enchantement.

Si je trace une ligne droite comme celle-ci

——— ——— ——— — —

le même feu, le même élément s'y trouve encore. Placé au point de départ de la ligne, l'expérimenté sent de la chaleur sous les pieds; il est plein d'anxiété; il avance, attiré qu'il est, vers l'extrémité de la ligne, tout haletant, hors de lui.

Si, à la fin de cette ligne, on trace un trait de cette forme

il s'arrête, ne pouvant franchir ce signe, et succombe épuisé. C'est alors que vous devez éparpiller la craie ou le charbon, effacer jusqu'aux dernières traces, si vous ne voulez être témoin d'un drame.

Si, au lieu de tirer une ligne droite, vous en faites une sinueuse, le magnétisé suivra les accidents du tracé, sans en éviter un seul; les phénomènes seront les mêmes.

Si, ayant tiré une ligne droite, vous forcez l'être à rester à son origine, au bout de quelques instants sa vie semble s'écouler sur la ligne et y rester en puissance; bientôt il s'évanouit, il est comme mort, son pouls ne bat plus : il faut alors le porter, sans perdre de temps, à l'autre extrémité de la ligne, et l'y tenir fixé. La vie revient de nouveau l'animer. Il a senti, c'est l'aveu de tous les expérimentés, comme les approches de la mort. Il éprouva des tintements d'oreille, une sorte de vertige; enfin une sueur glacée couvrit tout son corps.

Nous avons publié quelques-uns de ces faits; ils n'ont point trop fixé l'attention, et nous en sommes ravi, il n'était peut-être pas encore temps de les rendre publics; néanmoins nous osâmes les produire devant une nombreuse assemblée. L'expérience des deux chemins de la vie, publiée d'abord dans le *Journal du Magnétisme*, aurait dû ouvrir les yeux de tous. Mais il est des gens qui voient sans voir. Quelques-uns cependant se montrèrent effrayés : ils venaient d'assister à un drame terrible; après avoir sangloté, ils oublièrent ce qu'ils avaient vu.

Quelquefois un cercle ou une ligne attire plusieurs personnes ensemble : c'est alors une complication de phénomènes propres à stupéfier votre esprit. Il faut donc une certaine force d'âme pour ne point se laisser égarer; et, je l'avoue sans honte, je reculai bien souvent, lorsque ces démonstrations agirent sur mon propre entendement. C'était pourtant le moment pour moi de découvrir, et de découvrir par mes sens; mais il est des choses qui cessent d'être innocentes devenant un danger. Comme ici le chemin n'est point tracé, il me semble qu'un fou seul pourrait risquer quelques-unes de ces entreprises.

Qu'est-ce que tout ceci? — Un rêve? Non. — C'est une puissante réalité qui a sa raison d'être, comme tout ce qui se produit dans ce monde.

Appelle à ton secours ce que, dans son ignorance, *la science* te fournira, l'imagination. Mais quelle est-elle donc cette imagination qui a tant de puissance? Et si elle produit tout ceci, pourquoi ne pas l'examiner? Car elle est alors plus forte que la vie : c'est elle qui gouverne tout; c'est elle aussi, n'est-ce pas, qui me donne le pouvoir d'agir sur l'homme endormi, sur les animaux dans l'état de sommeil? — Non. De même que le fluide électrique parcourant une ligne de métal donne des secousses à ceux qui s'opposent à son passage direct, sans que l'imagination soit en rien cause des phénomènes; de même aussi cet agent inconnu que l'on nomme magnétisme a sa loi : cherche-la, toi qui aimes la vérité; mais ne nie pas, car ce serait une preuve de flagrante imbécillité.

Voilà comment j'ai surpris à la nature un de ses puissants secrets! Je ne crains point, en le publiant, d'y attacher ma vie; car s'il me fût resté un seul doute, je n'aurais point parlé. Ces faits, d'ailleurs, ne se discutent point : on les voit, on les produit, on admire et on cherche à découvrir davantage, lorsqu'on est prudent et que l'on a de la pénétration.

Avançons donc hardiment, mais doucement, lentement, afin de bien observer. Et vous tous, ayez la même réserve, rappelez-vous toujours que vous agissez sur des êtres qui ne sont point les esclaves de vos volontés; ne vous préparez point un remords. Il faut que la science nous arrive sans faire couler des larmes. Laissez dire les sots et les niais, vous n'avez rien à apprendre de leurs discours : des cruches vides ne peuvent donner aucune liqueur; éloignez-vous de celles qui sont pleines de fiel ou de lie. C'est ainsi que devenant amant de la vérité, vous approcherez du jour de l'initiation.

PRÉPARATION DU MIROIR.

Ce n'est point dans cette glace au revers métallique et qui réfléchit si bien les moindres traits, que l'âme va percevoir les invisibles; ce n'est point non plus dans cette eau limpide renfermée dans un cristal transparent comme la lumière du jour, où l'esprit pénétrera pour y chercher des formes inconnues. Tout ce que nos yeux voient n'est pas ce que l'âme va découvrir. Vous croyez que cette vision nouvelle a quelque ressemblance avec celle dont nous jouissons tous et qui ne peut jamais rendre que ce qui est dans notre rayon? Détrompez-vous. — De même que dans les songes nos yeux ne servent point, de même aussi, dans ces enchantements magiques, les yeux sont inutiles, et cependant l'on voit.

Vous n'avez point réfléchi à ce fait, que déjà, dans le somnambulisme lucide, les yeux sont inactifs; que les objets perçus arrivent à nous par une voie moins matérielle? Ce n'est donc ni voir, ni sentir, et, je l'ai dit ailleurs, les magnétisés ne perçoivent point comme nous : ils ont la *conscience* et la connaissance de ce qui est. Voilà la cause des erreurs de leurs magnétiseurs, et voilà pourquoi encore *ceci* ou *cela*, qui n'est point à la portée des yeux et qui blesserait leur vue dans l'état ordinaire, n'est point aperçu. — Qu'importe qu'ils jouent aux cartes et fassent cent choses plus singulières encore! S'ils ne trichent pas au jeu, leurs yeux ne sont point de la partie.

Les affections graves développent parfois la vue intérieure; c'est alors que l'épigastre, la nuque ou d'autres parties fonctionnent comme le feraient les yeux, et les objets sont perçus avec une grande netteté. Il semble que tous les sens aient été créés pour servir de sentinelles à l'âme : ils lui apportent à chaque instant leur tribut d'observations ; mais lorsque l'âme le veut, elle peut se passer de leur concours, elle rectifie d'elle-même les erreurs commises. Dans ces grands mouvements, les portes de son palais sont ouvertes ; elle en sort radieuse et pleine de majesté ; et comme si la vie avait abandonné la chair, les sens alors ne fonctionnent plus.

Pourquoi donc devons-nous, pour voir sa clarté, user d'enchantements ? — C'est que notre volonté seule serait impuissante : il faut employer les ressources d'un agent qui l'agite et la blesse. Comme le feu qui se réfléchit à travers nos paupières nous éveille soudain, il faut un élément qui aille jusqu'à elle et la tire d'abord de son repos. Mais quel est-il ? où prendre cet agent ? En nous-mêmes : il s'agit seulement de l'y trouver et de savoir le mettre en œuvre. Je l'ai cherché souvent, sachant bien sa demeure ; mais j'étais maladroit et n'obtenais rien d'abord de toutes mes recherches.

Je m'efforce sans cesse de me faire comprendre, la chose n'est pas aisée ; j'espère néanmoins me rendre intelligible. Dans cet ouvrage, j'ai enchaîné les faits de telle sorte qu'on ne puisse rompre un seul anneau sans détruire l'édifice entier. Qui n'aura point compris jusqu'ici, court risque de laisser échapper ce qu'il est difficile de rendre par des mots.

Qu'ai-je fait en traçant un cercle ou une ligne ? J'ai déposé la substance morte et l'ai en même temps animée par des rayons de vie, comme l'eût fait la chaleur du feu vulgaire. Sans rien changer en apparence, cette substance a acquis pourtant une vertu singulière. Rappelez-vous les objets magnétisés, qui, ne pouvant rien par eux-mêmes, ont à l'instant des propriétés merveilleuses. C'est que déjà l'âme a concouru à vos actes, et vous n'y avez point fait attention.

Augmentez ce foyer de lumière incomparable, étendez-en les rayons sur une surface plus grande, multipliez-en les jets comme vous le feriez pour l'électricité, si vous vouliez charger une bouteille de Leyde avec le fluide que vous fournirait une machine. Vous ne verrez rien vous-même, votre travail sera douteux; mais ce n'est pas de cela qu'il importe, il s'agit seulement d'essayer. Ne croyez point réussir pourtant, si votre âme reste froide comme vos mains; vous ne m'auriez alors pas compris.

Tout doit être précédé d'une opération dans votre propre entendement. Une cloche ne rend aucun son, rien ne vibre en elle si on ne la frappe; une éponge ne rend l'eau contenue en ses alvéoles qu'autant qu'on la presse. Examinez ce qui se passe dans la colère concentrée où l'homme, tout près d'éclater et d'entrer en fureur, ne laisse parfois rien paraître à sa surface : il brûle, il gèle, il tremble; tout est en tumulte dans ses organes, les forces viennent se promener jusqu'à la peau, tandis que le cœur, comme un tambour, bat la charge à coups redoublés. C'est alors que tout est prêt et que le cratère soulève déjà l'écorce de la terre humaine, comme s'il allait épancher sa lave et ses tourbillons de soufre.

Eh bien! il faut, pour réussir au delà de vos désirs, qu'il y ait en vous un feu qui s'allume et brille sans qu'on le voie, et que, comme pour un des actes essentiels de la reproduction, ce soit de votre cerveau que coule le véhicule, et non pas d'un autre organe.

Croyez-vous que la pythonisse, sur son trépied prophétique, avait l'âme tranquille? — Non ; vous connaissez ses fureurs et ses emportements : elle voyait alors. Mais si son intellect s'était porté sur une surface préparée, il y eût attiré l'âme des assistants, et tous eussent pu voir des scènes différentes. Peut-être les prêtres ne le voulurent-ils point, bien que sachant ce que pouvait la nature. Par tout ceci je vous amène à comprendre ce que le raisonnement ne saurait démontrer, j'éveille chez vous un sens spirituel qui dépasse la raison : et ne le faut-il pas, puisqu'il s'agit de choses inconnues? Il m'en coûte d'entrer dans ces détails, car ils cachent un grand mystère, et mon cœur bat à la pensée que je puis être compris.

Vous tracez donc un disque de sept à huit centimètres de diamètre, avec un morceau de charbon bien friable.

Qu'il soit inégal ou parfait dans sa forme, cela importe peu; mais qu'il soit bien terne, bien noir. Songez qu'en le formant vos doigts ne doivent pas agir comme une mécanique seulement : le feu doit en découler sans relâche, et cela sans être distrait. Trois minutes suffisent pour cette première opération.

Voyez cette eau dormante que le soleil échauffe, elle va exhaler bientôt des miasmes délétères et qui pourraient vous tuer! Voyez cette terre que la pioche remue, elle peut donner à l'air un poison très-subtil, ou, du fond de son sein, cette terre échauffée peut envoyer la peste. Le médecin ne voit rien, ne sait rien; il pressent quelquefois : les sens d'un laboureur valent beaucoup mieux que sa science.

Mortel, si tu t'en rapportes à tes yeux, tu ne verras toujours que la plus petite partie des choses. Sais-tu que, près de quitter son enveloppe, notre âme est quelquefois voyageuse et qu'elle peut avertir au loin les gens que nous avons aimés, leur dire tous nos dangers et les secousses qu'éprouve le corps? La voyons-nous venir, cette âme qui, dans la nuit, émeut notre entendement, qui, dans notre sommeil, fait naître des images? — Laisse donc tes savants à leur école, et ne va point les consulter sur les choses occultes! Ils ont un baromètre pour marquer le beau temps et la pluie : en fait de secrets de la nature, c'est à peu près tout ce qu'ils en connaissent.

Le miroir ainsi préparé, rien ne s'y voit encore, mais une force réelle s'y développe subitement. Cette force ne soulèverait pas un fétu de paille : elle *renversera*, *tortillera* l'être humain, l'ondulera comme un drapeau flottant agité par la bise, sans qu'il puisse échapper aux liens qui le retiennent. Bientôt, dans une sorte de fureur et de rage, avant de s'évanouir, il frappera du pied le disque enchanté.

Pouvoir de l'âme, tu te révèles enfin! c'est bien toi! nul n'oserait dire que tu n'es qu'un mensonge. Mais tu fais naître des terreurs et des craintes dans les esprits. Comment désormais te gouvernerons-nous, si déjà tu n'obéis plus à nos pensées et te joues de nos commandements?

Est-ce qu'un être tout spirituel pourrait le faire ainsi? — Les anciens alchimistes le pensaient, et sans admettre entièrement leur croyance, j'ai senti en moi le vide qui s'y était fait, une faiblesse enfin qui n'avait rien de commun avec tout ce que peuvent produire les autres actes de la vie.

Arrêtons-nous un peu, laissons méditer le lecteur sur nos idées : qu'il soit attentif; nous approchons du but, nous touchons ce qui est invisible encore, mais ce qu'un jour les yeux humains verront.

VISIONS.

On doit excuser les croyances passées et ces longs siècles d'ignorance où l'on voyait les hommes avides de connaître aller jusqu'aux enfers interroger les dieux. Ils appelaient à leur aide Satan et son cortége; n'en recevant rien, ils s'adressaient au ciel, comprenant enfin que pour obtenir il ne suffisait pas de vouloir, mais que c'était seulement dans les grandes secousses de l'âme qu'une inspiration soudaine pouvait tout révéler. Ainsi qu'au milieu des éléments en fureur et dans la sombre nuit on aperçoit la foudre venant tout éclairer, de même l'âme laisse entrevoir, à travers le voile qui environne la terre, le séjour de l'immortalité.

La science fut longtemps un crime, tandis que l'ignorance était une vertu; et comme Dieu fit l'âme toute savante, elle enfreignait souvent d'elle-même la loi : prisonnière, elle voulait revoir le jour; mais des bourreaux l'attendaient à la porte de sa prison et la prenaient pour un malin esprit, ils lui jetaient de l'eau bénite en lui disant : *Vade retro, Satanas*.

Tirons le rideau sur ces époques barbares et *brûlantes*. Oui, Dieu a rejeté cette race impie, car il fit l'homme libre et plaça devant ses yeux ses ouvrages afin qu'il les examinât; il fit plus encore, il lui donna le désir de connaître le mystère de sa création, afin qu'il pût remonter jusqu'à lui-même pour le bénir et l'adorer. Je n'ai donc

PRINCIPES ET SECRETS.

fait qu'obéir moi-même à un instinct divin. M'en ferait-on un crime? J'ai parfois lieu de le craindre, tant l'ignorance est profonde encore et tant la vérité a de puissants ennemis.

Nous avons, il y a un instant, laissé à eux-mêmes, près du miroir magique, ceux qui y furent attirés. Est-ce un pur délire de leur esprit, et leur âme, seulement troublée, n'a-t-elle été en proie qu'à des illusions? — C'est vainement que je voudrais le croire. D'abord l'ombre se mêle à la lumière, des images vraies et fausses passent devant lui : c'est l'histoire réelle du temps passé qu'on y peut lire; c'est l'avenir qui glace d'épouvante :

puis la vue se trouble, l'âme est toute vacillante, elle désire prendre son essor, car elle croit apercevoir les immortels. Réduits à n'apprendre que par degrés, ne laissez pas plus longtemps l'âme libre : secouez l'être, agitez tout son corps, saisissez-vous de lui, il en est temps encore; puis effacez jusqu'aux derniers vestiges de la plaque mystérieuse, pour qu'il ne puisse y revenir continuer sa vision.

Voilà la limite extrême qu'il n'est pas permis de franchir, un fou seul l'oserait, et il s'en trouvera, n'en doutez point; mais tous auront à se repentir de leur témérité.

Nous savions où était l'erreur de ceux qui cherchaient la magie et pourquoi ils n'obtenaient rien de leurs travaux. C'est que tout se produit par des forces, la nature même n'a pas le choix des moyens, elle suit une invariable loi. Quand Jésus disait : « Quelqu'un m'a touché! car j'ai senti une vertu qui sortait de moi, » ne constatait-il pas que sa vertu était une force? Ses miracles en étaient le produit.

Nous le disons sans crainte : ici est la route, il s'agit seulement d'y marcher. Comment? En suivant les règles prescrites dans cet écrit. Chercher ailleurs un agent aussi puissant, ayant même vertu, ce serait imiter les alchimistes, qui croyaient changer les lois de la nature au gré de leurs caprices. N'est-ce point un des secrets des anciennes initiations que nous venons de dévoiler? On concevra maintenant les rigoureuses épreuves que durent subir ceux qui voulaient savoir. Ne devait-on pas s'assurer de la force de leur âme avant de déposer en leurs mains un des rayons du feu saisi par Prométhée?

J'écoutai quelquefois des contes de sorciers, toutes ces histoires me paraissaient mensongères, et je vais peut-être moi-même être rangé dans cette classe de trompeurs. Les hommes avancés dans le magnétisme verront bien que je suis sincère, et dussé-je même à leurs yeux passer pour un rêveur, j'en serais médiocrement affligé.

Hommes faibles et pusillanimes, éloignez-vous! Vous qui tremblez au moindre vent qui agite la feuille, que feriez-vous ici, en présence de la sombre terreur d'un voyant lorsqu'il aperçoit la brièveté de sa vie, tout ce qu'il fit pour en abréger encore la durée et tout ce qu'il fera pour la rendre misérable? Gens timorés, livrés à de petites pratiques, suivez vos docteurs, ils entretiendront dans vos esprits une erreur salutaire : que feriez-vous de la vérité? — Elle vous écraserait de son poids, car elle est lourde à porter. Le savoir est une lampe qui brûle en nous et qui s'entretient par notre propre substance, si nous ne savons lui donner l'aliment nécessaire. Tout en vivant, oubliez que vous vivez. N'est-ce pas le sort de la généralité des êtres? Mieux vaut peut-être mourir dans l'oubli que d'occuper la renommée; mais est-on toujours maître de choisir son sort?

Avant ces expériences, je mettais des bornes au magnétisme; je vois clairement aujourd'hui qu'il est le lien nécessaire entre l'âme et la matière, l'agent de transmission de l'un à l'autre. Il meut l'âme et donne au corps des impulsions, il n'est donc ni l'âme, ni la matière, et doit se dissiper pour rendre à l'électricité l'emprunt qu'il lui a fait, et à la nature tout entière ce qu'elle lui a donné de plus pur et de plus parfait. Il sert à dégager l'âme des étreintes de la chair par un double mouvement; il accompagne le principe immortel dans ses migrations, il est son cortége obligé jusqu'au moment où Dieu rappelle à lui cette céleste flamme. Mais longtemps encore il garde la matière, il s'attache au corps et cherche à le préserver des atteintes qu'il doit subir. Il sert son analogue et lui prête son concours : c'est ainsi qu'en magnétisant un mort on croit saisir un reste de vie, car on aperçoit des mouvements très-sensibles, parfois même on espère. Hélas! tous deux ne peuvent rien sans l'alliance d'un troisième; mais il manque à l'appel. C'est assez déjà pour être convaincu que dans quelques cas on peut opérer une résurrection réelle, faire revenir à la vie, non par miracle, mais par fait naturel. Un jour viendra où, dans les cas qui laissent quelque doute, le magnétisme sera la pierre de touche employée, le seul moyen peut-être de renouer ce qui s'est dénoué et de rappeler, par un dernier et suprême effort, l'âme aux besoins du corps.

Le deuil aujourd'hui s'explique, la douleur est légitime, car un vague pressentiment semble nous avertir que l'ignorance retranche à chaque créature une part de jours. La mort qui arrive à son terme doit nous trouver presque joyeux, ou tout au moins résignés : n'est-elle pas la fin prévue, un bien au lieu d'être un mal? Les anciens ne terminaient-ils pas leurs funérailles par des festins? C'est qu'en effet, l'âme se dégage de la matière, la mort lui enlève son fardeau, elle remonte vers Dieu. Pourquoi pleurer dans ce cas? N'est-ce point un blasphème, puisque c'est une loi que Dieu fit dans sa sagesse et contre laquelle nous ne pouvons rien?

Oui, pleurez, vous tous que la science et la croyance abandonnent; livrés pieds et poings liés à l'ignorance, elle lève sur vous plus qu'une dîme. Vous êtes tellement aveugles que vous paierez sans vous plaindre et sans examiner en rien sur quoi est fondé ce tribut affreux. Pleurez, car chacun de vous voit disparaître sa compagne ou son fils, bien que l'aiguille du fatal cadran n'eût point marqué son heure. Et moi, me confondant dans vos chagrins et dans vos peines, je pleurerai de mon impuissance à faire prévaloir la vérité.

Hommes profonds des écoles, ne saisirez-vous point, au milieu des traits de vérité qui se trouvent dans cet écrit, ce qui peut donner à votre génie l'essor dont il a besoin pour sortir d'un domaine déjà tant exploré et où il ne se trouve plus rien? Saurez-vous reconnaître une vérité mal habillée et lui donner un vêtement plus conforme? Ne tenez aucun compte du style de cet écrit, de l'ignorance des termes qui s'y dévoile, mais prenez ce qui vient de la nature. Que le mot de magie n'effraie point vos esprits. Pour peindre des effets supérieurs, j'ai pris celui-ci, n'en ayant point d'autres. Lorsque je vous vois tous, sur certains points seulement, ignorants comme les autres hommes, je me dis en pensée : S'ils voulaient, ils domineraient leur siècle et rénoveraient les sciences. Faire un pas vers nous et prendre ce que cent fois nous avons voulu leur donner, est-ce donc une œuvre impossible?

Cette digression fait ombre au tableau que j'offre à la vue; c'est une réalité matérielle et pénible à côté d'une vérité psychique et consolante. Montrons celle-ci radieuse, saisissons l'âme illuminant les corps et leur donnant cette transparence diaphane; voyons ce qu'ils renferment. Par le feu, je vais de ce métal froid changer les conditions : il deviendra liquide et comme transparent, les molécules qui le composent seront désunies, il ne sera plus semblable à lui-même. Le corps humain va subir presque la même transformation lorsqu'il sera soumis à l'action de ce feu que la nature me livre. L'âme sera forcée de se montrer, car j'aurai désuni les fibres qui la retiennent et rendu transparents tous les tissus. On la verra, et elle verra elle-même à travers son enveloppe. Si ce n'est de la magie, que l'on me dise ce que c'est; mais que l'on ne nie point, car ce serait, selon moi, mettre en doute la clarté du jour.

PRÉPARATION.

Débarrasse-toi d'abord du rire si commun à l'ignorance et à la sottise humaines, mets de côté tes préjugés, *quels qu'ils soient*, car ils sont compagnons de la faiblesse, ils obscurcissent l'entendement et empêchent tout recueillement et toute méditation de l'esprit. Sois ferme et résolu, tu auras besoin tout à l'heure de tout ton courage et d'une prudente fermeté.

Éloigne, comme pouvant te troubler, les êtres trop accessibles à la crainte et ceux peu disposés à attendre la fin d'une épreuve qui commence par des cris ou un sombre désespoir; ne conserve que les plus résolus, instruis-les de ton projet et du but que tu veux atteindre. Prends alors trois ou quatre personnes, hommes ou femmes, jeunes s'il se peut, — ne crois pas cependant que le vieillard ne puisse fléchir sous le charme, mais il y a à redouter ici les rudes secousses que son corps peut-être ne pourrait supporter. — Il n'y a pas de nécessité que ces personnes croient au magnétisme ou à la magie, le mieux même serait leur ignorance à ce sujet.

Choisis un lieu assez spacieux pour que tous les mouvements du corps, les déplacements rapides, comme ceux qu'exige une fuite précipitée, puissent se faire sans rencontrer d'obstacles. Mieux vaudrait un chemin, une pelouse à l'air libre qu'un appartement. Plusieurs fois j'ai fait cette expérience à la campagne et en plein soleil, elle m'a parfaitement réussi.

CERCLE ET MIROIR VISIBLES.

Trace un cercle de quatre ou cinq pieds de diamètre, en ne laissant aucun intervalle dans la ligne ; qu'il soit fait d'un seul jet, lentement et d'une manière réfléchie, afin de donner le temps à la puissance nerveuse de s'écouler de tes organes ; car c'est elle qui doit servir de premier lien.

Ceci fait, trace dans le centre du grand cercle un autre petit cercle de la grandeur d'une assiette, avec les mêmes précautions que ci-dessus ; prends dans ta main droite de la terre ou du charbon écrasé, ou même de la craie, peu importe, — je préfère pourtant ce qui a une couleur foncée. — Tiens dans ta main, pendant quelques instants, cette poussière, et imprime à tout ton être une sorte de vibration qui ne saurait être comparable qu'à celles que l'on considère, sans la comprendre, chez l'animal, au moment où il cherche à se débarrasser du superflu de son électricité. Dépose alors cette poussière au centre du petit cercle ; passe ta main plusieurs fois à quelques lignes de cette surface ; promène tes doigts dans cette poussière, afin de l'étendre et de la rendre unie.

Retire-toi alors et fais franchir le premier cercle, sans le briser, à la personne qui désire se soumettre à l'expérimentation. Engage-la à regarder fixément le petit cercle et regarde-le toi-même, sans cesser de porter ton attention sur elle. Au moindre frémissement nerveux qu'elle éprouvera, tiens-toi sur tes gardes, pour être prêt à la soutenir, à l'encourager et à la tranquilliser, tout en lui laissant la liberté de ses mouvements, que tu dois seulement seconder. Attends alors qu'elle parle, recueille ses paroles, interroge-la même ; mais si elle tombe, ce qui arrive presque toujours, brise les deux cercles avec tes pieds ou tes mains, si tu ne veux voir la mort de trop près.

Trois à cinq minutes suffisent, l'opération commence et l'on voit les signes précurseurs de la crise : je n'ai pas d'autre expression pour dépeindre l'état de l'expérimenté. Si la première personne soumise à cette épreuve n'éprouve rien, prends-en de suite une autre. Si tu as bien conduit ton opération, il n'en faut pas davantage pour te donner une image réelle et vivante de la vraie magie.

Rendre les émotions que l'on éprouve serait impossible, raconter ce qui a lieu exigerait des mots nouveaux, et, les eût-on, ils ne seraient point compris.

Je ne crois pas que Dieu ait parlé aux hommes dans une autre langue que celle dont se sert la nature pour nous instruire. Celle-ci parle à nos sens, Dieu à notre entendement. Admettre que Dieu ait une bouche, qu'il articule des sons, m'a toujours paru une erreur ou une grande fourberie. Les hommes qui entendent des voix au timbre humain sont bien près de la folie, et je place dans la même catégorie les révélateurs, les crisiaques, les inspirés, tous ceux qui font parler Dieu. On emploie cette métaphore bien souvent, mais le vulgaire lui donne un sens qu'elle n'a point. Toute révélation qui nous est faite vient de Dieu sans doute, et nous traduisons nos sentiments par cette phrase : Dieu nous a parlé ! Dieu s'est fait entendre ! car nous manquons de mots précis pour traduire nos pensées. L'oreille n'a jamais ouï un son de voix divine ; c'est notre âme qui, dans la veille, exaltée comme dans la profondeur du sommeil, formule tout un langage. Plusieurs interlocuteurs peuvent être distinctement entendus par elle ; elle recueille alors sa propre semence et se plaît à ce jeu magique.

Dans les visions, et lorsque nous avons placé un être à l'entrée du monde invisible, son corps est comme une lyre exposée au vent et dont les cordes vibrent. Mais ici, au lieu d'être des ondes sonores, ce sont les esprits ambiants qui touchent les cordes de l'âme. Celles-ci résonnent sans bruit, l'âme entend, comprend, saisit, perçoit. Mais comme, pour rendre ses impressions, elle est obligée de se servir d'organes, nous ne saisissons pas toujours ce mécanisme merveilleux, et de là nos erreurs. Dans la magie, c'est bien autre chose ; les sens peuvent conserver leur activité, quelquefois même celle-ci est augmentée. Ce qui apparaît alors ayant souvent des formes, non-seulement l'expérimenté peut voir et saisir à la manière de tout le monde, mais encore, dans certains cas, tous les spectateurs peuvent percevoir comme lui. Ceci est la plus haute expression de l'opération magique et la plus grande preuve que l'on puisse donner de son existence. Supposons pour un instant que le hasard place entre mes mains un de ces hommes dont la vie est inscrite dans le livre du destin et qui doit mourir de mort tragique; le mettant pour un instant dans la situation où il peut voir les événements qui l'attendent, celui qui doit l'assassiner ou l'empoisonner se présentera à sa vue, il le reconnaîtra parfaitement si déjà il a eu quelques relations avec lui. Dans le cas contraire, il pourra donner un signalement exact de ce personnage, car celui-ci accomplira le simulacre parfait de la chose à venir. Il verra les vêtements dont cet homme est couvert et la forme de l'instrument dont il doit se servir. S'il doit succomber, il rendra compte de ses propres funérailles, des regrets sincères ou simulés de ses propres amis. Ce ne sera qu'un rêve! dira-t-on. — Je vous plains de penser ainsi, car souvent la nature seule a produit en nous cette même magie, comme si elle eût voulu nous avertir. Ne tenant aucun compte de cette révélation, ceux qui en furent favorisés n'en continuèrent pas moins de marcher vers le précipice.

Mais alors, pourquoi pénétrer l'avenir si nous ne pouvons échapper au destin?— C'est mal raisonner; ce n'est au contraire que par cette lumière qu'il est possible de s'y soustraire. Si Jeanne d'Arc n'eût pas tout à coup forcé un seigneur de la cour à changer de place sur l'heure, il était tué raide, car celui qui vint l'occuper y perdit à l'instant la vie.

Tout en nous n'est qu'ignorance et témérité, et je vais révolter la haute raison de nos grands hommes. Qu'importe! Cependant tous croient aux pressentiments. Qu'est-ce donc? si ce n'est déjà un commencement d'avertissement, une vue intérieure, comme si Dieu voulait nous dire : Écoute, et cherche à comprendre; regarde et vois.

Par art magique, ces choses sont donc rendues sensibles, puisqu'on fait éclore des germes, que ces germes prennent forme, se dessinent, et que notre âme à l'instant les saisit.

Je disais que des êtres se font voir, non en chair, non en os ni en images ; ce n'est point cela ; c'est quelque chose d'inexprimable encore. Figurez-vous un duplicata, un exemplaire des êtres qui ne sont plus, des formes impalpables, insaisissables et pourtant très-réelles ; figurez-vous voir une ombre se détacher de nous, agissant dès lors seule, qui va, vient, comme si un souffle de vie l'animait et comme si elle avait un reflet de l'âme. Vous serez près de la vérité. On peut saisir ce je ne sais quoi qui vient par un appel mystérieux, par un enchantement, et qui s'évanouit de même. Ici ce n'est point la force mixte dont nous avons parlé, ayant puissance même sur celui qui en fut le créateur et le père ; c'est quelque chose de plus doux, de plus tranquille, une sorte de réflexion spirituelle de la corporéité des êtres.

On conçoit l'impossibilité de voir à la grande lumière ces phénomènes merveilleux. Autant celle-ci est nécessaire pour l'étude des phénomènes tout physiques du magnétisme et même des phénomènes magiques qui ressortent du miroir et des lignes, autant elle efface ce qui est comme vaporeux et ne peut être vu qu'au milieu des teintes d'une semi-clarté. Une lumière douce et tranquille permet cependant de voir et de distinguer ce qui se présente aux regards, et ne peut effacer l'ombre que projette cette sorte de spectre qui se réfléchit à son tour, comme s'il avait quelque chose de la solidité des corps. Cependant il n'en est rien. Si, au lieu de la scène d'un diorama où les personnages viennent successivement se placer à des endroits déterminés et y restent parfaitement immobiles, vous aviez des ombres actives, remuantes, changeant de place et laissant voir à l'œil du spectateur tous les sentiments qui les animent, vous approcheriez de la vérité matérielle. Là est un effet d'optique ou de combinaison de peintures et de lumières, ici une scène de tombeaux, de sépulcres ouverts et de revenants. Et comme si ce n'était point assez pour surprendre et anéantir la raison, on participe bientôt à cette scène qui n'est point imaginaire, et on doute si l'on vit soi-même, si l'on n'est point ombre, tant on demeure saisi et terrifié.

L'ombre de Samuel évoquée prouve que la magicienne, par ses charmes, exerçait un pouvoir sur les âmes des morts. Si l'on consulte l'histoire des temps les plus reculés, on trouve que dans toutes les croyances comme dans toutes les religions, ces faits étaient admis. Je sens bien que l'on aura de la peine à me comprendre et à me suivre, aussi je me hâte de terminer cet aperçu; je pourrais moi-même m'égarer, car je marche dans la nuit encore. J'indique, je signale, il ne m'est pas donné de faire plus. Quant aux hommes qui en savent davantage, — s'il en est, — qu'ils parlent, qu'ils se prononcent; ils me tireront d'embarras. Je sais bien qu'il en exista; ils allaient à la cour, et finissaient généralement par être pendus: après avoir satisfait la curiosité des grands, effrayé qu'on était, on appelait le bourreau. C'est la science que l'on eût dû faire intervenir; mais les *savants* sur ces faits ne savaient rien, ne pouvaient rien, excepté dans l'antiquité pourtant. Quant aux pauvres novateurs, ils ne se préoccupaient point assez de la méchanceté des hommes et devançaient trop les temps.

A l'état sauvage, chez les gens qui n'ont aucune idée de nos croyances, les mêmes faits ont dû se présenter à l'observation, car ils croient à la réalité des apparitions que nous venons de signaler. Les plus grands hommes de l'antiquité, et je pourrais dire les plus sages, les plus vertueux, admettaient non-seulement ces choses comme possibles, mais regardaient comme des êtres inférieurs ceux qui les mettaient en doute. Je dirai plus ici : ou le magnétisme n'est pas, ou ces phénomènes existent. Je vais m'expliquer. Qu'est-ce qui donne au crisiaque la faculté de pénétrer à de grandes distances et de voir ce qui s'y passe? Qu'est-ce qui le met en rapport avec des êtres éloignés et lui permet d'annoncer, dans certains cas, avec grande certitude leur état présent et les changements qu'ils doivent subir?

Qu'est-ce qui lui fait voir dans notre pensée ce qui même n'y est qu'en germe? N'ai-je pas été témoin moi-même de choses plus merveilleuses encore! — Oui, il y a en nous une intelligence supérieure à la matière, qui se lie avec ses semblables. — Qu'est-ce d'ailleurs que cet état de sommeil magnétique lui-même, où l'on constate la mort de la chair et souvent l'exil momentané de l'âme? — Mais les magnétistes semblent ne rien voir et ne rien entendre. Un somnambule leur dit : J'aperçois *un tel qui m'écrit, il me dit telle chose. Je ferai une chute, car je me vois tomber tel jour*. Un tel ira en Italie, je l'aperçois à Florence ; — tandis que, bien tranquille chez lui, l'être désigné n'a point de tels projets. Cet autre, officier du génie, révélant dans son sommeil qu'il doit être blessé d'une balle, dans une jambe qu'il désigne, donnant des détails sur celui qui tire sur lui. Et le tout se vérifie ponctuellement, plusieurs années après, dans la guerre d'Italie! Et cette autre personne encore, qui, attendant son fiancé et ne le voyant point venir, tombe d'elle-même dans ce sommeil et s'écrie : Ah! courez tous, courez vite, je vois qu'on assassine M***, et désigne l'endroit où se commet le crime, et les assassins ; ne se trompant sur aucun des détails de ce drame épouvantable dont elle est véritablement le témoin, drame qui a lieu à une grande distance. Si j'entrais dans plus de détails, on comprendrait alors qu'il pourrait bien exister autour de nous comme en nous-mêmes un être mystérieux ayant puissance et forme, entrant et sortant à volonté, malgré les portes bien fermées. Est-ce que dans une goutte de liqueur il ne se trouve point des êtres vivants? — Je ne les y vois point, dira-t-on. — Le doute empêche-t-il qu'ils n'y soient véritablement, avec toutes les formes sous lesquelles ils doivent se manifester plus tard?

Je me sens accablé par toutes les objections qui pourront m'être faites, mais je ne puis être vaincu dans mon sentiment, car il ne vient point du raisonnement, mais des faits. La mort n'est qu'un mot vide de sens : rien ne s'anéantit, la matière de notre enveloppe, aussitôt désunie, reforme d'autres corps ; notre intelligence, notre âme elle-même, *ce rien des savants*, revit d'une autre sorte, mais sans se désunir : elle erre dans l'espace, plus subtile que la lumière, traverse tous les corps et les affecte en y passant. Je crois même que les êtres que l'on dit bien morts et dont on ensevelit le cadavre, voient et entendent distinctement ce qui se fait et se dit autour d'eux. Ce n'est alors qu'une sorte de somnambulisme avancé, sans espoir de réveil en chair, mais ayant tout à l'heure l'espace pour demeure. Voilà pourquoi on peut les retrouver, comment encore tous les peuples ont eu cette idée qu'ils les voyaient vaguer autour des tombeaux, et pourquoi nous-mêmes nous avons une sorte de crainte et de terreur en approchant du lieu où gisait tout à l'heure un cadavre; pourquoi parfois le remords nous saisit, lorsque nos actions envers celui qui n'est plus méritent quelque reproche. Voilà pourquoi les lieux où l'on dépose les dépouilles humaines sont vénérés; pourquoi, sur les champs de bataille où la mort a moissonné, on croit entendre encore les plaintes des mourants, et comment souvent notre sommeil est troublé par des songes qui ne laissent point de signification, mais agitent longtemps nos âmes. C'est peut-être à tout ceci que l'homme doit de rester honnête, car un vague pressentiment semble lui dire : Abstiens-toi, tu ne te connais point; tu n'es sur cette terre qu'un passager, ton royaume est ailleurs.

Et si j'interrogeais chaque esprit fort sur les circonstances les plus merveilleuses de sa vie, tous auraient des faits incompréhensibles à me raconter. Oui, un esprit de vie circule de l'un à l'autre; il est en nous et forme une chaîne indissoluble, je ne crois point à son anéantissement. Le fer aimanté que je vois devant moi attire toutes les paillettes qui se trouvent dans son voisinage; pourquoi ce que fait la matière serait-il impossible à l'esprit, à l'âme? — Pourquoi l'âme ne pourrait-elle attirer les choses qui sont de son essence et les rendre sensibles à la vue, en les revêtant du manteau dont elle-même n'est point encore tout à fait dépouillée; lorsque je vois surtout, par de simples opérations de magnétisme, la mienne s'emparer non-seulement d'un corps humain, mais astreindre l'âme qui est dans ce corps et les plier l'un et l'autre aux caprices de ma volonté?

Tout raisonnement ici serait superflu : le fait est ou n'est pas; c'est à voir et à considérer. L'examen se fera donc, mais gare aux esprits faibles : il faut ici une sorte de résolution, un caractère inaccessible à la crainte.

Tout ce qui agite l'âme et donne la fièvre conseille mal et fait mal voir; autant vaut, pour beaucoup de gens, rester dans l'ignorance, la lumière pour eux serait peut-être un mal; car lorsque le corps s'est moulé sur une âme faible, celle-ci, en se fortifiant, peut briser le moule.

CERCLE ET MIROIR OCCULTES.

Si tu veux essayer de produire des faits de magie, ne choisis pas un de ces moments où l'âme est enchaînée, où l'esprit n'est propre à rien, où une indolence, résultat *du bien boire et du bien manger*, laisse le corps à demi engourdi, ou bien encore l'instant où, préoccupé de tes affaires, ton cerveau sera en travail pour en chercher l'issue.

Il faut que tu sentes tout ton être vivant et rempli d'ardeur, que ta pensée, *libre* et dégagée, voie clairement les objets sur lesquels elle se porte, et enfin que tes sens soient tous en éveil.

Il faut, ne serait-ce que pendant un instant, qu'un feu circule en toi, qu'une sorte d'érection, qui n'a rien d'érotique, te permette de faire sortir de ton être une émission du cerveau; il faut que ta main conduise cette essence animée, cet aimant vivant sur une surface choisie; car il doit à l'instant même établir les rapports spirituels, les attractions propres à sa nature. Ce n'est plus l'organe d'une femme qui reçoit ce rudiment; il est recueilli, non comme le parfum des fleurs par l'air et les vents, mais par des éléments plus purs et plus actifs que ceux que perçoivent nos sens.

Cette opération peut se faire sans que les êtres qui t'entourent en aient aucune connaissance; et ce fils de ton œuvre, que nul ne voit encore, fera reconnaître sa puissance, comme *Hercule* encore enfant faisait sentir la sienne. Il a des ailes au talon comme *Mercure;* insaisissable, il peut agiter qui lui plaît; il peut fuir, si un cercle tracé avec intention ne l'arrête; il peut tourner sa force contre toi-même, annihiler ta propre puissance, te rendre son jouet, puis enfin s'enfuir, comme l'âme de la poitrine d'un mourant, sans indiquer la route qu'il va suivre.

On peut parfois enchaîner cet esprit dans un cristal, l'y tenir enfermé. C'est de là qu'il excite à la vision et que, comme un messager, il va chercher les êtres, morts ou vifs, que vous lui demandez, et les contraint de paraître.

Les magnétistes ne se doutent point qu'ils font dans leurs opérations communes une partie de ces choses; ils ne devinent pas le mécanisme secret qui seconde leurs désirs et les rend féconds, et de tout ce qui se passe dans le corps du somnambule comme en dehors de lui et de son magnétiseur. Ils croient, en magnétisant, faire une opération simple et naturelle, une chose toute physique. Que les plus habiles s'étudient bien, peut-être comprendront-ils qu'ici la forme cache le fond, et qu'entre leurs mains est une clef qui peut ouvrir toutes les serrures, serrures qui ferment tous les laboratoires où la nature opère. Dire plus clairement la vérité, la rendre plus sensible, dévoiler autrement et par d'autres paroles un secret, me paraît impossible. Qu'on se pénètre entièrement des principes renfermés sous une légère enveloppe dans tout ce qui précède, et on réussira, je n'en doute nullement.

DOMINATION DU DESTIN.

Chaque être humain peut voir son avenir, et cela dans un instant; mais ce tableau se déroule et passe si vite devant l'intelligence, qu'elle n'en saisit que les principaux traits. Aucune écriture ne pourrait suivre la pensée, tant elle se montre rapide : le télégraphe électrique même serait impuissant à transcrire ce que conçoit l'esprit. Il reste quelques souvenirs dans la mémoire, mais ils sont faibles et s'évanouissent comme un songe léger. Les impressions paraissent cependant très-violentes, la tourmente du corps, le son de la voix, le tiraillement des muscles de la face en sont des indices certains. Toutes n'ont pas le même caractère, plusieurs sont douces et calmes, le visage exprime le bonheur. Hélas! celles-ci sont les moins nombreuses et les moins durables. N'est-ce pas ce qui doit arriver, et ne paraissons-nous pas tous voués au malheur et à la souffrance? Quelques instants de joie sont les trêves accordées.

Ce qui reste de la voyance ou de la vision n'est point absolument perdu : on se rappelle, pendant les événements de la vie, que l'on a eu connaissance du fait qui s'accomplit; on ne sait plus par quelle voie et par quels moyens; on cherche à se le rappeler. Vaines tentatives, tout se tait. La lampe mystérieuse qui s'était allumée en nous s'est éteinte, elle ne peut plus répandre de lumière. L'âme s'est promenée dans son domaine, a vu sa destinée; mais la fissure qui s'était faite au sépulcre vivant s'est refermée subitement : la mort seule désormais pourra la rouvrir.

A quoi sert donc cette vue, cette prévision obtenue par un puissant effort, par une rude secousse imprimée à l'âme? A rien d'abord; car ceux qui pourraient recueillir les paroles prononcées, redire les choses vues, ne peuvent croire à ce qui leur paraît impossible, et ne font aucun cas des prédictions faites; et lors même qu'elles leur paraîtraient fondées, il ne resterait inculqué dans l'être qu'elles intéressent, mais qui se trouve alors refroidi, que l'image des choses vues. Il y a pourtant un moment pour cela, encore le cas est incertain : ce serait de graver les pensées, au moment du retour à l'état naturel, par une forte impression du *vouloir* sur le cerveau. Mais ce que l'on peut faire sur le métal en fusion ne se peut peut-être ici. Et qui sait d'ailleurs si la vie n'en serait point tourmentée et rendue insupportable? Je ne puis m'empêcher de le dire : une fatalité puissante, invincible, semble peser sur les humains; il faut qu'ils suivent le sentier tracé, qu'ils s'écorchent aux ronces et aux épines placées sur leur chemin. Quel en est le but, les fins? Dieu seul peut nous l'apprendre. L'homme aujourd'hui marche en aveugle, tandis que la lumière est en dedans de lui. Mais *sa raison* la repousse, la repoussera toujours. Ce n'est donc qu'en faisant un suprême effort sur eux-mêmes que quelques hommes parviennent à surmonter cette loi : ils brisent ainsi l'ouvrage de Dieu. Il faut bien qu'il n'en soit pas trop offensé, puisqu'il ne les foudroie point. — C'était là sans doute le grand œuvre, le point culminant de la philosophie. Pour y arriver, il fallait marcher à rebours de la vulgaire raison, et, développant sans cesse son intelligence, faire prédominer ainsi l'esprit sur la chair, agir sur elle en dominateur; la lampe mystérieuse venait éclairer par instants d'abord, puis, au dernier moment, sa clarté était si grande et si vive que l'on voyait Dieu.

VISIONS VIRGINALES.

Irai-je de nouveau, fouillant tout le passé, rechercher un à un tous les faits de magie et de sorcellerie qu'a conservés l'histoire, pour offrir au lecteur ces exemples fameux d'un pouvoir disparu? Ce recueil indigeste pourrait-il les convaincre et me justifier à leurs yeux d'avoir osé, dans un siècle éclairé, proclamer à la face de tous l'existence de la magie? — Non, ce n'est point ainsi que je prétends agir. Trop d'autres hommes, et bien plus érudits, ont fait ce travail, et l'indifférence publique fut la récompense de leur œuvre laborieuse.

Qu'importe que l'on cite les anciens possesseurs d'une terre actuellement en friche! les riches moissons qu'elle offrit en récompense des soins qu'on lui donna! Ne vaut-il pas mieux prendre en main l'outil propre à la féconder et montrer à tous qu'un utile ouvrier vaut mieux qu'un discoureur, qu'il fait plus, en un mot, car il offre aux regards ce que le sol fournit? Il s'expose sans doute à se faire voler et doit craindre surtout cette foule de parents éloignés qui, voyant des champs couverts d'épis où il n'y avait naguère que des ronces et des épines, voudraient rentrer en possession d'un bien que leur inintelligence ou leur paresse avait laissé déchoir.

Il me semble déjà qu'ils jettent un regard de convoitise sur mes travaux, ces héritiers douteux des seigneurs anciens; mais, encore peu certains de l'utilité de mes efforts, ils craignent que, leur mettant en main la pioche, je ne leur dise : Hé! mes amis, voilà la besogne presque terminée, continuez mon ouvrage; si vous réussissez, la moisson sera bonne. Un peu de votre sueur, beaucoup de votre temps, puis semez tel jour, le soleil fera le reste. —Ils craindraient, j'en suis sûr, d'accepter mon cadeau; car, gens habiles et malins, ils préféreront attendre le jour où paraîtront les fruits. Allez! tout est viager et de courte durée. Prenez ce qui est à votre convenance; jouissez, soyez heureux.

Je ne vais point vous parler en alchimiste, je serai clair. Ces philosophes vous auraient dit : Un et un font un; puis, un et un font trois. Vous n'auriez su comprendre; et cependant rien n'était plus exact que leur calcul, car deux êtres s'absorbant réciproquement s'identifient de telle sorte qu'ils finissent par ne plus former qu'un. Les mêmes unités peuvent, sans se réunir aussi étroitement, en former une troisième. Si vous êtes magnétiseur, il vous sera facile de comprendre ce raisonnement; mais tel était le langage ancien, que les initiés seuls pouvaient pénétrer le sens caché des écrits traitant de l'art occulte.

Secrets de l'âme et du cœur, pourquoi vous dérobiez-vous ainsi à la curiosité des chercheurs? pourquoi restiez-vous cachés à tous les yeux? — C'est qu'il est des choses qui, semblables à la virginité, craignent d'être profanées par le premier débauché venu, par le premier ivrogne. Et ne sont-ils point de même, tous ces hommes vils et trompeurs, ennemis du bien et de la vertu, qui ne recherchent la vérité que pour la salir et la corrompre par le souffle impur de leur haleine! Vierge sainte et sacrée, tu vas bientôt subir les caresses de ces amants indignes; ils te demanderont tes plus secrètes faveurs, et si tu les leur refuses, après la menace viendra l'outrage. Voilà ce que craignaient les anciens, voilà pourquoi ils ne t'exposaient point aux regards des passants et cachaient avec soin le miroir qui reflète tes beautés. Ils choisissaient souvent des enfants en bas âge, parce que le vice ne leur avait point encore terni la vue, émoussé les autres sens; ils les préféraient aux adultes pour ces divines opérations où se découvre ce que l'on cherche; où le larron apparaît lorsqu'on demande sa venue; où l'objet perdu, enfoui, se montre; où l'assassin couvert du sang de sa victime est obligé de paraître; où tout prévaricateur voit ses actes dévoilés, sans qu'aucun témoin ait besoin d'être appelé pour mettre sur la voie des artifices employés pour la perpétration des crimes.

On conçoit maintenant pourquoi un tel secret, une telle vérité fut celée si longtemps. Aujourd'hui même, malheur à l'imprudent qui osera la rendre publique; malheur à celui qui lèvera ce voile mystérieux devant tous! Car dans chacun, il y a des choses vilaines à voir, quoique étant souvent couvertes par le voile de l'oubli! On conçoit aussi l'anathème lancé sur les devins d'autrefois par les hommes puissants du sacerdoce, par les grands, par les chefs des Etats. Tous ceux-ci, en effet, comme les plus misérables, avaient des secrets à cacher. Voilà pourquoi on crucifiait, on brûlait tant de gens innocents. Comme si le sang versé devait un jour empêcher la justice divine d'avoir son cours! comme si la mort devait renfermer dans l'éternité du silence ce que la conscience avait condamné!

Laissez le monde aller vers ses fins dernières; gardez pour vous les élans de votre âme! que ce trésor de vérités nouvelles reste caché au vulgaire : la clef n'en doit être confiée qu'aux gens éprouvés. Les vérités morales ne se vendent point au poids de l'or, elles se donnent aux plus dignes. Il ne faut pas descendre au rôle de ces Égyptiens qui, charmeurs de serpents sur les places publiques, réclament de vous un salaire pour la surprise ou la terreur qu'ils vous ont causée, ou de ces fakirs indiens qui se font enterrer vivants, et, sortis de leurs tombeaux à plusieurs mois d'intervalle, mettent un prix à ce miracle que la magie explique maintenant. C'est l'abaissement, la dégradation, et il ne faut, dans cet ordre de faits, que quelques hommes pour avilir toute une nation. Le trafic ne doit jamais être toléré dans les choses divines.

Ne vous étonnez plus, lecteurs, si cet ouvrage ne ressemble à aucun autre! Ce qui vous paraît ici comme un alliage superflu est précisément le lien qui unit tous les matériaux; c'est afin que vous puissiez comprendre des idées imparfaites dans leur développement, des faits de diverses sortes qui ne peuvent passer en nous autrement; c'est enfin pour que la vérité devienne compréhensible à tous comme elle l'est pour moi-même.

Je reviens au sujet principal de ce chapitre.

Quels que soient les doutes et l'étonnement causés par la vision dans le miroir magique, il faut accepter ce phénomène comme un fait qui s'est produit dès la plus haute antiquité : cette vision éveillée n'est pas plus merveilleuse que celle que nous avons dans nos songes. La nature, par mille voies différentes, cherche à nous éclairer : tantôt c'est le pressentiment soudain d'un événement actuel ou prochain qui vient en notre âme sans que l'on sache en rien qui nous l'a envoyé; tantôt c'est un simple objet qu'évoquent nos pensées et nous donne ainsi une sorte de prévision. En tout temps, l'homme a des pressentiments; qui ne les a constatés à la veille d'une bataille, dans un voyage? Au milieu même d'une vie paisible et heureuse, on peut ressentir un avant-coureur de chagrins qui nous menacent. Chez certains malades, la prévision est on ne peut plus manifeste, mais la pleine santé ne l'exclut jamais.

C'est en vain que nous chercherions à épuiser tout ce qui peut donner naissance au don de prévoir, nous resterions en deçà; car chaque être peut recevoir d'en haut, et par des canaux inconnus, un messager secret et mystérieux entré chez nous, nul ne pouvant savoir par quelle porte.

Rapports secrets des âmes, doux sentiments, mutuelle sympathie, d'où venez-vous? Qui dit à l'un ce que l'autre pense? Pourquoi la douleur et la tristesse sont-elles si communicatives? Mais quel est le démon qui souffle en nous la colère et la vengeance, et qui, dans un instant, brise et rompt les liens qui s'étaient établis? — Ah! nous sommes les jouets d'intelligences invisibles! Notre corps est comme une hôtellerie où des milliers de voyageurs séjournent ou s'arrêtent un instant : tout est tapage au logis, la nuit même il n'y a nul repos; l'un éveille l'autre, nous prenons fait et cause pour celui-ci ou celui-là; nous sommes frappés, mourants, ou nous donnons la mort. Tout est magique en nous, autour de nous, et on nie la magie! Avançons, peut-être allons-nous encore trouver dans nos recherches des choses qu'aucun savant n'a saisies!

CINQUIÈME PARTIE.

COROLLAIRES.

PALINGÉNÉSIE.

Certains philosophes des siècles derniers faisaient cette curieuse expérience : ils prenaient une fleur, une plante dans toute sa beauté ; ils la brûlaient complétement et en recueillaient *toute* la cendre ; puis ils renfermaient dans un vase transparent ces débris, et lorsqu'ils le voulaient, l'image de la fleur ou de la plante apparaissait comme elle avait été, avec ses couleurs vives et sa fraîcheur : cette apparition durait un certain temps. J'ignore leur secret, mais je suis convaincu que ce phénomène peut se produire.

L'apparition d'un mort n'est pas plus impossible. Ici ce n'est point une *ombre vaine*, une image seulement, mais quelque chose de réel, une forme mouvante, reconnaissable, comme Samuel lors de son évocation, et c'est là ce qui rend l'opération magique dangereuse. C'est rarement en vain que l'on trouble les morts : l'ombre évoquée peut s'attacher à vous, vous suivre, agir sur vous jusqu'à ce que vous l'ayez apaisée. Nos vivants *très-éclairés* se moquent de cette croyance antique dont ils ignorent l'origine et le fondement, sans considérer que les nations qui nous précédèrent, pour avoir d'autres lois, d'autres mœurs, d'autres croyances, n'étaient au fond ni moins instruites, ni moins savantes que nous. Les anciens croyaient donc à ces apparitions. *Fléchir les ombres! apaiser les mânes!* à quoi bon, dirait-on aujourd'hui, puisqu'il n'y a plus rien après nous? Mais ceci est le raisonnement de fils ingrats, de rapaces héritiers, d'hommes ineptes et sans cœur, qui ne voient qu'un héritage sur une tombe!

Cette goutte d'eau que le soleil évapore et que l'air emporte reviendra dans son temps : *rien ne se perd!* tout se reproduit dans sa forme; mais les éléments matériels n'agissent eux-mêmes que sur la matière; l'âme de tout ce qui eut vie a conservé son moule. La terre ne porte probablement pas plus d'êtres aujourd'hui qu'elle n'en portait il y a dix mille ans. A la place où nous vivons actuellement et où les arts fleurissent, il n'y avait autrefois qu'une bourgade, et aux lieux où des villes puissantes existaient il n'y a plus que des repaires pour des animaux immondes. Telle sera la destinée de la cité que nous admirons et que nous croyons impérissable. L'histoire un jour, peut-être, ne se souviendra plus de notre existence actuelle. Tout périt pour renaître, telle est l'immuable loi.

Faire apparaître un être mort, le déranger dans les combinaisons qu'il subit, est peut-être un crime, et voilà pourquoi le frisson saisit tout opérateur; il croit instinctivement commettre une mauvaise action, et que cette espèce de violence aux lois de la nature ne saurait rester impunie. Il en est de même lorsque de nos propres mains et de notre volonté nous avons interrompu le cours des jours de quelque être : notre vie alors ne nous appartient plus entièrement, il semble qu'elle soit davantage, s'il était possible, à la discrétion de la justice humaine et divine.

On s'est moqué des sectes qui ne tuaient point d'animaux, qui ne faisaient jamais couler de sang humain, qui éprouvaient même une horreur profonde pour tout holocauste, le regardant comme le plus grand sacrilége; et cependant, lorsqu'on pénètre leurs maximes, lorsqu'on examine leur morale, la vie de paix et de tranquillité

qu'elles menaient, on reste saisi d'admiration et de respect! En effet, il ne se rencontre point parmi ces sectateurs de ces caractères monstrueux comme on en voit de nos jours ; les Caïn leur furent inconnus, et ils ne soupçonnèrent pas même les souillures dont cette génération est témoin. Rassemblez en pensée tout ce qui dans le monde civilisé a le caractère de la *bête* et ses affreux instincts, et voyez le vide se faire dans les villes et dans les campagnes, tandis que sur un point il y aura tout ce qui constituait la création en dehors de l'homme, qui s'est en lui personnifiée! N'est-il pas des êtres qui suent le sang, sentent le cadavre? Quoique tout vivants, tout en eux est putride; ils gangrènent la vie en la donnant; leur mort même, dans certains cas, est un fléau, car elle engendre le typhus et la peste.

Mais nous nous éloignons de notre sujet; aussi bien tout se touche et s'enchaîne, et nous n'en sommes jamais plus près que lorsque nous paraissons l'avoir perdu de vue.

Ce qui ôte à l'homme les visions célestes et le pouvoir de l'âme, c'est la pourriture qui s'introduit en lui et qui ternit ce sens mystérieux : il ne voit plus qu'avec des yeux de bœuf ou de mouton; sa tête, au lieu de se diriger vers le ciel, s'incline vers la terre, car il ne connaît qu'une pâture, celle qui engraisse le corps; il ignore celle qui nourrit l'âme. Semblable est le *savant*, qui va chercher dans la matière son butin de chaque jour. La vraie science, celle du ciel, il ne la connaît point. N'a-t-il pas oublié jusqu'à sa propre origine? En se classant lui-même dans le règne animal, il s'est rendu justice. Seulement, il s'est encore placé bien haut, car il lui manque les sens, les instincts; il y supplée sans doute par des instruments qui le font voir et entendre : c'est une supériorité factice dont il s'enorgueillit comme d'une conquête. Le moindre insecte en liberté est plus heureux que lui! Voilà la différence!

L'homme a donc perdu le premier de ses dons, la perception divine, puis la faculté d'agir sur les éléments qui l'environnent et sur toute l'animalité. Par son régime, il a bouché tous les pertuis par où passaient les rayons de la souveraine intelligence. Les soupiraux de son âme sont comme ces vitraux que le temps et l'ordure ont dépoli : l'âme distingue à peine au travers. Parlez de merveilles à un tel homme, il ne pourra comprendre, non plus que celui qui, encore à moitié ivre, ne saura ce qu'on veut lui dire si on lui fait une leçon de morale.

Voyez comment vivaient ceux qui opéraient des prodiges, considérez seulement le soin qu'on apportait à séparer du reste des mortels les sibylles et les pythonisses, et comme s'écartaient de la foule ceux qui jouissaient de la faculté de voir dans les temps et de maîtriser les forces mêmes de la nature. Vous commencerez à comprendre pourquoi il ne sort qu'un vain bruit de nos sociétés savantes et de nos académies, et comment tant d'hommes qui passent pour éminents nient des vérités évidentes, n'ayant plus aucune pénétration des choses plus spirituelles que physiques. Ce sont eux cependant qui forment et dirigent l'opinion, ce sont eux qui gouvernent les intelligences ! — Discuter devant une académie le problème des forces morales et mystérieuses serait inutile ; et cependant c'est de ces forces que nous viennent les notions du juste et de l'injuste ; sans elles, le magnétisme ne serait qu'un vain mot, les phénomènes qu'il produit une pure invention. Continuons donc nos recherches et nos explorations, dussent-elles ne servir qu'à éclairer notre esprit.

Si dans un vase on met un liquide contenant des sels en dissolution, on peut, avec un réactif, obtenir des cristaux ou un précipité qui représente le sel dissous. Il était impossible à l'œil humain de l'y apercevoir avant cette opération. Nous possédons un réactif bien plus puissant encore, car il agit sur les esprits des corps et les en sépare à l'instant. Ce produit, que l'œil peut voir, nous représente l'image réelle de l'être, sa forme, moins la matière. N'aurions-nous agi que sur un lambeau de ce qui le constituait lorsqu'il était vivant ?

On a déjà vu quels moyens nous servaient : la force mixte produite, agissant dès lors d'elle-même et tirant à elle l'esprit des corps. Il ne

COROLLAIRES.

faut pas croire que le temps ayant passé sur des êtres humains, leur ait laissé seulement leur partie matérielle ou terrestre ; ils peuvent conserver encore un rudiment du feu qui les animait. C'est ainsi que la feuille depuis longtemps détachée de sa branche peut donner une essence rappelant l'arbre qui l'a produite. Plus le mystère est grand, plus on doit faire d'efforts pour l'approfondir. Je soupçonne que la terre entière est animée, et que l'air contient, sans que nous en voyions rien, de quoi couvrir la surface du globe de créations spontanées.

La nature elle-même évoque et appelle à retour chaque exemplaire des choses passées, voulant rendre éternel ce qui ne paraît à nos yeux que passager. Sa loi est écrite dans chaque être, dont elle a prévu d'avance tous les changements, toutes les métamorphoses. L'art pénètre quelques-uns de ses secrets ; il peut soulever une tombe et dire au mort : Relève-toi ! De même que par la pensée nous pouvons dire à celui qui vit et marche devant nous : Retourne-toi ! Et il se retournera pour nous considérer, ayant senti en lui notre appel. De même encore, ce qui reste de vie dans un cadavre fera effort pour se dégager de son dernier lien et se montrer à vous. Mais que le vulgaire ne s'imagine point qu'il suffise de commander et de vouloir, comme on le fait habituellement pour se faire obéir des vivants ; nous le prévenons qu'il n'obtiendra rien ainsi. Il faut que les rayons de l'âme soient rassemblés par une grande contention de l'esprit et dirigés sur les restes de celui que l'on veut revoir. Il faut sentir en soi-même l'abandon de sa propre vie, la sentir pénétrer où la pensée la conduit, ainsi que le rapport secret qui unit les deux substances. Il vous sera rendu, en retour de la vie que vous dépensez, un froid qui glacera vos os. N'ayez aucune crainte, c'est une sensation passagère : elle est nécessaire au développement complet du phénomène. Il faut, en un mot, qu'il y ait pour un instant union, mariage ou plutôt viol de la nature. Sans cet enchaînement de causes, nul effet.

Les cérémonies des anciens magiciens-nécromans, leurs sacrifices, leurs cercles, leur langage mystique et leurs paroles cabalistiques n'étaient que secondaires; ils cherchaient ainsi à préparer leur corps et leur esprit, afin d'émouvoir l'âme et d'obtenir d'elle l'élément du succès. A ce moment, le magicien devenait méconnaissable, ses traits se bouleversaient, il avait quelque chose de ressemblant à la mort : il y participait, sans nul doute, car la moitié au moins de ses forces avait passé au mort qui, de son côté, avait comblé le vide. Souvent même, après l'opération, il était comme hébété et sans forces.

Certains peuples du Nord sont encore très-experts dans ces enchantements, et c'est ainsi que des voyageurs ont pu avoir, par quelques-uns de ces magiciens, des nouvelles de leurs familles et de leurs amis, vus malgré l'éloignement.

Les gens qui, dans notre pays, se laissèrent brûler sans vouloir jamais se démentir, — souvent on ne leur demandait qu'un aveu, — avaient donc vu ce qui était caché aux yeux de la justice, dans ces moments où on les trouvait comme morts et où on pouvait les frapper sans qu'ils sentissent de douleur. Ils avaient vu sans quitter leur domicile; ils voyaient en esprit. C'est que le corps n'est que l'étui, l'enveloppe; et, comme dans toutes les évocations dont nous avons parlé plus haut, c'est la partie muable, l'esprit, qui est l'agent de toutes les apparitions.

Là est la science antique, la source des prodiges! Qui ne sait point ceci n'est qu'un homme vulgaire, qui vit sans se connaître, sans savoir s'il a une âme, sans rien comprendre aux sens des écritures. Il ne voit qu'un côté de la vie, le côté matériel; la science morale est science morte. C'est celle-ci pourtant qui devrait terminer l'éducation et donner le dernier degré d'initiation.

Mais tous les hommes ne sont point assez forts pour le recevoir. Plusieurs deviendraient fous. Les anciens le pensaient ainsi, puisqu'ils ne révélèrent rien touchant ces choses. Il fallait s'y préparer longtemps et permettre aux prêtres qu'ils s'assurassent que vous étiez capable de les comprendre, et si vous méritiez d'être dépositaire d'un tel secret.

COROLLAIRES.

Les anciens sages croyaient que la science peut devenir dangereuse entre certaines mains; qu'il n'était pas convenable que tous les hommes fussent instruits. Ils pensaient encore que pour arriver à les gouverner, il ne fallait leur donner que les lumières nécessaires à leurs communs besoins, que le surplus les rendait méchants et indomptables, incapables même d'être utiles à leurs semblables, mais propres seulement à troubler l'État. Une demi-instruction fait des esprits forts, des athées, des ambitieux; tandis que la science réelle rend l'homme croyant et résigné : il accepte le lot qui lui est échu, sans rechercher les honneurs et le pouvoir. Mais il faut trop de temps et de travail pour acquérir; voilà pourquoi les esprits superficiels abondent et se croient cependant tous capables de gouverner l'État.

Vaut-il mieux qu'il en soit ainsi? Je n'en sais rien. On peut vivre sans beaucoup de science, comme on peut gouverner sans sagesse. Mais la lumière est nécessaire pour opérer des œuvres capitales et durables. La magie n'est donc point du domaine de tous; nous ne pouvons être compris que de quelques-uns.

LES ESPRITS.

L'existence des êtres non corporels ou esprits que le raisonnement est forcé d'admettre, se trouve confirmée par Jésus-Christ, qui nous fait connaître leurs diverses natures et leur action sur l'homme.

Voici le résumé des lumières que l'Évangile nous fournit à cet égard.

I.

Les esprits ont été créés dès le commencement, et ils sont immortels comme Dieu même.

« Vous êtes dès le commencement avec moi. »

(Saint Jean, XV, 27.)

« Je suis avant qu'Abraham fût au monde. »

(Saint Jean, VIII, 58.)

II.

Les desseins de Dieu ont exigé que les esprits fussent de deux natures.

L'une, propre à connaître et à exécuter sa volonté, et trouvant le bonheur dans cette faculté.

« Celui qui est de Dieu entend la parole de Dieu. »

(Saint Jean, VIII, 47.)

« J'ai fait connaître votre nom aux hommes que vous m'avez don-
« nés en les séparant du monde. Ils étaient à vous, et vous me les
« avez donnés, et ils ont gardé votre parole. »

(Saint Jean, XVII, 6.)

L'autre, soumise à l'aveuglement de l'orgueil et du mensonge, et n'ayant d'attrait que pour le mal et la destruction.

« Pourquoi ne connaissez-vous point mon langage? Parce que vous
« ne pouvez croire ma parole. Vous êtes les enfants du diable, et
« vous voulez accomplir les désirs de votre père. Il a été homicide
« dès le commencement, et il n'est point demeuré dans la vérité,
« parce que la vérité n'est point en lui. Lorsqu'il dit des menson-
« ges, il dit ce qu'il trouve dans lui-même, car il est menteur et père
« du mensonge. »

(Saint Jean, VIII, 43 et 44.)

Vous n'entendez pas la parole de Dieu, parce que vous n'êtes pas de Dieu.

III.

Dieu place des esprits dans les corps lorsqu'il lui plaît de les animer; il les retire lorsqu'il lui plaît de les priver de la vie.

« *La fille d'un chef de synagogue appelé Jaïre était morte*, Jésus la
« prenant par la main, dit : « Ma fille, levez-vous. » Et son âme
« étant retournée dans son corps, elle se leva à l'instant. »

(Saint Luc, VIII, 54 et 55.)

IV.

Dieu substitue, quand il lui plaît, un esprit d'une nature à un esprit d'une autre nature dans un même corps.

« Ne vous étonnez pas de ce que je vous ai dit qu'il faut que vous
« naissiez de nouveau. L'esprit souffle où il veut, et vous entendez
« bien sa voix, mais vous ne savez d'où il vient ni où il va. »

(Saint Jean, VIII, 7 et 8.)

« Un homme, possédé de l'esprit impur, s'écria : « Qu'y a-t-il de
« commun entre vous et nous, Jésus de Nazareth? Êtes-vous venu
« pour nous perdre? Je sais qui vous êtes : vous êtes le saint de
« Dieu. » Mais Jésus, lui parlant avec menaces, lui dit : « Tais-toi,
« et sors de cet homme. » Alors l'esprit impur s'agitant avec de vio-
« lentes convulsions et jetant un grand cri, sortit de chez lui. »

(Saint Marc, I, 23 à 26.)

V.

Dieu incarne plusieurs esprits dans un même corps.

« Il y avait avec Jésus-Christ quelques femmes qui avaient été
« délivrées des malins esprits et guéries de leurs maladies, entre les-
« quelles était Marie, surnommée Magdelaine, dont sept démons
« étaient sortis ; Jeanne, femme de Chuza, intendant de la maison
« d'Hérode ; Suzanne et plusieurs autres qui l'assistaient de leurs
« biens. »

(Saint Luc, VIII, 2 et 3.)

Les faits extrêmes du magnétisme comme ceux du somnambulisme, en plaçant le spectateur à la porte du monde invisible, produisirent le funeste résultat que voici : c'est que beaucoup de cerveaux fêlés crurent avoir saisi la clef des mystères du ciel, et bâtirent immédiatement un paradis. Si c'eût été pour eux seuls, la chose était inoffensive ; mais c'était un paradis pour tout le monde, et ils prêchèrent une sorte de nouvelle Église. Tout, cependant, n'est pas sans fondement dans leur croyance, la base est très-réelle, l'édifice seulement est tout à fait imaginaire. C'est que l'esprit tourbillonne en présence de l'infini ; le cerveau, ouvrant tous ses magasins, laisse échapper les erreurs qui ont aussi des ailes ; l'âme, dans son vol hardi, reçoit une teinte mensongère, et tous ses élans sublimes sont obscurcis.

Le contrôle n'est pas possible quand les faits viennent du ciel : il faut croire et admirer. Et comme il y a quelque chose de vrai et de divin, un commencement de détachement des choses de ce monde, on se figure l'impossibilité de l'erreur. Je ne puis ni admirer, ni partager cette aveugle foi, mon sentiment repousse de toutes ses forces ces étranges doctrines. Tous les voyants, sans doute, ont devant eux un horizon sans bornes ; ils y plongent leurs regards, nous en convenons. Mais pourquoi leurs récits ne s'accordent-ils point et changent-ils comme les flots de la mer?

Il n'en est pas de même des créations magiques.

Il résulte de toutes nos investigations qu'il y a vraiment un monde mixte que nous pouvons encore saisir, celui qui fait partie des croyances antiques. On retrouve donc l'anneau de la chaîne des êtres, rien ne serait plus interrompu, la raison d'ailleurs semble indiquer qu'il doit en être ainsi. Peut-être que si j'eusse forcé la nature, mes révélations seraient plus grandes et plus complètes. J'avoue avec candeur que la peur me prit toujours au moment où la vérité allait se dévoiler tout entière. Je vis des choses extraordinaires, des spectacles étranges ; je sentis en moi comme l'approche et le contact d'êtres invisibles encore. J'avais toute ma raison, mon incrédulité même ne m'avait point quitté. Je ne sais pourtant qui m'ôta le courage et fit naître en moi l'effroi! Je ne crois point au *diable*, mais je le dis sans réserve, mon scepticisme a fini par être vaincu. Il est bien permis d'avoir un peu de frisson lorsque la maison tremble.

J'ai pu exciter le rire. Mais si je disais aux mauvais plaisants : Venez une douzaine, et je garantis que plusieurs d'entre vous, au bout de très-peu de temps, passeront par la fenêtre si je le veux, et cela sans les toucher, sans rien leur dire, et feront le saut périlleux, fussent-ils à un quatrième étage, — ils trouveraient la chose moins plaisante, j'en suis sûr. Voilà comment on doit être réservé dans ses jugements. Les fanfarons trouvent parfois un brave homme qui fait cesser leur jactance.

On ne doit jamais craindre de dire la vérité : les faits reçoivent tôt ou tard leur sanction et viennent justifier les récits. Je pourrais bâtir un roman, j'expose avec franchise mes impressions. J'ai reculé comme l'homme qui voit subitement un précipice. J'attends à ces expériences des caractères plus forts : nous verrons bien s'ils se conduiront autrement. Quant à moi, j'irai pas à pas, et j'acquerrai successivement la fermeté nécessaire pour dominer les esprits. Si rien n'était surnaturel ici, comment les expérimentés auraient-ils la connaissance de leur mort et de celle des gens qu'ils connaissent? Comment sauraient-ils tant de choses tout à coup? Comment exécuteraient-ils des mouvements qui dépassent toutes forces humaines et seraient-ils glacés d'effroi en parcourant la même chaîne de phénomènes? Science! science! comme la vertu, tu n'es qu'un mot, une vanité! Plus l'homme approche du but et plus le but s'éloigne. La vie est trop courte pour espérer tout savoir.

Pourquoi cette digression? Est-elle donc nécessaire? — Oui. — Il y a en nous une force puissante autant qu'intelligente, et tout à fait indépendante de la matière : celle-ci est le voile matériel jeté sur l'ange ou le démon descendu d'en haut. Mais, ainsi que l'on contraint certains animaux à sortir de leur gîte ou de leur coquille, l'art peut ici forcer cet esprit à quitter son manteau, à paraître nu et dépouillé de ce qui le dérobait à la vue. Il ne changera pas d'allure sans doute, il sera vain et capricieux, orgueilleux et méchant, traître et félon ; mais vous pouvez sur lui ce que l'homme libre peut d'abord sur l'esclave, vous pouvez lui commander, le punir ; vous avez scellé son domicile, il ne peut y rentrer sans vous ; vous êtes cuirassé par la chair, il ne l'est plus. Avant qu'il ne sache qui il est, ce qu'il peut même sur vous, vous avez tout le temps d'expérimenter et d'obtenir de lui quelques services. Alchimie ! — vont s'écrier quelques beaux esprits qui brillent par leur coquille — mais l'alchimie n'est qu'un art mensonger, rempli d'impostures. — Vous croyez ? — Je vous laisse vos doutes ; mais un jour, si vous cherchez à vous assurer de la vérité, ne venez point à moi pour vous tirer d'embarras.

Dans les crimes ordinaires, surtout dans ceux dits politiques, la victime entre souvent tout à coup — en esprit, bien entendu — dans le corps du persécuteur, son bourreau : elle s'y loge pour ne lui laisser aucun repos, pour se présenter à lui au milieu de ses jouissances, de ses plaisirs, de ses festins ! Elle se rend alors visible, menace nuit et jour, redemandant sa part d'existence qu'on lui a retranchée, les objets de ses affections qu'elle ne peut plus posséder. Souvent l'âme, lasse d'un tel compagnon, quitte son propre domicile, afin de se débarrasser plus vite de ses plaintes et de ses importunités.

Pourquoi donnerais-je une évidence de plus à mes récits, un caractère plus net à mes assertions ? Va, va, chemine, toi qui doutes ; tu en verras bien d'autres quand tu seras débarrassé de ton enveloppe ; attends un peu ! Le temps ne se mesure pas, il va si vite ! Dans un instant, et tout naturellement, tu quitteras ton habit d'emprunt, on va te le redemander. Ton cerveau est rempli de préjugés et d'ignorance, tes poches sont pleines d'or ; on prendra le tout ; il n'y a que la vérité qui reste abandonnée, personne ne la ramasse : à quoi peut-elle servir ? A faire des martyrs. — Mieux vaut l'erreur et les faux biens !

Continuons pourtant notre ouvrage, ne nous laissons point arrêter par la crainte. Ce qui est vrai choque d'abord tous les hommes; on ne s'occupe ordinairement de celui qui a trouvé la vérité que longtemps après qu'il n'est plus. Loin que ce soit un mal, c'est au contraire un bien : il échappe ainsi à l'envie.

LA MORT.

Nous avons tous le sentiment de notre immortalité future, d'une survivance à la matière. Voilà pourquoi nous nous inclinons près d'un cadavre, de cette matière d'où la sensibilité, le mouvement, la vie enfin, se sont retirés; pourquoi nous sommes pleins de respect autant que d'émotion à la vue des dépouilles de ceux qui ne sont plus. Quelque chose d'indéfinissable agite tout notre être, et nous tremblons comme si nous nous sentions coupables de quelque crime. Ne comptez pas ici les hommes qui, insensibles à la mort d'autrui, touchent et remuent des cadavres; ils sont bien moins nombreux qu'on ne l'imagine, et souvent encore leur cœur dément leur impassibilité.

Pourquoi s'émeut-on? Est-il besoin de ces pleurs, si tout est terminé? Pourquoi ces prières aux dieux, ces demandes de clémence? Est-il donc si nécessaire de suivre jusqu'au tombeau celui qui ne peut nous entendre, et de prononcer sur sa tombe des discours si touchants, si rien de lui ne doit survivre? — S'il en est ainsi, les regrets sont une erreur de raison, un défaut de logique ou une hypocrisie, une comédie jouée en plein vent, une raillerie infâme et digne de mépris. — Ne vaudrait-il pas mieux se tenir à l'écart que de commettre un aussi odieux sacrilége? — Non, dans ce moment, les hommes sont de bonne foi, et si la science ne leur a rien appris touchant la vie future, ils en ont tous le pressentiment.

Nous avons établi notre croyance dans cet écrit : nous sommes persuadé de l'existence d'une autre vie, et nous pensons que le mort, quel qu'il soit, dont le cadavre n'est point encore en dissolution avancée, peut nous entendre; que son âme enfin ne s'échappe point tout à coup; qu'il est possible d'obtenir un témoignage en faveur de cette assertion, non dans tous les cas, mais dans plusieurs, et que sans faire positivement revenir à la vie le cadavre, l'âme peut encore en agiter l'enveloppe, non à la voix d'un ami, d'une femme bien aimée, mais à la suite d'une sorte d'évocation (1). Le sommeil, ou plutôt le somnambulisme, précède la mort et l'accompagne! Or, n'avons-nous pas pouvoir sur ces deux états? — On rira de cette assertion, on la croira hasardée; mais on admettra que le galvanisme pourra déterminer une vie artificielle, tandis que la puissance animique, plus pénétrante que la puissance physique, sera rejetée. Le temps prouvera qu'il n'y a rien d'exagéré dans notre opinion, car elle est dans la loi de Dieu.

(1) Le Dr Odier rapporte le fait suivant, arrivé, aux environs de Genève, à Mme R..., âgée de trente ans; cette dame était sujette à des attaques nerveuses dans lesquelles elle perdait complétement connaissance. Dans une de ces attaques plus forte que les autres, ses parents appelèrent un chirurgien qui, étant à moitié ivre, décida qu'elle était morte; on le crut, on l'enveloppa dans un linceul et on l'exposa sur les planches de son lit; on prit jour et heure pour les funérailles, auxquelles on invita ses parents et ses amis. Dans le nombre se trouvait une fille de son âge, qui demeurait à deux lieues de là, et qui accourut aussitôt pour voir et embrasser son amie avant qu'on l'ensevelît. Elle défit le linceul, couvrit de baisers le visage et les lèvres de la défunte; croyant s'apercevoir qu'elle respirait encore, *elle redoubla ses caresses*, et fit si bien qu'elle la rappela à la vie.

Le fait suivant, rapporté dans le *Journal des Savants*, année 1745, prouve que la mort apparente peut se prolonger au delà du terme que la science assigne généralement.

« La femme d'un colonel anglais, milady Roussel, était si tendrement aimée de son mari, qu'il ne put se persuader qu'elle était morte. Il la laissa dans son lit beaucoup au delà du temps prescrit par l'usage du pays (qui est de quarante-huit heures), et quand on lui représenta qu'il était temps de l'enterrer, il répondit qu'il brûlerait la cervelle à celui qui serait assez hardi pour vouloir lui ravir le corps de sa femme.

« Huit jours entiers se passèrent ainsi, sans que le corps présentât le moindre signe d'altération, mais aussi sans qu'il donnât le moindre signe de vie.

« Quelle fut la surprise du mari, *qui lui tenait la main qu'il baignait de ses larmes*, lorsqu'au son des cloches d'une église voisine, milady Roussel se réveilla comme en sursaut, et se levant sur son séant, dit: « Voilà le dernier coup de la prière, allons, il « est temps de partir! »

« Elle guérit parfaitement et vécut encore longtemps. »

Les anciens avaient observé maintes fois que l'approche d'un meurtrier près du corps de sa victime donnait lieu à un singulier phénomène : les plaies s'ouvraient et le sang coulait, ce qui n'avait point lieu par la venue d'un être innocent du crime.

Ils croyaient aussi que les mânes des morts *rôdaient* autour des tombeaux, hantaient les lieux habités des vivants et où avaient été leurs affections et leurs demeures. C'est pourquoi ils cherchaient, par tous les moyens, à les apaiser et à leur plaire par des cérémonies religieuses et par des sacrifices. Les êtres morts violemment avaient surtout le privilége de revenir et de se rendre visibles aux mortels, comme s'ils n'eussent point achevé complétement leur pèlerinage sur cette terre : *épée sans fourreau, ils cherchaient à reconquérir leur domaine, à retrouver leur corps.*

Vaines croyances! dira-t-on, créations imaginaires de notre esprit! les morts ne peuvent rien, l'antiquité rêvait, tandis qu'aujourd'hui nous sommes éveillés, et tous ces contes ont perdu sur nous leur empire.

Vérité ou mensonge, cette croyance empêchait bien des crimes; elle mettait souvent un frein aux mauvaises passions : la crainte retenait la main prête à frapper; et cet empire exercé par les morts sur les vivants valait mieux, était plus efficace que les lois sur le meurtre. La crainte d'un châtiment éternel est terrible. La croyance aux revenants a plus influé sur les générations passées, que la vue des exécutions et le sang versé par la main du bourreau. Nous croyons avoir remplacé une race d'idiots, mais celle-là du moins avait des sens, et nous n'en avons plus; elle savait ouïr ce que nous n'entendons plus. Nos sens se sont bouchés, obstrués; les instruments des sensations sont comme s'ils n'existaient plus; une indifférence effrayante a envahi tous les esprits : sommes-nous vivants, sommes-nous morts? Non; nous sommes étrangers à la nature, voilà tout. Quelque chose s'est interposé entre elle et nous, il y a eu solution de continuité; nos philosophes ne savent pas le plus petit mot de ses secrets; nos médecins ne connaissent plus l'art de guérir, celui de gouverner les hommes s'est également perdu. Créature du ciel et de la terre, l'homme avait ses racines dans le sol, et il en recevait toutes les influences; puis, par son intelligence, il pénétrait dans le ciel; tous les éléments se trouvaient en rapport avec lui et il en recevait une action directe. En retour, l'homme pouvait agir sur eux tous; mais sa chair et son sang se sont corrompus. Ne s'est-il pas abreuvé de tout ce que la nature produisait d'enivrant? Ne s'est-il pas nourri de tout ce qui approchait de la putridité? — Notre civilisation l'a dégradé physiquement et moralement, elle l'a rendu machine et a tué son âme fière et pleine de liberté.

Jugez de l'homme par ce qu'il a su faire des animaux qui l'ont approché. Leurs yeux sont devenus chassieux et vitreux, leur peau s'est couverte de gale; ils ne sentent plus que très-imparfaitement ces émanations qui leur permettaient de reconnaître leur ennemi à une très-grande distance ou de suivre leur proie à la piste. N'est-il pas évident que l'homme n'est plus propre à sentir, à éprouver l'effet des harmonies de la nature? — Le valet enrichi, engraissé, méconnaît son maître, il oublie sa condition première : nous sommes comme lui relativement à Dieu.

Comment voulez-vous qu'une vérité morale comme celle que nous annonçons, puisse être adoptée tout d'abord? — Comment des faits dont la source gît dans des facultés qu'on a laissé affaiblir, dans un pouvoir qu'on ignore avoir possédé autrefois, — pouvoir qui était un des attributs de la sublimité de notre nature, — comment, disons-nous, adopterait-on ce que l'on a cessé de comprendre? — Nous éprouvons nous-même les effets de cet abaissement de la raison, de cette étroitesse de jugement : n'en avons-nous pas été victime dès nos premiers pas? — Et ce magnétisme, devenu aujourd'hui si vulgaire, n'a-t-il point été méconnu?

Non, vous ne verrez plus l'homme comme Dieu l'a fait, resplendissant de lumière et de beauté, animant par son seul regard tout ce qui l'environnait, pénétrant tous les corps de ce feu mystérieux qui s'échappait de lui comme d'un ardent foyer — foyer où brûlait in-

COROLLAIRES.

cessamment tout ce que la nature produisait de plus parfait ; — réunissant en lui-même tout ce qui peut donner la puissance, et pouvant, par sa volonté, extraire de lui la vie, c'est-à-dire faire ce que Dieu fit !

Vous ne verrez plus cet homme fier et superbe s'avancer avec majesté, imposant par sa seule présence une sorte de respect à toute l'animalité ; pouvant foudroyer, par son électricité, ce qui s'opposait à son passage. Cet homme n'avait point alors besoin du médecin pour veiller sur sa santé, de prêtre pour lui indiquer le chemin du ciel : ne savait-il point alors toutes ces choses ?

Ce qui reste des facultés primitives de l'homme suffit pour nous faire juger que nous n'exagérons point ce tableau. Avec ce faible rayon de puissance, nous pouvons remonter vers le passé, non pour en rappeler la mémoire seulement, mais pour faire revivre quelques-uns de ces faits surprenants dont l'homme a besoin pour se persuader qu'il n'est point isolé sur la terre, que la vie qu'il reçut ne s'évanouit point après lui; et enfin démontrer que, par des intermédiaires spirituels, il peut encore parfois communiquer avec les puissances qui lui sont supérieures, et renouer ainsi la chaîne qui le rattachait à Dieu. Tel est du moins notre espoir.

LA LANGUE DES ESPRITS.

« La manière de parler des esprits nous est inconnue. Pour nous, nous ne pouvons pas parler sans le ministère de la langue et des organes de la parole, tels que sont la gorge, le palais, les lèvres, les dents, le poumon et les muscles de la poitrine, qui reçoivent de l'âme le principe de ce branle de voix ou parole; mais si quelqu'un parle de loin à une autre personne, il faut qu'il crie plus fort; ainsi celui qui parle de près ne fait que souffler dans l'oreille de son auditeur, et s'il pouvait avec un moindre souffle se joindre avec celui qui l'écoute, sa parole n'aurait besoin absolument d'aucun son pour être entendue, mais elle se glisserait sans bruit dans l'auditeur, comme l'image dans l'œil ou dans le miroir. Voilà de la manière que les âmes séparées, les anges et les démons parlent, et ce que l'homme fait avec la voix qui se fait entendre, ils le font eux-mêmes en imprimant l'idée de la parole en ceux auxquels ils parlent, d'une manière plus excellente que si elle était énoncée par la voix qui se fait entendre et entre par l'organe de l'ouïe. C'est ainsi que les sectateurs de Platon disent que Socrate entendait son démon par le sens, mais non par le sens de ce corps que nous possédons, mais par le sens d'un corps éthéré, caché dans le corps humain. Voilà aussi la manière avec laquelle Avicenne croit que les prophètes voyaient et entendaient ordinairement les anges.

« Cet instrument, de quelque qualité que soit cette vertu-là par laquelle un esprit fait connaître à un autre esprit ou à l'homme les choses qui roulent dans sa pensée, s'appelle, par l'apôtre saint Paul, la langue des anges. Mais nous ne savons point du tout avec quels sens ces mêmes esprits ou démons entendent nos invocations et nos prières, et qu'ils voient nos cérémonies; car le corps des démons est spirituel de sa nature; la plus grande part sensible partout et de tous côtés, tellement que sans moyens il touche, il voit, il entend, et rien ne peut empêcher les fonctions de ces esprits; et cependant ils ne sentent pas de même manière que nous, par des organes distingués; mais peut-être de la manière que les éponges boivent et attirent l'eau, ils puisent et attirent par tout leur corps les choses sensibles, par une manière que nous ignorons. »

LE FRUIT DÉFENDU.

Quel était cet arbre de la science et ce fruit défendu dont parle l'Écriture? Ne serait-ce point là le symbole de la force mystérieuse dont nous poursuivons l'étude? — Si l'on consulte les livres sacrés, les commentaires qui en ont été faits, on y trouve renfermée la science du bien et du mal. L'homme, franchissant une barrière au delà de laquelle était une pernicieuse lumière, devait être puni ainsi que toute sa postérité. Sans adopter entièrement ce que l'Écriture commande de croire, on reconnaît pourtant qu'il y a là un grand mystère caché. En effet, l'esprit malin tentant l'homme, lui disait: Mange de ce fruit, et tu auras toutes sortes de connaissances qui te rendront égal à Dieu. Tu auras pouvoir sur toutes choses, tu seras roi!

Cette allégorie cachait le secret d'une science infinie; nous ne voulons point encore la juger, mais nous affirmons qu'elle existe.

Dans cet ordre de phénomènes nouveaux, qu'aperçoit-on? Tout ce qu'il paraît impossible à l'homme de réaliser dans son état actuel d'ignorance; tout ce qui paraît supérieur à l'animalité. Ici se dévoile aux yeux les moins clairvoyants, que la ligne de démarcation indiquée par l'Écriture peut être franchie, c'est-à-dire que, laissant de côté les forces matérielles, l'homme pénètre dans le monde moral qu'il lui avait été défendu de connaître; qu'il peut s'enrichir d'un agent si puissant, qu'il pourra, quand il le voudra, avec son concours, sortir de sa prison terrestre et agir sur les esprits des corps. S'il en était ainsi, l'homme produirait tout d'abord une série de merveilles propres à troubler sa raison.

Les anciens ne s'y sont point trompés; ils avaient bien reconnu que les faits de certaine nature découlaient d'une source divine; de là aussi leurs allégories du feu sacré dérobé aux immortels, de la boîte de Pandore, etc., etc. Je n'ai nulle envie, pour faire preuve d'érudition, de fouiller de nouveau le passé. A quoi bon, d'ailleurs, des analogies de faits et d'idées exprimées avant moi? N'ai-je point, pour convaincre et amener à mon sentiment, ce témoignage accablant, le fait vivant, le fait actuel?

Sans rejeter l'art ancien, sans adopter ce qui l'explique et le justifie, je ne puis pourtant faire comme l'enfant qui repousse sa nourrice, qui la méconnaît après avoir tari sa mamelle et déchiré son sein. Évoquant nos souvenirs, nous reportant à notre berceau, et, de père en père, remontant jusqu'aux âges, nous ne pouvons non plus nous empêcher de demander qui nous donna la vie, ce principe inconnu. On ne veut point de miracles! La vie n'en est-elle pas un, et le plus grand de tous? En voulant connaître, l'homme a déchiré le pacte fait avec Dieu, il a mangé du fruit défendu. L'Écriture est justifiée, l'homme est coupable.... Mais il n'est aucun peuple qui n'ait transgressé la loi, car les sauvages mêmes, dans leur ignorance, laissent pourtant apercevoir clairement qu'ils comprennent la nature dans quelques-uns de ses actes, puisqu'ils l'imitent en quelques points.

Ce méfait est commun à toutes les races, et on pourrait demander pourquoi toutes les religions nous ont parlé d'un monde invisible, de celui des esprits, de plusieurs cieux, d'enfer et de paradis. Les chefs de doctrine, pour connaître, avaient donc franchi la barrière du monde terrestre : pourquoi serions-nous plus coupables que chacun d'eux ?

Eh bien ! je l'avoue, je crois à ce monde invisible ; je crois que l'on peut communiquer avec lui et recevoir un concours de sa puissance, par une sorte d'aimant qui l'attire à soi. L'électricité arrive bien sur des pointes d'acier ; l'ambre n'attire-t-il point la paille ? Pourquoi l'esprit, par certains charmes, par quelques préceptes inconnus, ne pourrait-il établir de rapports avec les invisibles ? — Nous n'en saurons jamais assez pour que Dieu punisse en nous la science ; mais telle est notre témérité, que si nous pouvions lire aujourd'hui le livre défendu, nous en parcourrions les pages avec avidité, car nous croirions obéir plutôt à cet instinct qu'il a fait naître en nous, à ce désir de connaître, qu'à l'esprit du mal qui a tant effrayé nos pères.

FAUSSE MAGIE.

Il y a, par le seul fait du magnétisme et du rapport qui s'établit entre les êtres, une communication de pensées, une véritable transplantation de l'une à l'autre des images qui se sont formées chez le magnétiseur, et quelquefois retour à celui-ci de tout ce que son cerveau a créé ; ce qui produit dans certains cas une double illusion. Les choses vues alors n'ont rien de réel, toutes sont imaginaires, et perçues cependant comme si elles étaient véritables. Il en résulte une croyance erronée où le jugement a fait défaut. Tous les sens sont trompés à la fois, et la persuasion est telle que des hommes d'ailleurs instruits, refusent de reconnaître leur évidente erreur.

Il y a aussi des créations du cerveau chez les magnétisés, surtout chez ceux qui tombent en somnambulisme, qui sont absolument identiques à ce qui se passe dans les rêves : je n'y fais, quant à moi, aucune différence. Souvent, alors, l'on prend pour des réalités ce qui appartient au domaine pur du mensonge. Ce qui trompe ici, c'est le récit circonstancié et l'enchaînement naturel des faits, les descriptions de lieux, les événements prédits avec une telle apparence de vérité, que ce mirage nous impose. Tout ceci est dû à la mémoire. Il y a en nous un esprit capricieux que l'on pourrait appeler le singe de l'âme ou le valet de la maison. C'est un jeu de marionnettes propre à amuser ceux qui entendent la pièce sans voir ceux qui font mouvoir les acteurs. Mais ordinairement on prend le tout au sérieux, et le désenchantement ne vient que longtemps après.

Les vives impressions du jeune âge pendant les exercices religieux peuvent se traduire plus tard par des apparitions toutes mensongères, par la vue du séjour des bienheureux, et de toutes les formes dont les idées précédemment émises ont pu déterminer l'éclosion dans le cerveau.

Ce que voient parfois les mourants ou les fiévreux est souvent le résultat des mêmes impressions. Il est donc difficile de distinguer la vérité du mensonge.

L'amour est aussi une fausse magie; ses enchantements, ses leurres, ses fascinations sont évidentes. La nature est ici le vrai coupable : elle trompe et ment pour arriver à son but, qui est la transmission de la vie, la reproduction de l'espèce, la succession constante des êtres. L'âme laisse faire, elle se complaît quelquefois à exciter elle-même le tumulte des sens, jusqu'au jour où toutes les scories qui troublaient son empire aient été rejetées du corps. Alors elle redevient maîtresse, fait prédominer ses commandements; le feu s'étant éteint, elle montre à nu ce qui était naguère couvert d'un voile épais. C'est ici encore que le commun des hommes n'aime point la vérité : l'erreur les charmait, elle était bien préférable à la réalité. Tant il est vrai que, pour réussir en toutes choses, il faut tromper, duper l'espèce humaine. Malheur à celui qui prétend l'éclairer, et qui, avec le froid de la raison et la sèche analyse, sait faire distinguer le vrai du faux ! L'amour est comme l'ivresse, il passe aussi comme elle. La magie réelle offre un moyen qui est encore secret et que je ne divulguerai point : on peut, avec son secours, et dans une infinité de cas, produire tous ces brûlants transports et ces mortelles jalousies qui les suivent de près. On peut, hélas ! faire par art ce que la nature produit suivant sa loi. Le désenchantement vient de même ; et ici l'art se trouve en défaut comme la nature, car il ne peut effacer toutes les impressions produites.

La nature est une grande magicienne, on l'a dit et répété bien souvent ; ses enchantements ont parfois quelque chose de cruel : elle fait voir au navigateur des rivages pleins de charmes, tandis que la vraie terre est encore loin de ses yeux ; le voyageur dans le désert aperçoit au loin des nappes d'une eau limpide et pure qui l'invitent à poursuivre son chemin ; mais plus il marche, plus le tableau s'enfuit. Son espoir le soutient encore, tant il croit que ses sens ne l'ont point trompé. Peut-être avait-il besoin de ce mensonge pour soutenir son courage !

Le malade privé depuis longtemps d'aliments, voit et croit entendre les apprêts d'un grand festin ; il sent l'odeur ravissante des mets, il jouit et s'épanouit à l'idée trompeuse qu'il va enfin satisfaire son appétit, et n'est détrompé de son erreur que par la souffrance, cette triste réalité. Cette illusion ne porte préjudice à personne.

Une autre magie, singulière encore, a lieu chez les êtres qui, ordinairement, ont un surcroît de vitalité : ils volent dans les airs, franchissent les vallées, passent au-dessus des montagnes, rapides comme l'hirondelle. Il leur reste longtemps un souvenir de ces exploits, et ce n'est qu'en essayant, éveillé, de déployer leurs ailes, qu'ils parviennent à se désabuser.

La fausse magie se montre surtout dans les possessions si fréquentes encore aujourd'hui. Que de gens n'ai-je point vus qui, se croyant ensorcelés, pensaient connaître leur enchanteur et cherchaient à se venger de lui ! Leurs plaintes paraissaient légitimes, ils étaient persuadés et vous persuadaient même ; et pourtant rien n'était moins fondé que leurs soupçons. D'autres, par un malheureux concours de circonstances, avaient vu, à la suite de menaces, leurs fonctions se déranger; ils entendaient des voix, sentaient en eux tant de douleurs qui ne paraissaient point dues à une cause naturelle, que rien ne pouvait les dissuader que l'art magique n'eût été employé contre eux. Il n'est pas un préfet de police ou tout autre magistrat, pas un curé, un évêque, un pape qui n'ait reçu des suppliques pour faire cesser leur martyre.

Déplorable état! car les médicaments, les conseils, les remontrances ne peuvent rien pour le faire cesser. L'agent qui produit tous ces phénomènes est quelquefois le résultat de déviations; mais il suffit aussi d'un regard, d'une parole d'autrui pour le produire. Malheureuse condition humaine, soumise au courant des choses d'ici-bas comme aux influences véritables d'agents mystérieux du milieu où nous vivons, et peut-être aussi aux volontés d'en haut! Notre sort est souvent pire que celui des animaux qui nous sont inférieurs; mais peut-être que si on les considérait de très-près, on rencontrerait dans chacun d'eux quelque chose qui approche de nos folies et de nos déréglements.

Il faudrait bien des volumes pour décrire les résultats, les produits de ces mirages, de cette fausse magie qui trouble plus ou moins tous les êtres. Ne chassait-on pas, dans l'antiquité, les démons qui s'introduisaient dans le corps humain? Ne les faisait-on pas passer dans le corps des pourceaux ou d'autres animaux? — Folie! dira-t-on, que ces opérations. — Ah! ceux qui les exécutaient étaient moins fous que nos savants et nos médecins: ils guérissaient parfois des malheureux et faisaient cesser d'horribles tourments. C'est en vain que vous iriez près de nos *sages* d'aujourd'hui chercher un soulagement à de semblables maux, vous ne trouveriez chez eux qu'une autre espèce de folie: *l'orgueil et la vanité*. On emprisonne, on séquestre les fous que l'on croit dangereux; tandis que la surexcitation du cerveau peut, chez certains hommes, déterminer une folie *raisonnable*, qui se traduit en doctrines, en systèmes de nature à troubler le monde.

Le monde est plein de fous, et qui n'en veut point voir
Doit fermer ses volets et casser son miroir. »

Je n'ai fait que toucher en passant le chapitre des illusions : le magnétisme dévoile la cause de plusieurs, et peut-être est-il destiné lui-même à en faire naître de nouvelles. Vérité, sagesse, où êtes-vous? où vous êtes-vous réfugiées? Devez-vous renaître au monde par un désir sincère de l'homme qui sait que vous avez jadis habité sur la terre? Faut-il trop de science pour vous posséder, comme trop de vertu pour vous mériter? Les générations marchent en avant, au son du tocsin et des tambours : nulle puissance n'est capable de les arrêter, si ce n'est Dieu lui-même, par un nouveau cataclysme. Dieu n'a-t-il pas dit que lorsque la mesure des iniquités serait comble, sa vengeance éclaterait? C'est alors seulement que l'homme verra clair et n'aura plus d'illusions, à moins toutefois que ceux qui nous ont rapporté ces paroles n'aient été aussi des hallucinés.

PROFANATIONS.

Le magnétisme a toujours été considéré, par les anciens prêtres ou mages, comme une vérité d'un ordre tellement supérieur, qu'ils regardaient comme sacrilége toute pratique, tout enseignement rendus vulgaires. Ils pensaient que ce secret, dérobé aux immortels, devait être caché au plus profond de l'âme. L'homme qui divulguait l'existence de cette force mystérieuse était puni du dernier supplice; quelquefois on le frappait dans l'ombre. Les peuples n'étaient point ce qu'ils sont aujourd'hui ; les lumières de l'intelligence, réunies en faisceau, ne sortaient point des temples; c'était dans le sanctuaire que les chefs d'empire mêmes étaient contraints de les aller chercher. Il fallut bien des siècles pour que les peuples apprissent, et chacune de leurs conquêtes se payait par leur généreux sang. Mais la science véritable cessa de se montrer, elle ne parut plus que par lueurs incertaines. L'homme, comme un nouvel affranchi, crut que le seul bien était la liberté, il n'ouvrit ses yeux qu'à la lumière du soleil; tout ce qui ne pouvait se voir, tout ce qui ne pouvait s'acquérir par l'étude de ce que les sens peuvent saisir, fut rejeté. Parut alors une fausse philosophie, bien utile pourtant, car, s'appliquant à la nature morte, elle en saisissait aussi les secrets. De cette balance des forces morales et physiques, la science ne prit qu'un plateau : elle y mit le monde matériel, le pesa et vendit à faux poids. Le principe qui anime la nature entière et qui devait faire équilibre, fut rejeté comme n'existant pas. Le savant nia jusqu'à la force qui le faisait mouvoir, le principe même d'où il tenait la vie et la cause première de ses connaissances. Il ne vit qu'un agent physique, qu'un levier; quant à l'auteur de ce qui existe, s'il s'en occupa, ce fut seulement pour essayer de contester son existence. Les hommes devinrent athées et se portèrent vers tout ce qui pouvait satisfaire leurs passions les moins nobles : la chair prédomina. Ils se firent une médecine qu'ils appelèrent du nom de science. Ici la nature les abandonna; ils s'égarèrent dès lors dans leurs recherches, et, croyant se guérir, ils s'empoisonnèrent. C'est que déjà l'étude négligée devenait essentielle. Comme tout en nous n'est point matière, les maladies les plus graves et les plus nombreuses résistèrent aux vains spécifiques que le chimiste se plaisait à produire. Quelque chose repoussait le remède : c'était cet agent invisible dont on ne tenait aucun compte. On avait beau étouffer sa voix par des sophistications, il résistait jusqu'au dernier moment.

Les hommes se rappelant le passé, ces guérisons surprenantes que les sages opéraient par de simples impositions de mains, les miracles enfin que la science n'opérait plus, malgré son bon vouloir, découvrirent, à force de chercher, une trace de ce pouvoir divin et humain. Ils virent que certains êtres s'étaient, d'âge en âge, transmis un grand secret, un des diamants de cette couronne antique dont ils ne connaissaient point toute la valeur. Mesmer s'en empara, en fit briller les facettes aux yeux d'une foule émerveillée; mais bientôt la vérité descendit par échelons, jusqu'aux charlatans du plus bas étage, et ceux-là la prostituèrent pour en tirer de l'or. C'est ainsi que la découverte la plus grande et la plus divine, n'ayant pu se faire pardonner son origine par la science actuelle, devint presque un objet de dégoût.

Parmi les choses regardées comme sacrées, celle-ci du moins devait être conservée pure et hors de toute atteinte! Mais les hommes éminents qui laissèrent, par incurie ou faiblesse, tomber successivement plusieurs trônes, ne surent rien préserver; ils ne voyaient ni n'entendaient; car, fils du matérialisme, l'intelligence des choses leur était inconnue. Le divin principe eût pu donner une philosophie vraie, une médecine souveraine, un lien pour enserrer tous les hommes dans une croyance universelle : ce principe a été repoussé. Cependant il démontrait l'existence d'un Dieu, la certitude d'une autre vie........ C'est désormais sur des tréteaux, en butte aux sifflets et à la risée des imbéciles, qu'il faut aller le chercher.

Nous n'avons point de mots pour exprimer notre indignation, pour flétrir ces misérables aux visages sans honte, qui parodient les œuvres divines et traduisent dans un ignoble jargon les paroles inspirées des anciens mages!

Voilà l'ouvrage des savants, voilà ce que nous leur devons.

Il faudra un jour arracher de force la vérité des mains criminelles et cupides qui s'en sont saisies : le pourra-t-on? — Oui, en l'enseignant d'en haut, en la faisant rentrer dans le temple, en soumettant aux épreuves du savoir tous ceux qui voudront jouir de cette lumière.

LES SIGNES ET LES CHIFFRES MAGIQUES.

Il faut remonter aux temps les plus anciens pour trouver les traces de la magie par signes; tout ce que nous pourrions dire à ce sujet n'aurait pas la valeur des traditions exactes conservées dans les livres traitant de l'art occulte.

Voici un fragment curieux d'un ancien écrit que nous avons sous les yeux, il rendra parfaitement les idées que nous avons conçues, et qui, en nos mains, se sont traduites en faits :

« Les caracteres hébraïques estoient accompagnez de tres-grands
« secrets contenuz en leur forme et figure, maiorité ou minorité, et
« autres telles différences : pareillement en ce que quelques-vns se
« ressemblent, comme le ב *Beth* et le כ *Caph;* le ד *Daleth* et le
« ר *Res;* le ה *He* au ח *Cheth,* et ת *Thau;* le ס *Samech* et le ם
« *Mem final,* les mots aussi qui en estoient composez le deuoient
« estre encore plus ; esquels à l'adueu mesme des Gentils, il y a cer-
« taine emphase et vertu latente, qui ne se trouuent point és autres
« langues ; d'autant qu'ils sont plus proches de la Diuinité, et les
« lettres aussi, comme en estant immediatement emanees : si que
« les mages anciens, comme Zoroastre, Hermes, Orphee, Osthanes,
« Euax, Arthephie, Kirannide, Picatrix, et autres semblables, In-
« diens, Perses, Chaldeens, Ethiopiens, Egyptiens et Grecs, tien-
« nent que chaque mot a efficace en la magie, en tant qu'il est formé
« de la voix de Dieu, qui est la premiere chose où la nature vient
« à exercer ses plus admirables effets, dependans comme d'vn ma-
« riage de la terre avecques le ciel, de la matiere auec la forme, du
« patient auec l'agent, de la parole ou escriture auec le sens qu'elle
« représente. Tellement que pour le regard de ces miraculeux ou-
« urages, surpassans la commune portee des hommes, et aussi l'or-
« dre de nature, les voix articulees et les dictions, voire les carac-
« teres encore qui ne signifient rien quant à nous, ont plus d'effi-
« cace et de proprieté que ceux qui ont quelque sens et intelligence.
« Dont Platon, au dialogue du Cratyle, met que la loy ordonnoit en
« termes expres, qu'en toutes prieres on eust à invoquer les dieux
« par les noms qui leur estoient les plus agreables, et desquels ils
« prenoient plaisir qu'on les appelast, sans se soucier autrement de
« ce qu'ils peuuent signifier. Et de faict les bons démons ont sou-
« ventes fois reuelé aux hommes des caracteres, des figures et pa-
« roles estranges, où l'on n'entendoit rien du tout quant au commun

« vsage de parler; mais par vne tacite et profonde admiration, ils
« esleuent les ames là hault comme rauies en ecstase, et les tirent à
« vne ferme confiance, de laquelle s'ensuit *la clef* et production de
« ces operations merueilleuses: Non que par de tels mots ou carac-
« teres nous puissions contraindre, ny attraire à nous les intelli-
« gences, ou les esmouuoir à effectuer rien quelconque à nostre appe-
« tit; ains tout ainsi qu'à force de bras nou-nous esleuons le long
« d'vne corde à quelque creneau ou fenestre, au lieu de les faire venir
« contrebas; ou que du dedans d'vne barque auec vn chable et ca-
« bestan planté au riuage, nous n'aprochons pas la terre de nous,
« ainsi en hallant nous en accostons; en semblable par le moien de
« ces symboles, marques et notes, nous n'attirons pas icy bas les
« puissances celestes.... au contraire, nou-nous esleuons à icelles : et
« de ce fondement depend toute l'efficace des ceremonies et sacrifi-
« ces, ainsi que le deduisent Plotin, Iambliche, et autres philoso-
« phes Platoniciens; parquoy on ne vouloit pas que ces vocables
« mysterieux fussent changez ne transportez en autre langue, ains de-
« laissez en la leur propre, selon mesme qu'obserue le christianisme
« en tout-plein de mots; comme *Amen, Alleluiah, Osanna, Iphatah*
« au baptesme, et assez d'autres; d'autant qu'on les tient estre pro-
« cedez de la propre bouche de Dieu. »

MIROIRS ANCIENS.

Les anciens avaient donc un alphabet magique; nos expériences variées et multipliées nous rendront sans doute cette connaissance antique. Les mages admettaient ce principe. Ils disaient : « *Pendant que la parole est retenue dans la pensée, elle ressemble à l'unité (au point indivisible et au yod), et quand elle se jette dehors, au binaire (ou à la ligne).*

La vertu des signes n'était donc point douteuse. La plaque magique que nous traçons aujourd'hui, et qui se trouve en plusieurs endroits de cet écrit, les anciens l'appelaient *mer-mystique*.

Voici encore ce qui nous reste des anciennes traditions de la magie. D'abord un cercle magique simple dont voici la figure :

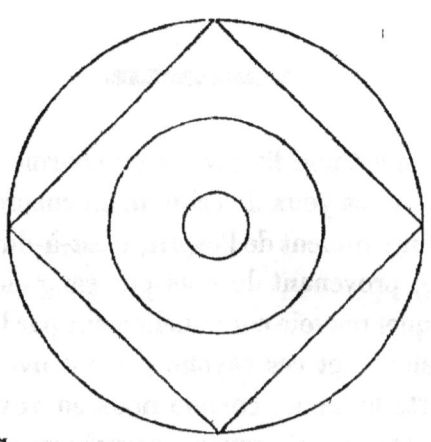

Puis un autre cercle magique qu'ils traçaient sur une muraille ou un panneau, et qui rendait visible pour tous les apparitions produites magiquement et par évocation.

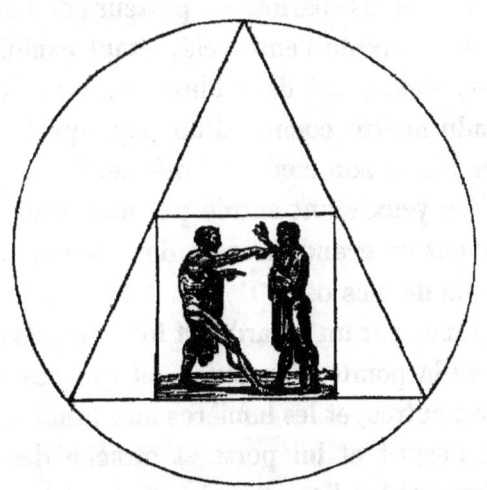

Nous ne doutons nullement qu'on ne retrouve bientôt la signification des caractères indéchiffrables encore qui se trouvent dans les ouvrages traitant de l'art occulte.

SORCELLERIE.

« La sorcellerie est une liaison ou un charme qui, de l'esprit des sorciers, passe, par les yeux de celui qu'on ensorcelle, à son âme, et le sortilége est l'instrument de l'esprit, c'est-à-dire une vapeur pure, luisante, subtile, provenant du plus pur sang engendré par la chaleur du cœur, lequel renvoie continuellement par les yeux des rayons qui sont semblables, et ces rayons portent avec eux une vapeur, cette vapeur porte le sang, comme nous en voyons dans les yeux chassieux et rouges, dont le rayon, envoyé aux yeux de ceux qui les regardent, arrive avec la vapeur du sang corrompu et leur fait contracter la même maladie.

« Ainsi, un œil étendu ou ouvert qui jette ses rayons sur quelqu'un avec une forte imagination, suivant la pointe de ces rayons qui sont les voituriers et les chariots ou porteurs de l'esprit; ces esprits lents, battant les yeux de l'ensorcelé, étant excité par le cœur de celui qui le bat, étant entré dans l'intérieur de celui qu'il frappe et s'en étant rendu maître comme d'un pays qui lui appartient, cet esprit étranger blesse son cœur et l'infecte. C'est ce qui a fait dire à Apulée : « Vos yeux étant entrés par mes yeux dans mon inté-
« rieur, émeuvent un grand incendie dans le fond de mon corps et
« dans la moelle de mes os. » Il faut donc savoir qu'on ensorcelle les hommes quand, par un regard fort fréquent, ils dirigent la pointe de leur vue vers la pointe d'un autre, et que ces yeux s'attachent fort les uns aux autres, et les lumières aux lumières; pour lors l'esprit se joint à l'esprit et lui porte et attache des étincelles; c'est ainsi que se forment les liens les plus forts et les plus engageants. Ainsi les amours les plus passionnés s'allument d'un seul regard subit, par le moyen des seuls rayons des yeux, comme une flèche

pénètre tout un corps. Ainsi l'esprit et le sang de ceux qui aiment étant ainsi blessés, passent de la même manière dans l'amant et l'ensorcelle, que le sang et l'esprit de la vengeance d'un homme tué dans celui qui tue. C'est ce qui a fait dire à Lucrèce, dans ces vers sur les charmes de l'amour :

« Notre âme étant frappée de l'amour, le fait aussitôt ressentir
« au corps; car presque tout le monde est sujet à cette passion, et
« le sang se montre incontinent sur cette partie qui a été frappée,
« et une humeur ou couleur rouge saisit aussitôt celui qui frappe s'il
« est près. »

Le magnétisme détourné de ses voies donne lieu aux désordres les plus grands. Qui n'a reconnu dans la description que je viens de donner de la sorcellerie, le même pouvoir, le même agent que celui qui sert à guérir? Ne serait-il point dangereux de s'appesantir sur ces faits, et tous ne savons-nous pas quelle précaution le magnétiseur le plus sage est obligé de prendre pour ne pas déterminer des penchants en dehors même de sa volonté chez les personnes magnétisées?

Tout est magie dans la nature : les siècles ont amené les transformations que nous constatons chez les êtres; le feu est encore sous la cendre, il serait bien facile de le rallumer. Dieu avait lié tous les êtres entre eux en créant un agent subtil; il n'y avait alors ni riches, ni pauvres, tous étaient égaux et obéissaient aux lois de Dieu, à la nature qui les incitait sans relâche à user de leurs facultés. On retrouve aujourd'hui, par le magnétisme, les attributs ainsi que les propriétés de l'homme primitif. Qui osera révéler ce nouveau mystère?

CONCLUSION.

Je crois à la magie par mes œuvres et non par celles d'autrui; je ne crois même pas qu'il y ait un autre chemin que celui que j'ai suivi pour arriver à cette science profonde. Je ne suis encore qu'un apprenti, et cependant je vois l'égarement de tous ces chercheurs du grand œuvre, qui pensent arriver à leurs fins sans la nature, sans le principe de vie. Je vois qu'il faut prendre en soi l'élément essentiel, et que tout le reste n'est que secondaire.

Celui qui produit est dans la vérité, tandis que celui qui dit : Je ferai, — peut être dans l'erreur. Je n'ai, du reste, aucun souci des travaux des autres hommes, lorsque ces travaux sortent de l'ordre que j'ai moi-même tracé; car je suis convaincu qu'en dehors de ce chemin il n'y a que déception.

Ai-je fixé des limites? — Non; car je pense qu'il n'y en a point ici. Ai-je donné dans cet écrit tout ce qu'il faut savoir pour commencer et développer une œuvre? — Oui, et il ne faut pas une grande intelligence pour y saisir ce que les mots renferment. Ce serait un grand malheur si les charlatans parvenaient, comme dans le magnétisme simple, à devancer les hommes instruits.

J'écris pour prendre date et pour empêcher que des hommes studieux perdent désormais leur temps dans des recherches sans fruit, lorsque leur labeur pourrait être si utile à la science. J'écris aussi pour montrer que si tous les hommes convaincus ne bravent pas les préjugés pour établir les faits sur lesquels repose leur croyance, c'est qu'au fond de leur âme il reste quelque doute, ou que Dieu ne leur a pas donné une mission semblable. Mais, je l'avoue, la vérité me pèse comme un remords : une fois dite, mon âme sera soulagée.

Je crois que tous ceux qui prétendent posséder de puissants secrets s'abusent souvent sur leur propre pouvoir. Je crois que le bien ne doit jamais rester caché, le moyen de nuire même peut être utile; car ce qui tue peut guérir parfois. Mais est-ce un reste de préjugé chez moi? est-ce un sentiment de ma conscience? — J'aurais voulu pourtant que la vérité nouvelle s'introduisît dans le monde par un autre canal que celui par où elle va passer. J'ai cherché, mais n'apercevant autour de moi que des gens n'ayant d'autres vertus que les vertus communes, je me suis décidé, et me suis dit : La vierge qui passe dans les bras d'un vieillard attriste le cœur;

c'est la nécessité qui la détermine, et non l'amour ; son hyménée ne peut être heureux. Mais le vieillard manquera de puissance, et l'hyménée recommencera sous de meilleurs auspices.

Le vieux temps avait du bon : certains hommes s'associaient pour poursuivre en commun la recherche des vérités, l'État même venait à leur secours, afin de diminuer chez eux les soucis de la vie. Ils avaient des loisirs, et leur pensée s'appliquant entièrement à une série de travaux, ils y devenaient supérieurs. Aujourd'hui, rien de semblable n'existe. L'État, il est vrai, vient au secours de quelques savants ; il donnera quelque mission, sera même généreux, mais en tant seulement que leurs travaux rentreront dans le cercle des sciences académiques. Il ne va pas au delà.

Bientôt tout changera. C'est parce que je prévois un autre ordre de choses et des temps plus propices, que je dis aux magnétistes : Courage, vous aurez votre jour de triomphe ! Ne voyez-vous pas ce que j'ose ? — Allez ! l'avenir est à nous. S'il me restait un doute, la vérité peut-être m'eût rempli de terreur, la crainte m'eût ôté la parole ; et cependant je ne manque point de courage. Le monde obéit encore à des maîtres puissants, le génie du mal l'emporte sur celui du bien. Hâtez-vous donc, comme moi, sans perdre un seul instant, car tout se prépare pour une victoire décisive !

Je vous avouerai que je n'ai point entièrement levé le voile qui cache certains mystères de la nature ; une aussi grande tâche était au-dessus de mes forces.

Les lignes et les figures dont nous nous sommes servi se rencontrent dans tous les ouvrages sur la magie et la sorcellerie ; je vous en ai démontré la valeur : leurs vertus ne sont point imaginaires. Les lettres cabalistiques des anciens présentaient dans leur ensemble tout un alphabet mystérieux ; elles n'étaient donc point faites pour parler aux sens seulement, mais, rendues actives, elles exerçaient une action puissante sur les êtres et déterminaient l'apparition d'une série de phénomènes. On retrouve cet alphabet dans toutes les anciennes religions ; les prêtres en connaissaient la valeur et en cachaient le vrai sens à tous les autres hommes. Dérober les signes n'était rien, leur donner la vertu était tout. C'est ce qu'ignoraient la plupart de ceux qui écrivirent sur la magie. On s'empara de même des attributs des royautés sacerdotales de ces temps pour en revêtir d'autres maîtres du monde. Parce qu'on avait vu les prêtres opérer des prodiges en se servant d'une flèche ou verge qu'ils tenaient à la main, ou même d'un simple roseau, on crut que, placés dans des mains vulgaires, les mêmes effets se produiraient. C'est ainsi que les attributs du commandement furent conservés : de là les mains de justice des magistrats, les bâtons de chef d'armée, les crosses des évêques, et plus tard les baguettes des officiers de justice et de tous les chefs du compagnonnage. Ce n'était plus alors qu'un signe mort ou n'ayant qu'une puissance imaginaire, tandis que les gens instruits des temps primitifs s'en servaient comme de conducteurs du feu intérieur de notre corps : ils fascinaient, endormaient ou jetaient dans des convulsions ceux qui bravaient le pouvoir religieux. Moïse, comme d'autres grands-prêtres ou chefs, ne marchait jamais sans tenir à la main ce qui pouvait servir à diriger cette foudre. C'est ainsi que tous semblaient commander même aux éléments ; car nul ne sait encore aujourd'hui les bornes de cette secrète puissance.

Tous les signes magiques peuvent se retrouver sur nos plus anciens monuments religieux, comme aussi toute la cabale.

Les savants ne comprennent rien à toutes ces figures ; ils croient que les artistes ont traduit sur la pierre les caprices de leur imagination. Un prêtre, aujourd'hui, est comme étranger à son temple, il n'en comprend plus les mystères ; les signes mêmes qu'il exécute selon l'ancienne formule, ne pourraient être expliqués dans leur sens mystique. Mais quand le prêtre de l'antiquité écrivait les mots sacrés, tout mortel tremblait. Aucun ne séparera plus les eaux de la mer Rouge et ne multipliera les pains, car ils ne comprennent plus le sens caché des écritures.

Peut-être la découverte nouvelle est-elle suscitée par la Providence pour être un nouveau point d'arrêt, un repos pour les esprits fatigués, une clef de voûte pour l'édifice scientifique qui s'élève, enfin l'annonce d'hommes nouveaux, la naissance de doctrines propres à remplacer celles que nous voyons crouler, malgré les étais puissants qui les soutiennent encore.

Toutes les découvertes sont incomplètes sans la nôtre. Qu'est-ce, d'ailleurs, que cette électricité matérielle dont la science se glorifie, près de cette pure essence dont je viens de dévoiler l'existence? L'électricité ne dépasse point notre atmosphère, l'agent plus parfait du magnétisme ouvre à l'esprit la voie de l'infini; l'une ne sait qu'obéir, l'autre commande. La première est la mort, la seconde est la vie. Mais comme tout doit servir dans la main de l'homme, l'électricité portera d'un bout du monde à l'autre ses rayons pleins de feu; notre feu, à nous, agira sur toutes les intelligences, leur donnera un complément de puissance, un pouvoir si grand que tous les miracles anciens seront dépassés! L'homme alors aura à sa disposition toutes les forces de la nature; et, les plateaux de la balance reprenant enfin leur équilibre, le point où s'arrêtera l'aiguille sera

DIEU.

APPENDICE.

« L'âme de l'homme est composée d'entendement, de raison et d'idole : l'entendement éclaire la raison, et la raison agit sur l'idole; et toutes ces trois choses ne font qu'une âme. Si la raison n'est point éclairée par l'entendement, elle n'est point exempte d'erreur; mais l'entendement ne donne point de lumière à la raison si Dieu ne l'éclaire, comme la source de toute lumière. Car en Dieu est la première lumière qui paraît par dessus tout entendement; c'est pourquoi on ne la peut appeler lumière de l'entendement; mais quand cette lumière est communiquée à l'entendement et se peut entendre, ensuite quand elle passe de l'esprit à la raison, elle devient raisonnable, et peut être non-seulement entendue, mais aussi entrer dans la pensée. Quand par la raison elle est après répandue sur l'idole de l'âme, elle entre non-seulement dans la pensée, mais encore, passant plus loin, elle entre dans l'imagination sans être cependant corporelle; mais quand de l'imagination elle passe au véhicule éthéré de l'âme, elle commence là à devenir corporelle; elle n'est pourtant pas encore manifestement sensible jusqu'à ce qu'elle ait passé au corps élémentaire, soit simple aérien, soit composé, où cette lumière devient manifestement visible à l'œil.

« Les philosophes des Chaldéens, considérant ce progrès de lumière, nous font un grand récit de la puissance de l'âme, comme de quelque chose d'étonnant qui est qu'il se peut faire que l'entendement, se fixant de toute sa force sur Dieu, peut être rempli de la divinité, et qu'ainsi rempli de la lumière, et poussant ses rayons au travers de chaque médion jusqu'au corps de l'homme naturel, ténébreux et mortel, il peut aussi répandre autour de lui une abondance de lumière, le rendre semblable aux étoiles, lui donner autant d'éclat et de brillant; puis aussi, par l'abondance de ses rayons et sa légèreté, l'élever en l'air comme un torchon d'étoupes que la flamme du feu élève en brûlant, ou subitement transporter quelquefois bien loin ce corps comme si c'était un esprit, comme nous en lisons un exemple dans les Actes des Apôtres, au sujet de Philipe, quand, après avoir baptisé l'eunuque dans l'Inde, on le trouva aussitôt dans Azor, et pareilles choses au sujet d'Habacuk, dans Daniel. D'autres, passant au travers des portes fermées, se sont sauvés des prisons et des fers, ce que nous trouvons dans les Écritures saintes au sujet de Pierre l'apôtre et de Pierre l'exorciste. Celui-là ne s'émerveillera pas de cela qui aura vu ces fameux mélancoliques qui se promènent en rêvant, passent par des lieux impraticables, montent par des hauteurs inaccessibles, font des ouvrages comme s'ils étaient éveillés, et que des ouvriers ne pourraient pas faire les yeux ouverts sur la besogne. Et de tout cela on n'en trouve point d'autre raison, que c'est la nature par une imagination forte et débordée. Cette puissance est dans tout homme, et elle est dans l'âme comme un scion sorti de la racine de sa création; mais selon la diversité des hommes elle varie, et est forte ou faible, augmente ou diminue, selon l'exercice et l'usage par lesquels elle est réduite de puissance en acte. Quiconque connaît bien ce secret peut atteindre à sa puissance, jusqu'à ce que sa force imaginative prenne le dessus et se joigne avec la force universelle qu'Alchindus, Bacon et Guillaume de Paris nomment sens de nature, Virgile, sens éthéré, et Platon, sens de vigilance; et que sa connaissance devienne très-forte quand sur elle se répand cette vertu éthérée et céleste, qui la fortifie par sa splendeur jusqu'à qu'elle conçoive les espèces, les notions et la science des choses vraies, tant que ce qu'elle aura connu dans son entendement arrive comme il l'a pensé et qu'il acquiert une si grande puissance, qu'il puisse se plonger, se joindre et s'insinuer dans les esprits des hommes, et les rendre certains de leurs connaissances, de leur volonté, de leurs souhaits même par des distances grandes et éloignées, comme s'ils les comprenaient par leur propre sens et l'objet présent, et peut faire en beaucoup de temps plusieurs choses, comme si elles eussent été faites dans le temps. Mais ces dons ne sont pas pour tous les hommes, ils ne sont pas pour ceux qui ont la force imaginative et cogitative très-forte et parvenue au but de la spéculation; et tel homme est capable de concevoir et d'annoncer toutes choses par la vertu de la splendeur universelle ou intelligence et conception spirituelle qui est au-dessus de ses forces naturelles, et c'est cette vertu nécessaire qu'il faut suivre et à laquelle doit obéir tout homme qui cherche la vérité. Si donc la force de l'imagination est si grande que je la décris présentement, qu'elle puisse s'insinuer où elle veut, sans qu'aucune distance ni du lieu, ni du temps l'en empêche ni la repousse, et que quelquefois elle enlève avec elle un corps pesant qui la fait songer et imaginer; il est sans doute que la puissance de l'entendement est plus grande si un jour elle acquiert sa nature, et qu'elle ne soit plus appesantie par les amorces des sens, et qu'elle persévère sans corruption et sans changement d'elle-même. Mais considérons présentement comme devant l'exemplaire les âmes sont remplies d'une si copieuse lumière d'étoiles célestes, et comme de là il en rejaillit sur les corps une grande abondance de lumière; voilà comme la face de Moïse était si lumineuse que le peuple d'Israël ne pouvait le regarder fixement à cause de la splendeur de sa face. C'est ainsi que nous lisons dans l'histoire, que Socrate, dans sa transfiguration, était au milieu d'une si grande lumière, qu'il surpassait celle des roues du soleil; c'est ainsi qu'on parle de la transfiguration et du ravissement en corps et en âme de Zoroastre; c'est ainsi qu'Hélie et Enoch ont monté aux cieux sur un certain chariot de feu; c'est ainsi que saint Paul a été ravi jusqu'au troisième ciel; c'est pour cette raison que nous pouvons dire que nos corps, qu'on nommera glorieux après le jugement universel de ce monde, seront pareillement ravis et éclaireront comme le soleil et la lune : que cela se puisse faire et qu'il ait été fait, c'est ce que le Maure Avicebron, l'Arabe Avicenne, Hippocrate, de l'île de Cos, et encore l'école des Chaldéens, confessent et le font voir. Et aussi trouve-t-on dans les monuments des histoires, qu'Alexandre, se voyant dans l'Inde en grand péril, brûla ainsi de courage, et parut reprendre une lumière à la vue des barbares. On dit aussi que le père de Théodoric jeta des étincelles de tout son corps, et un certain sage a dit la même chose de lui si fortement, que de tous côtés les flammes sortaient de lui par étincelles en faisant même du bruit. Et cette force d'esprit n'est pas seulement dans les hommes, elle s'est encore quelquefois trouvée dans les brutes, comme dans le cheval de Tibère, qu'on a vu jeter feux et flammes par la bouche. Quant à l'entendement, il est au-dessus du destin dans l'ordre de la Providence, et point par conséquent sujet aux influences des corps célestes ni aux qualités des choses naturelles. Il n'y a que la religion qui soit son remède. Mais l'idole de l'âme est sous la puissance du destin au-dessus de la nature, qui est en quelque manière le nœud du corps et de l'âme, sous le destin au-dessus du corps : c'est pourquoi il est sujet aux changements à cause des influences des corps célestes, et aux atteintes des qualités des choses naturelles et corporelles.

« J'appelle idole de l'âme cette puissance qui vivifie et gouverne les corps, d'où dérivent les sens, par laquelle l'âme même déploie les forces des sens, qu'elle sent les choses corporelles par les corps, qu'elle fait mouvoir le corps par le lieu, qu'elle le gouverne dans le lieu, et qu'elle nourrit un corps dans un autre corps; et en cette idole deux très-puissantes facultés tiennent le dessus : la première s'appelle fantaisie, ou force imaginative, ou cogitative ; nous venons de parler de sa puissance, et nous en avons aussi fait mention à l'endroit où nous avons parlé des passions de l'âme ; l'autre est celle qu'on appelle le sens de la nature, dont nous avons aussi parlé au chapitre où nous avons fait mention de l'aruspicine. L'homme donc, par la nature du corps, est sous le destin ; l'âme de l'homme, par son idole, meut la nature dans le destin ; mais par l'entendement, elle est au-dessus du destin dans l'ordre de la Providence ; pour la raison elle est libre et ne dépend de rien. Et partant, l'âme par la raison monte à l'entendement où elle est remplie d'une lumière divine ; quelquefois elle descend dans son idole, où elle ressent les influences des corps célestes et les qualités des choses naturelles, et celles-ci distraites et partagées par les passions et l'occurence des objets des sens ; quelquefois l'âme tout entière fait un retour sur la raison, ou cherchant certaines choses en raisonnant, ou en se considérant soi-même ; car il est possible qu'une partie de l'âme raisonnable, que les péripatéticiens appellent entendement ou puissance, parvienne à ce point de pouvoir discourir et opérer libre, sans retour sur les espèces. La raison enfin n'a que son empire, qui est que toutes les fois qu'il se présente quelque chose, ou à l'entendement, ou à l'idole, ou à la nature, ou à un corps, il ne peut passer à l'âme sans que la raison n'en connaisse ; de cette manière, l'âme ne reçoit dans ses sens externes, ni elle voit, ni elle entend, ni elle sent, ni elle souffre quoi que ce soit, jusqu'à tant que la raison cogitatrice le conçoive auparavant ; or, elle le conçoit quand elle n'est point occupée, et non pas quand elle est occupée de quelque chose ; comme nous le voyons manifestement dans ceux qui ne connaissent pas ceux qu'ils rencontrent, quand ils sont fortement occupés de quelque autre chose. Sachez donc que ni les influences d'en haut, ni les affections naturelles, ni les sensations, ni les passions tant du corps que de l'esprit, ni aucun objet sensible ne pourrait agir sur l'âme ou la pénétrer que par le jugement de la raison même. L'esprit donc peut, par son acte seulement, et non par aucune violence qui lui soit faite et qui lui vienne du dehors, être touché ou troublé, ce qui nous a été prouvé par l'expérience d'une infinité de martyrs. C'est ainsi qu'Anasarche, philosophe d'Abdera, étant jeté dans un rocher creux par l'ordre de Nicocreon, roi de Cypre, sans être touché de la peine qu'on lui faisait en le pilant à coups de marteau de fer, dit au tyran : Frappe, frappe sur le pauvre vaisseau d'Anasarche, tu ne feras point peur au vrai Anasarche ; et le tyran, commandant qu'on lui coupât la langue, il la coupa lui-même avec ses dents et lui cracha contre la face. »

« Démocrite, Orphée, et plusieurs pythagoriciens, qui ont recherché avec beaucoup de soin les vertus des corps célestes et des inférieurs, ont dit que tout était plein de dieux, et ce n'est pas sans sujet, puisqu'il n'y a aucune chose qui, quelques grandes vertus qu'elle ait, n'étant pas secourue de la puissance de Dieu, puisse être contente de sa nature ; or, ils appelaient des dieux les vertus divines répandues sur les choses, lesquelles vertus Zoroastre appelle des attraits, et Synesius des appas, les autres des vies, d'autres des âmes dont ils disaient que les vertus des choses dépendaient, une matière s'étendant par la seule âme sur les autres sur lesquelles elle opère ; comme l'homme qui étend son entendement sur les choses intelligibles, et son imagination sur celles qui s'imaginent ; et c'est ce qu'ils entendaient, disant, par exemple, que l'âme sortant d'un être, entrait dans un autre, et qu'elle le fascinait et empêchait ses opérations, comme le diamant empêche l'aimant d'attirer le fer. Ainsi l'âme étant le premier mobile, et, comme l'on dit, qui agit et se meut volontiers d'elle-même et par elle-même, et le corps ou la matière inhabile ou insuffisante à se mouvoir par soi, et dégénérant beaucoup de l'âme et fort éloigné de sa faculté ; c'est pour cela que l'on dit que c'est un ouvrage d'une manière plus excellente ; savoir, que ce n'est pas comme un corps, mais comme si c'était déjà une âme, ou comme si ce n'était pas comme une âme, mais quasi comme un corps par lequel l'âme s'unit au corps, et ils font consister l'esprit du monde dans ce milieu que l'on dit être la quintessence, parce qu'elle ne provient pas des quatre éléments, mais que c'est un certain cinquième qui est au-dessus d'eux, et qui subsiste dans eux. Il est donc absolument besoin d'un tel esprit comme d'un moyen par lequel les âmes célestes se trouvent dans un corps grossier, et lui communiquent leurs merveilleuses qualités, et cet esprit dans les corps du monde, comme dans notre corps humain; car comme nos âmes communiquent par l'esprit leurs forces à nos membres, de même la vertu de l'âme du monde se répand sur toutes choses par la quintessence, puisqu'il n'y a rien dans l'univers qui ne se sente de quelque étincelle de sa vertu, ou qui manque de ses forces; mais il s'en influe davantage et plus particulièrement sur les corps qui ont plus pris de cet esprit, et il s'influe par les rayons des étoiles à mesure que les choses s'y rendent conformes. C'est donc par cet esprit que toutes les qualités occultes s'étendent sur les herbes, les pierres, les métaux et les animaux, par le moyen du soleil, de la lune, des planètes et des étoiles qui sont au-dessus des planètes, et cet esprit peut d'autant plus nous être utile, que nous savons le séparer des autres éléments, ou que nous savons mieux nous servir des choses dans lesquelles il se trouve plus abondamment; car les choses sur lesquelles cet esprit se répand le moins, et où la matière est moins retenue, se perfectionnent davantage et produisent plus promptement leur semblable, puisqu'il contient toute vertu de produire et d'engendrer. »

Il est remarquable que la prévision, la vue à distance, tous ces grands phénomènes ont besoin, pour se manifester, d'une agitation extrême, d'une sorte de transport. C'est ainsi que dans l'état magnétique et magique on constate ces surexcitations singulières et mystérieuses encore, effrayantes pour tout expérimentateur. Et cependant ce n'est qu'au milieu de cette tourmente du corps et de l'esprit que l'on voit jaillir ce que l'on cherche. Les anciens avaient bien constaté ce fait, et loin d'en interrompre la production, ils la secondaient au contraire.

Voici ce que nous trouvons dans les livres traitant de l'art occulte.

« Lorsque les prophetes viennent à estre touchez de l'esprit prophetique, tout leur poil se herisse d'horreur, leur corps se lache et agite, leurs dents claquettent, et leurs os sont esmeuz, ainsi que s'ils sentoient le froid d'un très fort et violent accez de febure, comme Daniel dit au 10 : *Domine mis in visione tua dissolutæ sunt compages meæ; et nihil in nec remansit virium*, jusqu'à ce qu'ils viennent à estre immuez de l'ordre et estat où ils estoient auparavant, et que leur intellect soit bien repurgé de ce qu'il avoit pu attirer de la contagion corporelle : et lors ils voient distinctement ce qui se manifeste à eux en apparente vision. »

« Porphyre, qui était un païen fort éclairé, écrivant au prêtre égyptien Anebon, après avoir demandé si ceux qui prédisent l'avenir et qui font des prodiges ont des âmes plus puissantes que les autres, ou s'ils reçoivent ce pouvoir de quelques esprits étrangers, fait entendre que cette dernière opinion est la plus véritable, parce qu'ils se servent de pierres et d'herbes pour lier quelques personnes, ou pour ouvrir des portes, ou pour d'autres effets merveilleux. « D'où vient, dit-il, que quelques-uns croient qu'il y a un
« certain genre d'esprits qui écoutent les vœux des hommes qui sont
« naturellement fourbes, qui prennent toutes sortes de formes, et
« que c'est eux qui font tout ce qui semble arriver de bien ou de mal,
« quoiqu'au fond ils ne portent jamais les hommes à ce qui est véritablement bien. »

Les Lapons sont très-experts en magie, et si leur art semble différer du nôtre, c'est seulement par la forme employée, le principe est le même.

Voici ce que les voyageurs nous racontent, et nous donnent comme exact, sur les faits produits devant eux.

« ..... Les tambours magiques sont des portions de tronc d'arbre fendus longitudinalement, et dans une dimension telle qu'ils puissent être portés à la main. La partie creuse est couverte d'une peau, sur la peau de ce tambour sont peints en rouge les figures de Tehor, de Jésus-Christ, du soleil, de loups, de rennes, d'ours, de rats, de plantes, de serpents, de nombres, etc., de tout ce que l'imagination capricieuse peut inventer. Rien ne ressemble plus aux hiéroglyphes des Égyptiens. On met sur ce tambour un paquet d'anneaux de cuivre ou de fer, et l'on bat avec une espèce de marteau fourchu fait avec un os. Suivant que les anneaux, mus par la vibration qu'occasionnent les coups de marteau, se portent sur telle ou telle figure, vont à droite ou à gauche, il y a telle ou telle indication heureuse ou malheureuse. »

Quand il s'agit de connaître les choses éloignées, voici, selon Scheffer, ce qui se pratique.

« Celui qui bat du tambour chante en même temps d'une voix fort distincte une chanson que les Lapons appellent *jouke;* et tous ceux de leur nation qui s'y trouvent présents, tant les femmes que les hommes, y ajoutent chacun leurs chansons, auxquelles ils donnent le nom de *Due ra;* les hommes prennent un ton plus haut et les femmes un ton plus bas. Les paroles qu'ils profèrent expriment le nom du lieu dont ils désirent savoir quelque chose.

« Après avoir quelque temps frappé sur le tambour, le devin le pose sur sa tête, et il tombe aussitôt par terre comme s'il était endormi ou tombé en quelque défaillance d'esprit, semblable à un homme mort dont l'âme aurait abandonné le corps. Il souffre pendant ce temps-là de telle sorte, que la sueur lui sort souvent du visage et de toutes les autres parties du corps. Tous les hommes et toutes les femmes qui sont présents à cette action sont obligés de chanter toujours leurs chansons, et de continuer jusqu'à ce que celui qui a battu du tambour soit revenu de son sommeil. Que s'ils désistent de chanter, cet homme meurt et n'en revient jamais. Ce même malheur lui arrive si quelqu'un de la société essaie de le réveiller en le touchant de la main ou du pied tandis qu'il est en cet état.

« Toutes ces cérémonies ayant été ainsi un assez peu de temps observées, le Lapon qui a battu le tambour se relève, semble avoir recouvrer la vie et l'esprit, et il commence dès lors à répondre à ceux qui l'interrogent, à rapporter tout ce qu'il a appris par le moyen de son tambour, et à déclarer quel est l'état des choses et la face des affaires dans les pays les plus éloignés. Peucer écrit qu'il se réveille au bout de vingt-quatre heures, mais il n'y a point de temps assuré, car cela arrive quelquefois plus tôt et quelquefois plus tard. »

Si le tambour était pour quelques Lapons un intermédiaire d'habitude, et par cela même nécessaire pour entrer en crise, il est certain que beaucoup d'autres le pouvaient sans lui.

« Un fin Lapon de Norwége, dit encore Scheffer, vint trouver un certain Jehan Delling, commissionnaire d'un marchand allemand. Ce commissionnaire, qui était établi à Berg, pria le fin Lapon de lui dire s'il pouvait lui révéler ce que son maître faisait alors en Allemagne. Le fin Lapon lui promit de le lui dire, et il commença aussitôt à crier comme s'il eût été ivre, et à tressaillir de joie; puis ayant couru une ou deux fois en rond, il tomba par terre et y demeura quelque temps, de même que s'il eût été mort; il se leva ensuite comme s'il fût venu de ressusciter; et il lui raconta ce que son maître faisait alors. On écrivit à l'instant le tout sur le livre public des marchands, et après on reconnut que les choses étaient arrivées de la manière que le fin Lapon les avait dites. »

« Pierre Claude, continue Scheffer (1), se borne à dire que le

---

(1) Autre histoire de Laponie.

Lapon se jette par terre et devient semblable à un homme mort, ayant du reste la face toute plombée. Il demeure l'espace d'une heure ou deux en cet état, selon que le pays dont il veut apprendre quelque chose est plus ou moins éloigné, et il peut, quand il se réveille, raconter tout ce qui se passe en ce lieu-là. »

Voici les réflexions que fait Scheffer :

« Le diable, dit-il, ayant une parfaite connaissance de ceux qui seront plus propres à le servir dans ce ministère, les jette dès leur enfance dans une certaine maladie dans laquelle il leur représente des images, et leur procure des visions par lesquelles ils apprennent, autant que leur âge peut le permettre, ce qui appartient à cet art. Ceux qui tombent pour la seconde fois dans cette maladie ont bien plus de visions qu'en la précédente, et apprennent avec ces lumières bien mieux l'art magique que la première fois. Que s'il leur arrive d'avoir pour la troisième fois cette maladie (ce qui se fait avec tant de peine qu'ils sont alors dans un danger très-évident de perdre la vie), toutes les visions diaboliques leur sont en cette occasion montrées à découvert, dont ils tirent tout ce qui est nécessaire pour se rendre parfaits dans la magie. Ces derniers y sont si savants, qu'ils peuvent, *sans se servir du tambour*, voir distinctement les choses les plus éloignées. Et le diable s'est tellement rendu maître de leur esprit, qu'ils voient ces choses, soit qu'ils les veuillent ou ne les veuillent pas voir. Tournaus, qui assure cela, rapporte une expérience qu'il en a faite dans la personne d'un Lapon qui est encore en vie, et qui, lui remettant entre les mains son tambour, déclara avec bien de la tristesse que, quoiqu'il s'en défît et n'en fît jamais d'autre, il ne laisserait pas de voir dorénavant toutes les choses qu'il avait vues jusqu'à cette heure. Et pour preuve de ce qu'il disait, il racontait en détail tout ce qui était arrivé à Tournaus sur la route venant en Laponie. Ce Lapon se plaignait en même temps de ce qu'il était fort en peine, et ne savait comme il en devait dans la suite user avec ses yeux, qui lui représentaient toutes ces choses, quoiqu'il y apportât les dernières répugnances. »

Ces récits trouvent leur confirmation dans ce que nous produisons. Vous voyez que les procédés magiques l'emportent de beaucoup sur ceux dits magnétiques ; il s'agit de bien se pénétrer de la vertu de l'agent : la forme est peu de chose, sa valeur est dans l'idée qui fait agir, idée qui, une fois émise, ne saurait éprouver de résistance. L'esprit de celui qui voit pénètre les causes et les effets, il n'y a plus pour lui ni passé, ni présent, ni futur, il est en tous lieux, il fait partie des temps.

Si vous voulez avoir une idée des pratiques de la sorcellerie, il y a trois siècles, lorsque les rois y croyaient, lorsque tous les peuples en étaient imbus, époque où les bûchers consumaient la chair humaine, il faut feuilleter les livres qui nous restent, où sont consignées ces histoires sanglantes. Ne tenez aucun compte de la forme, ôtez le merveilleux du récit, effacez l'exagération, et vous trouverez au fond de tout cela des faits trop certains de sorcellerie et de magie. Voici, entre cent autres, une histoire des moyens employés par l'ignorance pour arriver à déterminer une série de désordres qu'il serait trop facile de reproduire. Tous les magnétiseurs comprendront sans peine pourquoi je ne ferai suivre ce récit d'aucune réflexion.

« Je proposeray en cest endroit une esmerueillable histoire touchant ceste affaire, laquelle a esté escrite par Hector Boëce, historiographe, et refutee par Hierosme Cardan, à ceste fin que l'on puisse par le recit de ceste-cy iuger egallement de toutes les autres. Le conte est tel qu'il en suit : Le roi Duffus tomba en vne maladie, laquelle de soy-mesme n'estoit si dangereuse que difficile à cognoistre par les plus doctes médecins (ayant esgard à la manière de uiure des Escossois, et à la constitution du temps, et des corps, lesquels n'auroient encore esté affaibliz de maladies estrangeres); car encores que le roy n'eust aucun signe paraissant de trop grande abondance de cholere, ou de phlegme, ou d'autre humeur pechant, ou de la complexion humaine interressee. Il ne se laissoit toutesfois d'etre tourmenté peu à peu. Car il suoit toute la nuit, et ne pouuoit dormir, et le iour il se reposoit, à peine soulagé de la douleur qu'il auoit endurée toute la nuit : il tomboit en langueur, et estoit semblable à vn corps de tout debilité. Il auoit la peau tendue, au trauers de laquelle on pouuoit discerner les veines, les nerfs, et la maniere par laquelle les os humains sont assemblez l'vn à l'autre. Le mouuement des esprits du cœur estoit doux et posé, ce que monstroit l'humidité vitale n'auoit outre passé les bornes d'attrempance : ce qui cognoissoit par le toucher de la veine du cœur, et des arteres. Il auoit la couleur vermeille, l'œil et l'ouye fort bonne et attrempee, auec l'appetit de boire et de manger assez bon. Les médecins s'esmerueilloient de touts les signes de santé en vn homme languissant et battu de douleurs : si bien qu'ayants fait leur devoir, et ne trouuants rien pour empescher cette grande et nuisible sueur, ou pour l'émouuoir et exciter à dormir : mais au contraire, voyants qu'il estoit de plus en plus tourmenté par sueurs et veilles ils commencèrent à le consoler (car il n'y auoit plus autre moyen selon leur aduis et opinion) et le prier de bien esperer de sa santé, l'exhorter à prendre courage de soy-mesme, et luy dire qu'ils auoient opinion que sur le printemps à la venue du nouueau soleil, qui est le conseruateur de la vie des animaux, il recouureroit sa santé perdue, par le moyen des medicaments, et des medecins que l'on seroit en bref des autres pays, d'autant que la maladie leur estoit incognüe. Or couroit-il vn bruit de ce temps là (sans toutesfois que lon en sceust l'autheur), que le roy estoit detenu par vne si longue espace de temps, en langueur, et qu'il tomboit en chartre, non par maladie naturelle, mais au moyen de l'art diabolique des sorcieres, lesquelles exerçoient contre luy l'art de magie, et sorcellerie, en vne ville de Morauie nommée Forres. Incontinent que ce bruit fust venu aux aureilles du roy, on enuoya des hommes en Morauie, pour s'equerer si ce qu'on disoit estoit vray : ce qui fut fait sur l'heure, de peur que les sorcieres, après en auoir ouy le vent, ne se missent en fuitte par la crainte de punition. Les messagiers que l'on auoit envoyez, dissimulerent la cause de leur voyage, feirent entendre qu'ils estoient là venus pour faire la paix entre le roy et ceux de Morauie, lesquels auparauant auoient coniurez contre luy. Estans donc entrez de nuit au chasteau, lequel estoit encore demouré en l'obéissance du roy, ils feirent sçavoir leur charge au capitaine Doneual, et le prierent de leur aider en cest affaire. Les soldats qui gardoient le chasteau, s'estoient défia aucunement doutez du fait : car ainsi que l'un d'entre eux caressoit sa garce, fille d'vne sorciere, et enchanteuse, il s'estoit en partie informé du temps de la maladie du roy, de la maniere et longueur d'icelle, de quelles sorcelleries, et charmes magiques les sorcieres s'aidoient, dont il aduertit l'vn de ses compagnons qui le rapporta à Doneual, et Doneual aux ambassadeurs du roy. Ainsi, Doneual feit venir incontinent la garce qui auoit si à propos esté messagiere de ceste grande mechanceté, et l'ayant interogée, et contrainte de confesser la maniere par laquelle le tout se faisoit, et lieu, où les sorcieres besongnoient : il envoya des soldats en pleine nuit pour les descouurir : lesquels entrans de force en la maison fermée, trouuerent vne sorciere qui tenoit vne image de cire, laquelle representait la figure de Duffus, et laquelle estait faite, comme il est vraysemblable par art diabolique, et attachée à vn pan de bois devant le feu, là où elle se fondait, cependant qu'une autre sorciere en récitant quelques charmes, distillait peu à peu vne liqueur par dessus l'effigie. Ces sorcieres donques estant prises sur l'heure, menées au chasteau auec leur image, et interrogées pour quelle occasion en recitant des charmes elles mestoient l'image du roy deuant le feu, elles respondirent que le roy Duffus fondoit en sueur pendant que son effigie estoit devuant le feu : et que tandis que l'on prononçait les charmes il ne pouuait dormir, tellement qu'à mesure que la cire fondoit, il tombait en langueur, et qu'il mourroit incontinent qu'elle seroit du tout fondue. Elles dirent aussi que les diables les auoient ainsi apprises, et que les principaux de Morauie leur donnoient argent et grande recompense pour ce faire. Ceux qui estoient là présens se meirent tellement en cholère, qu'ayans rompu l'effigie, ils poursuiuirent tant que les sorcieres furent bruslées pour punition d'vn tel meffait. Et dit-on que cependant que ces choses se faisoient au chasteau de Forres, le roy commença à se reuenir, et passa la nuit sans se refroidir, si bien que le iour suiuant il reprist ses forces, et s'aida promptement des facultés et puissances naturelles, tout ainsi comme si auparavant il n'eust point esté malade. Tant il y a que, en quelque manière que la chose soit allée, le roy Duffus fut incontinent guery. Voyla ce qu'en escrit Boëce.

« Il faut donc savoir, que selon la doctrine des Égyptiens, l'âme étant une certaine lumière spirituelle, quand elle est délivrée du corps, elle est en tout lieu, et en tout temps; de même qu'une lumière renfermée dans une lanterne qui se répand par l'ouverture de la lanterne et ne s'éteint point; car elle est partout et pour toujours. Et Cicéron, en son livre de la Devination, parle ainsi : Et l'esprit de l'homme ne devine jamais, s'il n'est en si grande liberté qu'il n'ait rien du tout affaire avec le corps, ou bien peu. Lors donc qu'il est parvenu à cet état, qui est le souverain degré de la perfection contemplative, alors il est détaché de toutes les espèces créées, et comprend non pas par les espèces acquises, mais par l'inspection qu'il a sur les idées, et connaît tout par la lumière des idées. Platon dit qu'il n'y a que très-peu de personnes qui aient part à cette lumière en cette vie ; mais que ceux qui y ont part sont presque tous dieux : ils sont aussi la même figure que sont les personnes demeurées évanouies, et travaillées d'épilepsie ; et il arrive fort souvent que ces mêmes sortes de personnes font des prédictions et devinations, de même que dans le ravissement. Et nous lisons dans l'histoire, qu'en effet, Hercule et quantité d'Arabes ont excellé dans ce genre de prédiction ; et il y a certaines prédictions qui tiennent le milieu entre les devinations naturelles et les oracles surnaturels ; c'est-à-dire ceux qui, par l'excès de quelques passions, comme d'amour, de tristesses, au milieu des soupirs et sanglots de cœur dans l'agonie, prédisent les choses à venir, comme nous lisons dans Stace au sujet de la mère d'Achille : Et ce n'est pas sans sujet que les pères et mères, parents et amis ont tremblé de peur que les flottes ne fussent abîmées sous les eaux de la mer. Nos esprits sont en effet doués d'une vertu pénétrante et capable de tout comprendre ; mais ensevelis qu'ils sont dans les ténèbres du corps, et arrêtés par les embarras de la mortalité, après la mort ayant acquis l'immortalité et délivrés des corps, ils sont dans une pleine et parfaite connaissance de tout. C'est de là qu'il arrive quelquefois à ceux qui sont près de leur mort, et usés de vieillesse, quelque rayon de lumière extraordinaire, parce que l'âme est alors moins empêchée par les sens, et qu'elle comprend mieux, ses liens étant déjà comme un peu relâchés ; n'étant plus entièrement sous la servitude du corps, et comme proche du lieu d'où elle doit partir pour l'autre vie, conçoit aisément ses révélations qui lui sont alors présentées dans ses agonies. De là vient qu'Ambroise, au livre de la foi de la résurrection, dit : Notre âme est bien aise de sortir de la prison des corps, elle se donne des mouvements de liberté dans l'air, sans savoir d'où elle vient ni où elle va. Nous savons néanmoins qu'elle vit après la mort du corps, et qu'étant délivrée des entraves de son propre sens, elle jouit d'un regard de liberté, elle qui ne voyait point auparavant lorsqu'elle était enfermée dans le corps ; ce que nous pouvons juger par l'exemple de ceux qui dorment, dont les esprits, comme s'ils se reposaient après la sépulture de leurs corps, s'élèvent plus haut au-dessus des choses mortelles, et font rapport à leurs corps des choses éloignées et même célestes qu'ils ont vues. »

POST-FACE.

Une inévitable cause d'erreur chez les hommes, et qui fausse le jugement de tous sans qu'il y ait une seule exception, est celle-ci :

Nous n'avons de notion des choses que par nos sens, et aucun de nous n'a jamais réfléchi que tous nos organes sont enveloppés de substances propres à les préserver d'un contact trop direct avec les éléments qui nous environnent. Tout ce qui fait effet sur nos sens et les impressionnent est à l'instant même amoindri, changé, altéré, de manière à ce que les sensations affaiblies puissent arriver jusqu'au cerveau sans trop le blesser. De là nos idées imparfaites, erronées sur tout ce qui nous environne, tant que l'âme n'est point dépouillée de son enveloppe.

On s'aperçoit de cette vérité lorsqu'on dégage l'âme tant soit peu de la matière; les impressions sont alors reçues sans traverser les organes, et ne peuvent, tant elles sont différentes, se rendre par la parole. Tout ce qui s'introduit en nous dans l'état ordinaire passe au travers de tuniques veloutées, lubréfiées ou comme vernies, traversant des milieux où séjournent des fluides et des instruments chargés de modifier, de transmuer les agents introduits et qui déterminent les impressions. De là les plaintes incompréhensibles des malades, lorsque ces mêmes agents ont passé par des voies non préparées, non naturelles; de là ces accidents qui menacent la vie à chaque instant.

Les physiologistes n'ont jamais réfléchi à ce fait d'une bulle d'air introduite dans un vaisseau et qui tue à l'instant, tandis que le poumon peut impunément recevoir le contact d'une masse considérable de cet élément; il en sépare même une partie pour se l'approprier, sans en être offensé. Les sensations qu'on appelle insolites ont donc pour cause une déviation à la loi de la vie; on méprise leur étude, tandis qu'elles seules peuvent nous donner quelques notions certaines du milieu qui nous environne ainsi que des agents qui sont en contact permanent avec nous. Ce qui rend les phénomènes magnétiques incompréhensibles pour les savants, c'est que l'agent de leur production va frapper les centres nerveux sans suivre ces routes tracées et sans que sa nature soit changée par les trajets nerveux.

C'est un sujet digne d'étude et qui doit un jour changer la face des sciences, car la vie n'est point connue, et jusqu'à présent on a dédaigné tout ce qui pouvait en dévoiler l'essence. La magie est un moyen, le magnétisme ouvre toutes les serrures, pénètre jusqu'au cerveau, et c'est alors seulement que l'on peut reconnaître ce qui appartient à la matière et ce qui est du domaine de l'esprit pur. Tout ce que nous avons dévoilé dans cet ouvrage est dû à ce mécanisme, et on le sent trop, la porte des merveilles ne fait que de s'ouvrir; que sera-ce donc lorsque vous tous qui me lisez, aurez apporté votre tribut de matériaux à l'édifice dont je viens de poser les fondements?

En définitive, que faisons-nous par art magique? Nous détruisons le rempart et perçons le bouclier contre lesquels venaient se briser toutes les forces matérielles. Le corps n'étant plus dans ses rapports d'équilibre avec les autres agents, l'esprit, dégagé des étreintes de la chair, communique librement avec le dehors et établit des affinités spirituelles : ce que la mort seule pouvait faire.

FIN.

TABLE DES MATIÈRES.

Préface. . . . .

PREMIÈRE PARTIE.

BIOGRAPHIE DE L'AUTEUR.

	Pages.
Enfance.	1
Études.	9
Apostolat.	16
Enseignement.	25
Ouvrages	32
Découvertes.	37

DEUXIÈME PARTIE.

RÉNOVATION DE LA MAGIE.

Avertissement.	47
Préliminaires.	48
Opérations.	53

TABLE DES MATIÈRES.

	Pages.
Lignes magiques	54
Première expérience.	ib.
Deuxième expérience.	55
Troisième expérience	57
Quatrième expérience	63
Cinquième expérience	65
Sixième expérience.	67
Miroir magique.	68
Premier fait.	71
Deuxième fait	73
Attraction magique.	ib.
Premier fait.	77
Deuxième fait.	81
Sympathies et antipathies magiques.	83
Première expérience.	ib.
Deuxième expérience.	84
Flèches magiques.	85
Première expérience	ib.
Deuxième expérience.	86
Troisième expérience.	87
Réflexions transitoires	89
Opérations complémentaires.	96
Miroir magique.	100
Premier fait	102
Deuxième fait.	103
Troisième fait	104
Quatrième fait.	106
Cinquième fait.	107
Sixième fait.	108
Conditions et résumé.	110

TABLE DES MATIÈRES.

	Pages.
Harmonies magiques.	119
Première expérience.	120
Deuxième expérience.	123
Magique ivresse.	127
Premier exemple.	ib.
Deuxième exemple.	128
Magique vieillesse.	129
Premier exemple.	129
Deuxième exemple.	130
Mort et résurrection	131

TROISIÈME PARTIE.

RECHERCHES HISTORIQUES.

Agent magique.	132

QUATRIÈME PARTIE.

PRINCIPES ET SECRETS.

Prolégomènes.	164
Identification animique.	172
Créations spirituelles.	173
Virtualités de pensées.	176
Moyens opératoires.	180
Préparation du miroir.	186
Visions.	190
Préparation.	195
Cercle et miroir visibles.	196
Cercle et miroir occultes.	203
Domination du destin.	204
Visions virginales.	206

TABLE DES MATIÈRES.

CINQUIÈME PARTIE.

COROLLAIRES.

	Pages.
Palingénésie	211
Les esprits	217
La mort	223
La langue des esprits	228
Le fruit défendu	229
Fausse magie	231
Profanations	235
Les signes et les chiffres magiques	237
Miroirs anciens	239
Sorcellerie	241
Conclusion	242
Appendice	247
Post-face	263

Paris. — Imprimerie de Pommeret et Moreau, quai des Augustins, 17.

A *Monsieur*

M

Vous m'avez fait l'honneur de me demander un exemplaire du livre : LA MAGIE DÉVOILÉE. Vous savez que je n'ai voulu donner qu'une publicité extrêmement restreinte à cette œuvre nouvelle et unique, le prix en est donc fort élevé.

Vous aurez à considérer, avant de faire cette dépense :

1º Que ce n'est point un livre indispensable à qui veut faire le bien et répandre le magnétisme ;

2º Que j'exige la promesse formelle que cet ouvrage ne sortira point de votre possession, et que vous ne vous en permettrez aucune copie ou reproduction même partielle.

Je veux éviter la responsabilité des faits d'autrui, et vous mettre vous-même en garde contre un désir trop excessif de faire partager vos croyances.

Si vous admettez cette condition, vous signerez l'engagement ci-dessous et me le retournerez avec cette lettre. Votre silence sera considéré comme non acceptation, et je disposerai de l'exemplaire qui vous était destiné.

L'ouvrage paraîtra vers le 20 août, en un volume grand in-4º de près de 300 pages, orné de quelques dessins et figures.

Il sera livré relié et scellé.

Veuillez, Monsieur, recevoir l'assurance de mes sentiments distingués,

---

Selon la teneur de cette lettre, je m'engage à observer fidèlement les prescriptions qui y sont contenues.

Ce